Kindererziehung
im Jetzt

Titel der Originalausgabe: Parenting with Presence

Originally published by New World Library, Novato, California

An Eckhart Tolle Edition

Susan Stiffelman
Kindererziehung im Jetzt

Projektmanagement: Marianne Nentwig
Übersetzung: Frances Hoffmann
Lektorat: Viviane Korn
Gestaltung Umschlag/Innenteil: Wilfried Klei
Coverfoto: © Anna Belova / fotolia.com
Autorenfoto: Paul Stanton
Druck & Verarbeitung: CPI – Clausen & Bosse, Leck

info@amphausen.media | www.kamphausen.media

ISBN Printausgabe: 978-3-95883-023-3
ISBN E-Book: 978-3-95883-024-0

2. Auflage 2020

Bibliografische Information der Deutschen Nationalbibliothek
Die Deutsche Nationalbibliothek verzeichnet diese Publikation in der Deutschen Nationalbibliografie; detaillierte bibliografische Daten sind im Internet über **http://dnb.d-nb.de** abrufbar.

SUSAN STIFFELMAN

Kindererziehung im Jetzt

Klarheit, Verbundenheit und Präsenz

Vorwort von Eckhart Tolle

• Eckhart Tolle Edition •

Aus dem Amerikanischen von
Frances Hoffmann

KOMMENTARE ZUM BUCH

„Genau die Unterstützung, die Eltern brauchen! Mit bewährten, klugen und praktischen Tipps hilft *Kindererziehung im Jetzt* Eltern dabei, einmal tief durchzuatmen und sich voller Mitgefühl, Liebe und Achtsamkeit um sich selbst und ihre Kinder zu kümmern."

Jack Kornfield, Autor von *A Path with Heart*, und
Trudy Goodman, PhD, Gründerin von InsightLA

„Seit sechs Jahren betreue ich eine Community von hunderttausenden Eltern und während dieser ganzen Zeit hat es nur ein Buch über Erziehung gegeben, das ich den Leuten ans Herz gelegt habe: *Parenting Without Power Struggles*. Jetzt kann ich endlich – mit Nachdruck – ein weiteres Buch empfehlen: *Kindererziehung im Jetzt*. Ich vertraue Susan Stiffelman aus ganzem Herzen und würde ihr ohne Weiteres meine Familie und meine Community anvertrauen, denn sie hat verstanden, dass Kindererziehung nicht nur eine Aufgabe, sondern eine spirituelle Übung ist – ein Weg zur Heilung, zur Wahrheit, zu Gott. Sie hat verstanden, dass das, was jeden Tag bei mir zu Hause abläuft, brutal und wunderschön und hart und heilig ist. Sie hat verstanden, dass wir, während wir unsere Kinder erziehen, auch immer uns selbst erziehen. In *Kindererziehung im Jetzt* steht Susan Eltern nicht nur als Expertin, sondern auch als wegweisende Ratgeberin, Freundin und Heilerin zur Seite. Dieses Buch wird den Erwachsenen helfen zu heilen, damit sie Kinder erziehen können, die weniger Heilung benötigen."

Glennon Doyle Melton, Autorin des New York Times
Bestsellers *Aufstehen, Krone richten, weitermachen*

„*Kindererziehung im Jetzt* ist eine sanfte, aber kraftvolle Erinnerung daran, dass unsere Fähigkeit, Ruhe zu bewahren und auf anstrengende Situationen bewusst und nicht impulsiv zu reagieren, für die Erziehung gesunder Kinder von entscheidender Bedeutung ist. Es geht vielmehr um uns Eltern als um die Kinder. Und wenn wir an uns arbeiten, dann können wir den Fluss negativer Energie, der belastende Situationen eskalieren lässt, unterbrechen. Dies ist ein wichtiges Buch."

Tim Ryan, Kongressabgeordneter des Bundesstaates Ohio
und Autor von *A Mindful Nation*

„Anschaulich, weise, gefühlvoll und poetisch legt Susan Stiffelman für uns dar, wie der Segen und die Herausforderungen dieser empfindlichen Verbindung zwischen Eltern und Kind zu einem starken Nährboden für gegenseitiges Wachstum, Heilung und Verbundenheit werden kann. Kinder sind die Zukunft unseres Planeten und Susan legt hier den Grundstein dafür, dass wir diese neue Generation in eine heilere, humanere und stärker verbundene Welt führen können, angefangen bei uns selbst. Ich bin Susan so dankbar, dass sie dieses kraftvolle Buch geschrieben hat."

Alanis Morissette, Singer/Songwriterin und Aktivistin

„Wer hätte gedacht, dass das Kind, das im Nebenraum weint, oder der nervige Teenager eigentlich ein spiritueller Lehrer für uns ist? Wer hätte gedacht, dass lästige Wutausbrüche und provokatives Verhalten uns eine bewusstere, spirituell stimmige, effektivere und sogar angenehmere Elternschaft lehren könnten? Susan Stiffelmans wegweisender, enorm lesenswerter Ratgeber lehrt uns alles, was wir darüber wissen müssen, wie wir unsere Kinder – und uns selbst – zu bewussteren, mitfühlenderen und – ob Sie es glauben oder nicht – gelasseneren Menschen erziehen."

Kathy Eldon, Gründerin und
Vorsitzende der Creative Visions Foundation

„Eine empathische Zärtlichkeit zieht sich durch diesen weisen und bodenständigen Ratgeber für eine bewusstere Kindererziehung. Man spürt die Liebe, die Susan Stiffelman den Familien, mit denen sie in ihrer therapeutischen Praxis arbeitet, entgegenbringt.

Man spürt auch ihr Vertrauen darauf, dass jeder von uns in die Herausforderungen des Elternseins hineinwachsen und das damit verbundene Geschenk erleben wird. In diesem Buch wird wunderschön und facettenreich dargelegt, was unsere Kinder am meisten von uns brauchen, und es gibt Übungen, die uns dabei helfen, diese Kompetenzen zu entwickeln und sowohl zu unserem eigenen als auch zum Wohle unserer Kinder von ihnen zu profitieren.“

Myla und Jon Kabat-Zinn, Autoren von *Mit Kindern wachsen: Die Praxis der Achtsamkeit in der Familie*

„Eines der besten Bücher über Kindererziehung, das ich seit langem gelesen habe. Susan Stiffelman gelingt es, mit viel Klarheit, Wärme und Weisheit eine Brücke zwischen der Welt der spirituellen Transformation und der absolut pragmatischen Realität der Kindererziehung zu schlagen. *Kindererziehung im Jetzt* steckt voller Einblicke, die Eltern auf einen Weg der Heilung und der Freude bringen können. Ich kann es nur wärmstens empfehlen!“

Elisha Goldstein, PhD, Autor von *Uncovering Happiness: Overcoming Depression with Mindfulness and Self-Compassion*

„Mich als Mutter haben die Einblicke und Übungen in *Kindererziehung im Jetzt* zutiefst bewegt. Susan Stiffelman ergründet sehr feinfühlig jene Gefilde, die viele Experten der Kindererziehung gern vermeiden – die tieferen Ebenen der Angst, Schuld und Scham, die uns in unserer Fähigkeit behindern, gerade für diejenigen Aspekte der Kindererziehung, die wir am schwierigsten finden, voll und ganz präsent zu sein. Damit macht sie uns allen ein großes Geschenk. Ich werde nicht müde, dieses Buch an frisch gebackene und altgediente Eltern gleichermaßen zu verschenken.“

Katherine Woodward Thomas, Autorin von *Conscious Uncoupling*

„Ein erleuchteter Ratgeber zur Kindererziehung für alle, die mitfühlende, zufriedene, widerstandsfähige Kinder großziehen und dabei noch die eigenen unerledigten Kindheitsprobleme bewältigen wollen. *Kindererziehung im Jetzt* steckt voller elterlicher Weisheit, klug aufbereitet und reich gespickt mit Beispielen aus dem wahren Leben. Ein Juwel von einem Buch!“

Marci Shimoff, Autorin von *Glücklich ohne Grund!*

„*Kindererziehung im Jetzt* ist von unschätzbarem Wert für alle Eltern, die ihren Kindern ein Verständnis dafür vermitteln wollen, was es wirklich heißt, ein erfolgreiches Leben zu führen. Mit einer Mischung aus praktischen Werkzeugen und persönlichen Geschichten legt Susan Stiffelman dar, wie wir enge, liebevolle Familienbeziehungen erschaffen können, und macht dabei deutlich, wie transformierend und erfüllend Elternschaft tatsächlich sein kann.“

Arianna Huffington, Autorin von *Die Neuerfindung des Erfolgs*

„In *Kindererziehung im Jetzt* bietet uns die renommierte Expertin Susan Stiffelman einen einzigartigen Ansatz zur Kindererziehung an, der Weisheit und Mitgefühl in sich vereint. Durch und durch pragmatisch regt sie uns Eltern mit den Ansätzen aus diesem bemerkenswerten Buch dazu an, eine starke Basis für eine wahrhaftig liebevolle und mitfühlende Verbindung zu unseren Kindern zu schaffen und dabei auch aus uns selbst das Beste herauszuholen – unsere Präsenz, unsere Freude, unser Verständnis und unsere Güte.“

Thupten Jinpa, bedeutendster englischer Übersetzer
des Dalai Lama und Autor von *A Fearless Heart*

Für die Kinder, die wir aufziehen,
und für die, die in unseren Herzen leben,
möget ihr entdecken, dass es sicher ist
herauszukommen, um zu spielen,
zu tanzen und zu strahlen.

Vorwort

Bevor wir Auto fahren dürfen, müssen wir sowohl eine theoretische als auch eine praktische Prüfung bestehen, damit sichergestellt ist, dass wir weder für uns selbst noch für andere eine Gefahr darstellen. Für alle erdenklichen Jobs, außer vielleicht für die allereinfachsten, müssen wir bestimmte Qualifikationen nachweisen, für komplexere Berufe sogar eine jahrelange Ausbildung oder ein Studium. Doch für eine der aufreibendsten und wichtigsten Aufgaben, die es gibt – die Kindererziehung –, brauchen wir keinerlei Qualifikationen.

„Die Elternschaft ist das letzte große Ressort der Amateure", schrieb der Autor Alvin Toffler. Dieser Mangel an Wissen oder Bildung ist einer der Gründe (wenn auch nicht der Hauptgrund, wie wir noch feststellen werden) für die Schwierigkeiten vieler Eltern. Diese Eltern versäumen es nicht unbedingt, für das physische und materielle Wohl ihrer Kinder zu sorgen. Tatsächlich lieben sie ihre Kinder wahrscheinlich sehr und wollen nur das Beste für sie. Und doch haben sie keine Ahnung, wie sie mit den Herausforderungen, die ihnen ihre Kinder fast täglich stellen, umgehen oder wie sie angemessen auf die emotionalen, psychologischen und spirituellen Bedürfnisse der Heranwachsenden reagieren sollen.

Während Kindererziehung in der Vergangenheit vor allem autoritär gehandhabt wurde, versäumen es viele Eltern in unserer modernen Gesellschaft, dem Kind die klare Führung zu geben, nach der es sich so verzweifelt sehnt und die es dringend braucht. Oft herrscht in der heimischen Umgebung völlige Strukturlosigkeit, wie bei einem führerlosen Schiff, das ohne Kapitän auf dem Meer treibt. Die Eltern erkennen nicht, dass sie für ihr Kind, wie Susan Stiffelman es so treffend formuliert, der „Kapitän des

Schiffes“ sein müssen. Und das bedeutet mitnichten, dass wir zu den autoritären Erziehungsmethoden vergangener Zeiten zurückkehren sollten. Vielmehr geht es darum, die Balance zu finden, den Mittelweg zwischen exzessiver und gar keiner Struktur.

Doch letztendlich ist der tiefere Grund für die Probleme im Familienleben nicht im elterlichen Mangel an Wissen oder Bildung zu suchen, sondern im Mangel an Bewusstsein. Wo es keine bewussten Eltern gibt, kann auch keine bewusste Elternschaft stattfinden! Bewusste Eltern sind in der Lage, sich in ihrem Alltag immer ein gewisses Maß an Bewusstheit zu bewahren, auch wenn sich kleine Fehltritte meistens nicht vermeiden lassen. Bist du nicht bewusst (oder mit anderen Worten *achtsam* oder *gegenwärtig*), ist die Beziehung zu deinem Kind wie auch zu jedem anderen Menschen von deinen geistigen Konditionierungen geprägt. Deine mentalen/emotionalen Reaktionsmuster, deine Überzeugungen und unbewussten Annahmen, die du von deinen Eltern und der kulturellen Umgebung, in der du aufgewachsen bist, übernommen hast, haben dich dann fest im Griff.

Viele dieser Muster reichen über unzählige Generationen in die Vergangenheit zurück. Doch wenn du bewusst – oder, wie ich es lieber nenne, gegenwärtig – bist, wirst du deiner mentalen und emotionalen Verhaltensmuster gewahr. Dann beginnst du zu verstehen, dass du die Wahl hast, wie du auf deine Kinder eingehen willst, anstatt blind aus alten Mustern heraus zu reagieren. Und was noch viel wichtiger ist: Du wirst diese Muster dann nicht mehr an deine Kinder weitergeben.

Ohne Gegenwärtigkeit kannst du dich nur über deinen denkenden Verstand und deine Emotionen mit deinem Kind verbinden, nicht aber über die tiefere Ebene des Seins. Selbst wenn du das Richtige *tust*, fehlt dir doch immer noch die wichtigste Zutat für die Beziehung zu deinem Kind: die Dimension des Seins, das Reich der Spiritualität. Die tiefere Verbindung ist dann schlichtweg nicht da.

Das Kind spürt intuitiv, dass etwas elementar Wichtiges in seiner Beziehung zu dir fehlt, dass du nie wirklich präsent, nie wirklich da bist, sondern immer nur im Verstand. Das Kind wird dann unbewusst annehmen oder vielmehr spüren, dass du ihm etwas Wichtiges vorenthältst. Dadurch beginnt ein unbewusster Zorn oder Groll in ihm zu wachsen, der sich auf sehr unterschiedliche Weise ausdrücken kann oder aber bis zur Adoleszenz im Verborgenen bleibt.

Diese Entfremdung zwischen Eltern und Kind ist zwar noch immer die Norm, aber es findet gerade eine Veränderung statt. Immer mehr Eltern gelangen zu mehr Bewusstsein und lernen, die konditionierten Muster ihres Verstandes zu transzendieren und sich auf der tieferen Ebene des Seins mit ihrem Kind zu verbinden.

Es gibt also zweierlei Gründe für dysfunktionale oder unbewusste Elternschaft. Einerseits fehlt es an Wissen oder Bildung hinsichtlich einer Kindererziehung, die eine gesunde Balance zwischen dem alten, übermäßig autoritären Ansatz und unserer zeitgenössischen, gleichermaßen unausgewogenen Erziehung darstellt. Andererseits und auf einer viel wesentlicheren Ebene mangelt es auf Seiten der Eltern an Präsenz oder bewusster Gegenwärtigkeit.

Es gibt zwar eine Menge Bücher, die Eltern, die noch Bücher lesen, hilfreiche Tipps geben, doch darunter sind kaum welche, die sich der mangelnden elterlichen Gegenwärtigkeit widmen oder erklären, wie man die alltäglichen Herausforderungen der Kindererziehung nutzen kann, um das eigene Bewusstsein wachsen zu lassen. Susan Stiffelmans Buch hilft dem Leser auf beiden Ebenen, nennen wir sie das Tun und das Sein. Sie teilt ihr aufschlussreiches Wissen und gibt praktische Tipps zum Tun, ohne dabei die elementarere Ebene des Seins außer Acht zu lassen.

Kindererziehung im Jetzt zeigt Eltern, wie sie aus der Kindererziehung eine spirituelle Praxis machen können. Es hilft dabei, die vielen Herausforderungen, die uns unsere Kinder stellen, in einen Spiegel zu verwandeln, der es uns erlaubt, uns bislang unbewusster Muster bewusst zu werden. Und indem wir uns ihrer bewusst werden, können wir beginnen, sie zu transzendieren.

Der Schriftsteller Peter de Vries schrieb: „Wie viele von uns sind reif genug für den Nachwuchs, noch bevor er in unser Leben tritt? Der Wert der Ehe besteht nicht darin, dass Erwachsene Kinder hervorbringen, sondern dass Kinder Erwachsene hervorbringen." Ob wir als Elternpaar oder als alleinerziehende Eltern agieren, unsere Kinder werden uns ohne Zweifel dabei helfen, zu reiferen Menschen heranzuwachsen. Ja, Kinder bringen Erwachsene hervor, aber was noch viel wichtiger ist, Susan Stiffelmans einzigartiges Buch zeigt uns, wie Kinder *bewusste* Erwachsene hervorbringen können.

Eckhart Tolle,
Autor von
Jetzt! Die Kraft der Gegenwart
und *Eine neue Erde*

Einleitung

Angie war ein wahres Arbeitstier. Als Herausgeberin einer kleinen Gesundheits- und Wellnesszeitschrift war sie es gewohnt, die Dinge effizient, gründlich und termingerecht zu erledigen. Ihre Angestellten fühlten sich zwar hin und wieder von ihr überwacht, doch sie gab auch ihr Bestes, um eine angenehme Arbeitsumgebung zu schaffen, indem sie großzügige Angebote wie die Möglichkeit zur Telearbeit machte und im Pausenraum immer einen Vorrat an Bio-Snacks bereithielt. Doch Angie war fest dazu entschlossen, dass sich ihr Leben nicht ausschließlich um Produktivität drehen sollte. Jeden Morgen machte sie, noch bevor sie sich für den Tag fertig machte, eine geführte Meditation, und bevor sie Kinder hatten, nahmen sie und ihr Mann Eric, wann immer sie die Gelegenheit dazu hatten, an einem Yoga-Retreat teil.

Eric führte von zu Hause aus ein kleines Online-Marketingunternehmen. Er war bekannt für seinen unkonventionellen Ansatz und erfreute sich wachsenden Erfolgs, den er seiner Kreativität und seinem Ruf, alles möglich zu machen und immer zuverlässig zu sein, zu verdanken hatte.

Angie und Eric waren ganz aus dem Häuschen, als ihr Sohn Charlie geboren wurde. Sie waren fest entschlossen, ihr Familienleben ganz anders zu gestalten, als es in ihren jeweiligen Herkunftsfamilien der Fall gewesen war. Für Angie bedeutete dies, ein Gefühl des Zusammenhalts und der Verbundenheit zu schaffen, das es in ihrer Herkunftsfamilie nicht gegeben hatte; ihre Mutter war Alkoholikerin und hatte sich herzlich wenig um ihre Kinder gekümmert, weshalb Angie und ihre Schwestern meist sich selbst überlassen waren. Erics Eltern kümmerten sich durchaus, allerdings übertrieben sie es und kontrollierten jede seiner Bewegungen und die seiner Schwester obendrein, was sie beide, wie er es ausdrückte, ihrer eigenen Stimme beraubte. Angie und Eric waren also entschlossen, ihren Kindern genau jene Mischung aus Freiheit und Aufmerksamkeit angedeihen zu lassen, die sie während ihrer eigenen Kindheit so schmerzlich vermisst hatten.

Charlie wuchs heran und Angie und Eric waren entzückt über seine starke Persönlichkeit. Aber er war sehr temperamentvoll, schnell frustriert und nur schwer zu beruhigen; schon als Kleinkind neigte er zu ausgewachsenen Wutausbrüchen, wenn er nicht bekam, was er wollte. Seine Eltern, immer bedacht, mitfühlend und fürsorglich zu sein, versuchten dem kleinen Charlie zu erklären, weshalb er nicht haben konnte, was er wollte, doch das machte alles nur noch schlimmer. Und obwohl er sich darauf freute, endlich „ein großer Junge" zu sein und in die Schule zu gehen, kam er mit den Einschränkungen, die ihm in der Vorschule auferlegt wurden, nicht zurecht. Es war ihm fast unmöglich, während der Vorlesezeit still zu sitzen, und wenn ein Kind ein Spielzeug hatte, das Charlie, der nie gelernt hatte, seine Impulse zu kontrollieren, gern haben wollte, dann nahm er es sich einfach – wenn es sein musste mit Gewalt.

Schon bald nach der Einschulung wurden Angie und Eric in die Schule bestellt, wo der Direktor einen Vorfall mit ihnen besprechen wollte, bei dem Charlie ein anderes Kind heftig geschubst hatte. Dieses Treffen war nur das erste von vielen, die noch folgen sollten, weil Charlie sein Verhalten nicht unter Kontrolle hatte. Als er mit vier ein Schwesterchen bekam, eskalierte die Situation. Seine Eltern gaben sich große Mühe, verständnisvoll zu sein, doch sie hatten keine Ahnung, wie sie ihren temperamentvollen Sohn in den Griff bekommen sollten – sie bettelten, verhandelten, drohten und gaben meistens einfach nach. Charlie war mit seinen Tiraden der Herr im Haus und seine Eltern konnten sich kaum noch an die friedliche Zeit ohne Kinder erinnern. Sie schämten sich dafür, Mutter und Vater eines „solchen" Kindes zu sein, und fürchteten sich jeden Morgen davor, was ihr unberechenbarer Sprössling denn heute anstellen würde.

Angie und Eric hatten geglaubt, dass ihre Leidenschaft für persönliches Wachstum automatisch dazu führen würde, dass Kindererziehung für sie einfach und voller Freude sein würde. Schließlich werden Kinder doch von ihrer Umgebung geprägt, oder nicht? Ein ruhiges, liebevolles Zuhause mit aufmerksamen Eltern würde doch wohl die Familienharmonie sicherstellen. Leider war dem nicht so. Angies morgendliche Meditationen gehörten der Vergangenheit an, und obwohl sie es zu vermeiden versuchten, fingen sie und Eric an, sich gegenseitig zu beschuldigen und sich Sätze an den Kopf zu werfen wie „Hättest du das mit Charlie doch lieber *so* geregelt und nicht *so*, dann hätten wir heute mal keine Krise gehabt."

Dieses Paar ist nur ein Beispiel für viele andere, mit denen ich in den vergangenen dreißig Jahren als Lehrerin, Elterncoach und Psychotherapeutin gearbeitet habe. Ob Eltern es nun wichtig finden, an ihrer Persönlichkeitsentwicklung zu arbeiten, oder ob sie einfach nur zufriedene Kinder großziehen wollen, ohne Drama und Machtkämpfe, so haben sie doch oft Mühe, sich mit der Realität der Kindererziehung zu arrangieren, vor allem, wenn die Bedürfnisse oder das Temperament ihres Kindes sich als schwierig erweisen.

Ob Eltern es nun wichtig finden, an ihrer Persönlichkeitsentwicklung zu arbeiten, oder ob sie einfach nur zufriedene Kinder großziehen wollen, ohne Drama und Machtkämpfe, so haben sie doch oft Mühe, sich mit der Realität der Kindererziehung zu arrangieren, vor allem, wenn die Bedürfnisse oder das Temperament ihres Kindes sich als schwierig erweisen.

Selbst wenn wir „pflegeleichte" Kinder haben, müssen wir uns dennoch daran gewöhnen, die Bedürfnisse und Wünsche eines anderen Wesens über unsere eigenen zu stellen, und zwar jeden Tag. Ob es sich um schlaflose Nächte oder Hausaufgabenschlachten handelt, wir müssen ständig neue Qualitäten entwickeln wie Toleranz, Beharrlichkeit und die Fähigkeit, wieder und wieder … und wieder dasselbe Bilderbuch vorzulesen. Gerade Menschen mit spirituellen Neigungen stellen manchmal mit Schrecken fest, wie *un*spirituell sie sich gelegentlich in Gegenwart ihrer Kinder fühlen. Worte, von denen sie nie geglaubt hätten, dass sie sie je aussprechen könnten, scheinen ihnen förmlich aus dem Mund zu fliegen – und zwar laut –, Worte, die *alles andere* als erleuchtet klingen!

Doch ebenso wie Angie und Eric stellen wir nur allzu oft fest, dass genau dieses Kind, das wir da haben, uns am meisten lehren kann. Und genau darum geht es in *Kindererziehung im Jetzt.*

Wir stellen nur allzu oft fest, dass genau dieses Kind, das wir da haben, uns am meisten lehren kann.

Wir werden Angie und Eric in einem späteren Kapitel wiederbegegnen und herausfinden, wie ihre Schwierigkeiten mit Charlie ihnen letztendlich den Weg zu einem sehr viel gesünderen Erziehungserlebnis ebnen konnten und wie sich dadurch beiden die Gelegenheit bot, unerledigte Kindheitsprobleme aufzuarbeiten. Doch möchte ich zunächst ein wenig von mir selbst erzählen.

Meine Reise durch die Elternschaft

Als ich fünfzehn war und in Kansas lebte, ging mein Bruder aufs College und ließ ein Buch für mich da, das ich unbedingt lesen sollte. Es hieß *Autobiographie eines Yogi* von Paramahansa Yogananda. Es stand zwei Jahre lang in meinem Regal, bis ich es eines Tages geradezu verschlang, tief bewegt von der Reise eines indischen Mannes zur Erfahrung des Göttlichen.

Dieses außergewöhnliche Buch rief etwas so Grundlegendes in mir wach, dass ich nach dem Lesen der letzten Seite auf mein Fahrrad stieg, zum Einkaufszentrum fuhr, eine Handvoll Münzen in das öffentliche Telefon warf, die Nummer der Zentrale von Yoganandas Schule in Kalifornien wählte und sagte: „Ich will Gott erfahren."

Gut ein Jahr lang meditierte ich in Yoganandas Tradition und folgte den Instruktionen, die mich einmal wöchentlich per Post von der Self-Realization Fellowship erreichten. Ich begann mit Yoga und probierte auch andere Meditationstechniken aus, bis ich schließlich bei einer blieb, die zu mir passte. Ein paar weitere Übungen, die mein Herz und meine Seele nährten, flocht ich ebenfalls ein. Ich war so an den Frieden, den mir meine täglichen Meditationen schenkten, gewöhnt, dass ich mich, wenn ich es morgens einmal nicht schaffte zu meditieren, so lange unwohl fühlte, bis ich wieder Gelegenheit zur inneren Einkehr fand.

Achtzehn Jahre später bekam ich ein Kind. Meine einstmals reguläre morgendliche Routine blieb bei meinen Bemühungen, mein Bedürfnis nach innerer Einkehr und die ganz pragmatischen Anforderungen eines Familienlebens unter einen Hut zu bringen, auf der Strecke. Immer, wenn ich stur auf meinen „spirituell erhebenden" Aktivitäten beharrte, war ich am Ende nur griesgrämig und angespannt. Ich musste einen Weg finden, die Dinge des Alltags – Windeln wechseln, eine Geschichte vorlesen oder nach einer Spieleschlacht aufräumen – nicht nur zu *tolerieren*, sondern *auszukosten*.

Einmal stand ich in der Küche und machte für meinen Sohn ein überbackenes Sandwich. Während ich neben dem Ofen stand und darauf wartete, dass der Käse schmolz, wurde mir plötzlich zutiefst bewusst, was in diesem Moment geschah. Dort drüben, auf der anderen Seite des Raumes, saß ein Wunder in Gestalt eines Menschen, den ich mehr liebte als mein Leben, und ich hatte gerade die Gelegenheit, meine Liebe in Form dieses Sandwiches auszudrücken. Ich wurde von Dankbarkeit durchströmt und erkannte, dass dieses Gefühl kein Einzelfall bleiben musste; wenn ich wollte, konnte ich allen Aktivitäten meines Alltags mit dieser Offenherzigkeit begegnen.

Ein Kind großzuziehen erwies sich als die größte transformative Erfahrung meines Lebens. Ich meditierte, so oft ich konnte – anfangs nur selten, doch je älter mein Sohn wurde, desto öfter bot sich die Gelegenheit. Es ist unglaublich schön, aus meinem inneren Brunnen der Stille und der Freude zu trinken und das Meditieren beeinflusst zweifellos auch dieses „Ich", das sich der Welt zeigt. Doch allmählich begann ich auch zu verstehen, dass spirituell zu leben bedeutet, mein tägliches Leben so zu gestalten, dass ich stets so offen wie möglich für das Spirituelle blieb, egal, welches Ritual ich am Morgen vollzogen hatte.

Mit *Kindererziehung im Jetzt* möchte ich Sie einladen, sich auf Ihre eigene Reise zu mehr Frieden, Freude und persönlicher Transformation in der täglichen Kindererziehung zu begeben. Sie werden Strategien entdecken, wie man die Höhen und Tiefen der Kindererziehung im wahren Leben bewusster bewältigen kann, und Sie werden lernen, wie man die Knöpfe, die Sie Ihre Gelassenheit verlieren (oder zeitweilig verlegen!) lassen, ungedrückt lässt. Und Sie sind dazu eingeladen, Möglichkeiten zu erkunden, wie sich Spiritualität in Ihren häuslichen Alltag integrieren lässt – auch, wenn Sie nicht religiös sind oder Kinder haben, die alles, was nur im Entferntesten nach Spiritualität riecht, für „uncool" halten.

Ich werde Ihnen in diesem Buch einige Qualitäten vorstellen, von denen ich glaube, dass sie sehr hilfreich sind, wenn man ein Kind zu einem bewussten, selbstsicheren und liebevollen Erwachsenen erziehen möchte. Schließlich werde ich Ihnen ein paar praktische Werkzeuge in die Hand geben, die Ihnen dabei helfen, als Elternteil gegenwärtig und in Ihren Reaktionen flexibel zu sein, anstatt aus Frust, Wut oder Angst heraus zu handeln.

Wenn die Beziehung zu unseren Kindern von rückhaltlosem Engagement und tief empfundener Gegenwärtigkeit geprägt ist, dann werden sie sich, wenn sie Hilfe und Unterstützung brauchen, viel lieber an uns wenden als an ihre Freunde. Außerdem neigen Kinder, die sich – so wie sie sind – gemocht, gesehen und geschätzt fühlen, ganz natürlich dazu, zu tun, worum ihre Eltern sie bitten; es liegt in der Natur des Menschen, mit denen zu kooperieren, denen wir uns am meisten verbunden fühlen.

Ob Sie nun leidenschaftlich einem spirituellen Weg folgen oder einfach nur Ihre Kinder bewusster erziehen möchten, eine stärkere Gegenwärtigkeit wird Sie dafür öffnen, mehr von der Liebe, dem Lernen und der Freude zu erfahren, die das Abenteuer der Elternschaft uns schenken kann.

Willkommen auf dieser Reise! Fangen wir an.

Jetzt sind Sie dran[1]

Wenn ich mit Eltern eine Coaching-Sitzung habe, bitte ich sie zu Beginn immer sich vorzustellen, dass sie am Ende unseres Gespräches mit dem Gefühl, ihre Zeit gut genutzt zu haben, den Hörer auflegen. Ich lade sie dazu ein, sich zu überlegen, was ihnen ein solches Gefühl geben könnte. „Wird es Ihnen besser gehen, weil Sie jetzt eine Vorstellung davon haben, wie ein bestimmtes Problem zu lösen sein könnte, oder weil Sie klarer sehen, wodurch bestimmte Schwierigkeiten mit Ihrem Kind überhaupt erst entstehen? Oder stellen Sie sich vor, dass Sie einfach nur erleichtert sein werden, weil Sie erkannt haben, dass Sie keineswegs alle Probleme auf einmal lösen müssen, sondern dass es reicht, einen kleinen Schritt nach dem anderen zu gehen, um Ihr Familienleben allmählich harmonischer zu gestalten? Vielleicht üben Sie auch mehr Nachsicht mit sich selbst oder verstehen besser, warum Ihre Kinder bestimmte Reaktionen in Ihnen hervorrufen und was Sie tun können, um auch in schwierigen Situationen nicht die Beherrschung zu verlieren."

Ich habe festgestellt, dass diese Übung meinen Klienten dabei hilft, sich darüber klar zu werden, welche Veränderungen sie durch unsere gemeinsame Arbeit herbeiführen wollen.

Wenn Sie gestatten, möchte ich Sie um etwas Ähnliches bitten. Halten Sie einen Moment inne – vielleicht schließen Sie die Augen oder legen sich eine Hand aufs Herz – und stellen Sie sich vor, wie Sie dieses Buch zuklappen und begeistert sind, weil Sie einen echten Durchbruch erzielt haben. In welchem Bereich der Kindererziehung haben Sie die größten Schwierigkeiten, wo, denken Sie, kann Ihnen die Lektüre von *Kindererziehung im Jetzt* weiterhelfen? Was gelingt Ihnen bereits gut, das Sie aber dennoch vertiefen möchten? Was wollen Sie verändern?

Machen Sie sich bewusst, wie für Sie die ideale Elternschaft aussieht, malen Sie sich eine liebevollere, gesunde Beziehung sowohl zu Ihrem Kind als auch zu sich selbst aus. Sie werden feststellen, dass Sie, indem Sie eine klare Absicht formulieren oder sich ein bestimmtes Ergebnis vorstellen, effektiver mit den Materialien in diesem Buch arbeiten können, ganz besonders dann, wenn Sie bereit sind, sich von Zeit zu Zeit einige Notizen zu machen, auf die Sie immer wieder zurückgreifen können.

Bitte halten Sie in Ihrem Tagebuch Ihre Gedanken darüber fest, was an Ihrer Kindererziehung bereits gut funktioniert und an welchen Stellen Sie die Beziehung zu Ihrem Kind, Ihrem Ehe- oder Lebenspartner und zu sich selbst gern ausweiten, wachsen lassen oder transformieren wollen.

KAPITEL 1

Der beste Lehrer lebt mit Ihnen unter einem Dach

Die Elternschaft ist ein Spiegel, der uns das Beste und das Schlimmste von uns zeigt; die köstlichsten Augenblicke des Lebens, aber auch die erschreckendsten.

Myla und Jon Kabat-Zinn

In Indien bezeichnet man sie als „Haushälter"-Yogis – Frauen und Männer, die sich unbeirrbar ihrem spirituellen Pfad verschrieben und sich zugleich dafür entschieden haben, eine Familie zu gründen, anstatt in einer Höhle oder einem Ashram zu leben. Sie haben sich dafür entschieden, durch die Erfahrungen zu Hause und am Arbeitsplatz zu wachsen und sich weiterzuentwickeln, sich allen Herausforderungen des Alltags zu stellen und diese als Mittel ihrer Transformation zu begreifen.

Viele von uns haften dem Glauben an, spirituelles Wachstum könne sich nur infolge täglicher Meditationen, Achtsamkeits-Retreats und durch die Inspiration weiser Lehrer vollziehen. Doch einer der größten Lehrer, von dem Sie je hoffen dürfen zu lernen, lebt mit Ihnen unter einem Dach, auch wenn (und *besonders* wenn) er oder sie ständig Ihre Grenzen testet oder Sie zielsicher aus der Fassung bringt.

> Einer der größten Lehrer, von dem Sie je hoffen dürfen zu lernen, lebt mit Ihnen unter einem Dach, auch wenn (und besonders wenn) er oder sie ständig Ihre Grenzen testet oder Sie zielsicher aus der Fassung bringt.

Bei der Kindererziehung passiert alles sehr unmittelbar und schnell. Die Entscheidung, wie Sie reagieren sollen, wenn Ihr Kind Saft auf dem neuen Sofa vergießt, oder wie Sie Ihre Reaktionen unter Kontrolle halten, wenn sich die Kinder auf der langen Autofahrt zur Oma ununterbrochen auf dem Rücksitz streiten, entspricht in etwa einem Fortgeschrittenen-Kurs für persönliches Wachstum. Verlieren Sie die Beherrschung oder schaffen Sie es, gegenwärtig zu sein, indem Sie Ihre Fähigkeit vertiefen, bei dem zu bleiben, „was ist“ und auf die Situation einzugehen, anstatt nur zu reagieren?

Wahre Spiritualität findet man nicht in einer Höhle auf dem Berggipfel. Sie findet hier unten statt, beim Putzen einer laufenden Nase, beim Spielen einer weiteren Runde Mensch-ärgere-dich-nicht, beim Wiegen eines Babys mit Bauchweh um zwei Uhr nachts. Buddha schreit im Nebenzimmer. In Ihrem Umgang damit zeigt sich, wie fortgeschritten und spirituell Sie sind.

Buddha schreit im Nebenzimmer. In Ihrem Umgang damit zeigt sich, wie fortgeschritten und spirituell Sie sind.

Was ist ein Lehrer?

Viele von uns sind entzückt von der Vorstellung, unsere Söhne und Töchter seien von den Göttern ernannte Lehrer, die uns bei der Transformation unserer Herzen und Seelen helfen. Doch während der Vorstellung, unsere Kinder gehörten zu unseren Lehrern, eine poetische, erleuchtete Note anhaftet, bleibt doch ein Unterschied zwischen der Akzeptanz einer *Vorstellung* und dem tatsächlichen Annehmen der *Realität.*

Gewiss erwecken unsere Kinder eine Liebe in uns, die wir zuvor nicht für möglich gehalten haben. Doch ebenso können sie sehr mächtige Aspekte unserer Schattenseiten ans Licht bringen; die dunklen Seiten unseres Wesens, wie Ungeduld und Intoleranz, für die wir uns schämen und derer wir uns nicht erwehren können.

Das Gleichgewicht zu halten, ist der Schlüssel für ein Leben im gegenwärtigen Moment. Doch nichts stellt unsere Fähigkeit, in unserer Mitte zu bleiben, so sehr auf den Prüfstand, wie die Elternschaft. Kinder großzuziehen kann manchmal alles andere als friedvoll sein, denken wir nur an Geschwisterstreitigkeiten, Wutausbrüche beim Hausaufgabenmachen oder Diskussionen über Videospiele, die wohl Bestandteil eines jeden Familienlebens sind. Seelenvolle Prinzipien und die Wirklichkeit des Alltags mit unseren Kindern prallen schnell aufeinander. Da ertappen sich selbst in Meditation und Yoga erfahrenste Eltern beim Schreien, Drohen, Bestechen oder Bestrafen, obwohl sie sich doch fest vorgenommen hatten, stets liebevoll und ruhig zu bleiben, komme, was da wolle.

Es gibt ein Sprichwort: *Wenn der Schüler bereit ist, erscheint der Lehrer*. Ich habe schon vor langer Zeit festgestellt, dass sich immer dann, wenn ich bereit bin, meinen Horizont intellektuell, psychologisch oder spirituell zu erweitern, eine Gelegenheit bietet, die mir scheinbar der Himmel geschickt hat, damit ich mich strecken, wachsen und lernen kann. Nur dass ich mich gar nicht immer strecken, wachsen und lernen *will*! Das fühlt sich dann an, als müsste ich an einem Kurs teilnehmen, den ich gar nicht belegt habe!

Was nun die Elternschaft angeht, so müssen wir feststellen, dass wir, auch wenn wir uns gar nicht wissentlich für den „Kurs“, den unsere Kinder uns anbieten, eingeschrieben haben, dennoch dazu gezwungen sind (dazu „eingeladen?“, „uns die Gelegenheit gegeben wird“?), ganz grundlegend zu wachsen und erwachsen zu werden. Insofern glaube ich, dass unsere Kinder tatsächlich unsere größten Lehrer sein *können*. Wir mögen uns vielleicht nicht freiwillig dazu entschlossen haben, ein Baby zu bekommen, damit die Wunden aus unserer Kindheit heilen oder wir uns zu einer besseren Version unserer selbst entwickeln können, doch die Gelegenheiten dazu – und noch tausende weitere – werden zusammen mit unseren Kindern geboren.

Vielleicht werden wir mit unserer Ungeduld konfrontiert und gelehrt, langsamer zu gehen, wenn unser Kind bei *jeder* Blume auf dem Gehweg anhalten und daran schnuppern möchte. Oder wir gewinnen an seelischer Kraft, während wir die Alpträume unserer Kinder überleben und dabei entdecken, dass wir auch nach einer ganzen Reihe schlafloser Nächte noch halbwegs freundlich und liebevoll sein können.

Ebenso wichtig ist die Art unserer Kinder, uns bei der Verarbeitung unerledigter Angelegenheiten zu helfen. Vielleicht erkennen wir in dem Versuch unserer Kinder, sich um die Hausaufgaben zu drücken, ein paar weniger wünschenswerte Aspekte unserer selbst und bemerken – so wir denn dazu bereit sind –, dass auch wir ein paar unangenehme Pflichten vor uns herschieben. Oder wir haben das Gefühl, man hielte uns einen Spiegel vor, wenn unser leicht zu erregendes Kind immer dann einen Wutausbruch bekommt, wenn etwas nicht nach seinen Vorstellungen läuft. Da sehen wir uns nun live und in Farbe und durchleben Momente aus unserer Vergangenheit (möglicherweise noch vom selben Morgen!), in denen wir selbst bockig wurden, weil es nicht so lief, wie wir es gern wollten.

Manchmal erteilen uns unsere Kinder auch ganz sanfte und anrührende Lektionen; unsere Kleinen vertiefen unsere Fähigkeit, mehr Liebe und Glück zu empfangen und zu schenken, als wir je für möglich gehalten hätten. Doch oft fordern gewisse Aspekte des Charakters unserer Kinder uns bis zum Letzten. Wir projizieren unsere eigenen Bedürfnisse auf unsere Kinder mit dem Gefühl, von früh bis spät im Kriegsmodus zu agieren, wenn es uns nicht gelingt, ihnen ein Verhalten abzuringen, das es uns erlaubt, unsere eigenen Ängste zu unterdrücken. Am Ende des Tages fallen wir erschöpft ins Bett und fürchten uns schon vor dem nächsten Morgen, wenn wir wieder aufstehen und das Ganze von vorn durchmachen müssen.

Eine Art, die mir dabei hilft, Menschen, die mich herausfordern, als wichtigen Katalysator für meine Weiterentwicklung zu betrachten, ist es, mir uns beide in einem nicht inkarnierten Zustand vorzustellen – als körperlose Seelen, die nichts als reine, grenzenlose Liebe füreinander empfinden. (Das ist nur ein Bild; Sie müssen nicht an die Reinkarnation glauben, um davon zu profitieren. Machen Sie einfach kurz mit und schauen Sie, ob Ihnen dieses Bild hilft.)

Ich stelle mir vor, wie wir beide ein Gespräch führen (wie auch immer zwei körperlose Wesen miteinander kommunizieren mögen), in dem es darum geht, was wir in unserem nächsten Leben gern lernen würden. „Ich möchte mehr Geduld lernen", sagt einer von uns. „Und ich möchte meine Fähigkeit, Liebe und Fürsorge anzunehmen, vertiefen", sagt unser Seelenfreund. „Was hältst du davon: Ich komme als dein behindertes Kind zurück. So kann ich lernen, vollkommener zu lieben, und du hast Gelegenheit, dich in Geduld zu üben." „Abgemacht!" Und so nimmt etwas seinen Lauf, was Caroline Myss, Dozentin und Hellsichtige, als *heiliges Abkommen* bezeichnet, eine Übereinkunft, die wir mit bedeutenden Menschen in unserem Leben geschlossen haben und die für genau die richtigen Umstände sorgt, die es uns ermöglichen, mehr und mehr zu dem zu werden, was uns zu sein bestimmt ist.

Jedes unserer Kinder bietet uns zahlreiche Gelegenheiten, uns den dunklen, verstaubten Ecken unseres Geistes und unseres Herzens zu stellen, und erschafft so genau die richtigen Bedingungen, damit wir lernen, uns von alten Paradigmen zu lösen, und ein viel weiteres und erfüllteres Leben führen zu können. Es folgt die Geschichte einer solchen Dynamik zwischen einer Mutter und ihrer Tochter.

Jedes unserer Kinder bietet uns zahlreiche Gelegenheiten, uns den dunklen, verstaubten Ecken unseres Geistes und unseres Herzens zu stellen, und erschafft so genau die richtigen Bedingungen, damit wir lernen, uns von alten Paradigmen zu lösen, und ein viel weiteres und erfüllteres Leben führen zu können.

Äußere deine Wünsche

Catherine hatte zwei Töchter, die vierzehnjährige Ella und die sechzehnjährige Shay. „Ich verstehe mich prima mit meinen Mädchen – wir stehen uns sehr nah. Aber um ehrlich zu sein, ist Shay ein bisschen schlampig. Sie lässt ihr Handtuch auf dem Badezimmerboden liegen, in ihrem Zimmer liegen die Sachen herum und sie wäscht nie ihr Geschirr ab, wenn man es ihr nicht sagt. Dieses Verhalten geht mir *wirklich* auf die Nerven. Wir haben schon darüber geredet, aber sie räumt nur auf, wenn ich meckere."

Catherine fuhr fort: „Gestern habe ich Shay sehr freundlich gebeten, ihr Zimmer aufzuräumen, bevor Gäste zum Abendessen eintrafen. Sie hat mich kaum angesehen, als ich sie fragte, und dann verdrehte sie die Augen und sagte, ‚Mama – die gehen doch noch nicht mal in mein Zimmer! Mach dich locker! Du bist immer so verkrampft, wenn Leute zu Besuch kommen.' Da bin ich explodiert – ich mache so viel für sie! Warum konnte sie nicht einmal diese Kleinigkeit für mich erledigen?"

Ich hörte Catherine eine Weile zu, dann fragte ich sie: „Wie haben Ihre Eltern reagiert, wenn Sie einen Wunsch oder ein Bedürfnis geäußert haben? Haben sie zugehört und Ihre Bitten ernst genommen oder haben sie Sie ignoriert?"

Darauf hatte sie sofort eine Antwort. Mit einem Hauch von Sarkasmus sagte sie: „Wenn ich ein Bedürfnis hatte? Ich hatte *kein Recht* auf irgendwelche Bedürfnisse. So etwas gab es in unserer Familie nicht. Wenn ich mir die Mühe machte, meiner Mutter oder meinem Vater mitzuteilen, dass ich dieses oder jenes, was sie von mir verlangten, nicht tun wollte, sahen sie mich an, als sei ich verrückt geworden, und sagten mir, wie selbstsüchtig ich doch sei. Ich habe schon früh gelernt, nicht um das, was ich wollte, zu bitten, und bin in meinen wichtigen Beziehungen, einschließlich meiner Ehe, immer schön auf dem Beifahrersitz sitzen geblieben."

Ich bot Catherine eine weitere Analogie an: „Sie kennen doch Autoscooter, wie man sie in Freizeitparks findet, oder? Mir ist aufgefallen, dass es Kinder gibt, die in ihr kleines Auto steigen und dann erstarren. Sie haben noch nie hinterm Steuer eines Autos gesessen und verstehen nicht, dass man auf das Fahrpedal treten muss, um es in Bewegung zu setzen, darum bleiben sie einfach mitten auf der Fahrfläche stehen und werden von all den anderen wilden Fahrern gerammt.

Dann gibt es Kinder am anderen Extrem. Das sind die, die das Pedal die ganze Zeit durchtreten und nicht mehr loslassen. Egal, in welche Richtung sie ihr Lenkrad drehen, sie krachen immer binnen weniger Sekunden in irgendetwas hinein. In beiden Fällen wissen unsere jungen Fahrer nicht, wie man das Fahrpedal *angemessen* bedient. Entweder bewegen sie sich gar nicht vom Fleck oder sie fahren rücksichtslos mit Vollgas über die Fläche."

Ich erklärte ihr, dass es vielen Menschen schwerfällt, zu sagen, was sie wollen oder brauchen. „Manche von uns bleiben passiv und schweigen; wir bitten nie um etwas und fühlen uns ungesehen, unwichtig und sind wütend."

„Das trifft genau auf mich zu", sagte sie. „Das ist die Geschichte meines Lebens, angefangen bei meiner Kindheit, während meiner Ehe und dann bei der Scheidung. Ich habe früh gelernt, dass es die Menschen in meiner Umgebung nur verärgert, wenn ich sage, was ich will."

„Andere dagegen verlangen mit Nachdruck, was sie wollen", erwiderte ich. „Sie trampeln einfach über alle anderen hinweg, fest entschlossen, ihren Willen durchzusetzen, egal wie sehr sie andere damit vor den Kopf stoßen."

„Also", sagte ich, „sind Sie bereit, die Situation mit Ihrer Tochter einmal aus einer anderen Perspektive zu beleuchten? Können Sie sie vielleicht als Lehrerin mit einem ganz besonderen Auftrag sehen? Sind Sie bereit zu lernen, wie Sie um die Dinge, die Sie wollen, bitten müssen, damit bereits in der Bitte ein Bewusstsein dafür zum Ausdruck kommt, dass Ihre Wünsche ebenso gerechtfertigt sind wie die aller anderen auch?"

Catherine war still. Jeglicher Sarkasmus war aus ihrer Stimme gewichen, als sie leise sagte: „Wow. Ja. Es wird Zeit, dass ich lerne, um das, was ich brauche, zu bitten."

Daraufhin sagte ich: „Indem Sie sich anschauen, weshalb das Verhalten Ihrer Tochter Sie so tief aufwühlt, haben Sie die Gelegenheit, etwas, das vor langer Zeit geschehen ist, zu heilen und zu einer gesünderen und ganzheitlicheren Version Ihrer selbst heranzuwachsen."

Catherine war dabei. Bei unserer gemeinsamen Arbeit ging es nun nicht mehr darum, die Schlampigkeit ihrer Tochter zu kurieren, sondern darum, jene Traurigkeit zu heilen, die sie als kleines Mädchen empfunden hatte, dessen Wünsche und Bedürfnisse als unwichtig deklariert worden waren – Gefühle also, die sie bereits vor langer Zeit begraben hatte. Ich half ihr dabei, zu verstehen, dass die Heftigkeit, mit der sie um Shays Kooperation kämpfte, daher rührte, dass sie eine unerlöste Sehnsucht danach, dass auch ihre Wünsche und Bedürfnisse zählten, auf ihre Tochter projiziert hatte.

Ich erklärte ihr, dass es nicht Aufgabe unserer Kinder ist, uns zu heilen. Tatsächlich beharren sie umso stärker auf ihrem Standpunkt, je mehr wir sie mit unserer Bedürftigkeit und Verzweiflung konfrontieren. Sie verstehen intuitiv, dass es nicht in ihrer Verantwortung liegt, sich so zu verhalten, dass unsere Wunden aus früheren Beziehungen heilen können. So kann das schlechte Betragen unserer Kinder am Ende ein Geschenk für uns werden, denn wenn wir bereit sind, den Blick nach innen zu richten, anstatt unsere Verletzungen auf sie zu projizieren, können wir an unseren unerledigten Angelegenheiten arbeiten.

Unsere Kinder verstehen intuitiv, dass es nicht in ihrer Verantwortung liegt, sich so zu verhalten, dass unsere Wunden aus früheren Beziehungen heilen können. So kann das schlechte Betragen unserer Kinder am Ende ein Geschenk für uns werden, denn wenn wir bereit sind, den Blick nach innen zu richten, anstatt unsere Verletzungen auf sie zu projizieren, können wir an unseren unerledigten Angelegenheiten arbeiten.

Ich riet Catherine, in Situationen, in denen sie mit dem Widerstand ihrer Tochter konfrontiert wurde, einfach mit den Gefühlen, die in ihr aufstiegen, gegenwärtig zu bleiben. „Üben Sie sich darin, sich Ihrer Gefühle ohne Bewertung bewusst zu werden, geben Sie ihnen Raum, damit sie gesehen und gehört werden. Seien Sie traurig oder wütend. Seien Sie verwirrt oder besorgt. Und dann seien Sie vielleicht wieder traurig. Lassen Sie die Gefühle zu, ohne sie zu zensieren oder zu kontrollieren.

Benennen Sie, wo in Ihrem Körper Sie dieses Gefühl empfinden. Fühlt es sich schwer an? Scharf? Flatterig? Lassen Sie zu, was Sie empfinden, erlauben Sie dem Gefühl, einfach *da* zu sein, ohne es größer oder kleiner zu machen. Benennen Sie Ihre Gefühle mit liebevoller Güte. ‚Ich spüre Traurigkeit in meiner Brust. Sie ist schwer und flach und dunkel. Und jetzt ist da Wut. Ganz scharf und hart. In meinem ganzen Körper!'

Vermeiden Sie den Versuch Ihrer rationalen linken Gehirnhälfte, Ihr Unbehagen wegzuerklären. Widerstehen Sie dem Drang, es mit Ihrer Tochter oder der aktuellen Situation in Verbindung zu bringen. Nehmen Sie einfach wahr, was Sie gerade erleben. Haben Sie Geduld. Die Gefühle gehen vorbei. Sie werden sich besser fühlen. Es gibt keinen Weg darum herum, Sie müssen mitten hindurchgehen. Es ist ein Prozess des Trauerns um die Stimme, die Sie nicht hatten, um die Empathie, die Ihnen nicht entgegengebracht wurde, und über den Schmerz, nicht gesehen worden zu sein."

Das war – und ist immer noch – ein sehr tiefgreifender Prozess. Es ist weder einfach noch geht es schnell. Alte Wunden brauchen Raum zum Atmen, damit sie heilen können. Wenn Sie sich diesem Prozess anvertrauen, möchte ich Ihnen ans Herz legen, freundlich und geduldig mit sich zu sein, auch wenn Sie gerade versuchen, einen neuen Umgang mit Ihrem Kind zu finden, wenn es einen alten Schmerz aktiviert. Mit Achtsamkeit können Sie beginnen, diese Dynamik und auch sich selbst zu heilen.

Sobald Catherine damit begonnen hatte, um jene Anteile zu trauern, die sich nie getraut hatten, ihre Wünsche zum Ausdruck zu bringen, war sie bereit, neue Wege zu ergründen, wie sie ihre Mädchen um etwas bitten konnte. Ich erzählte ihr davon, was ich Diane Sawyer einmal hatte sagen hören, als man sie nach dem Geheimnis ihrer langen Ehe fragte. Sie antwortete: „Ich habe früh gelernt, dass Kritik eigentlich nur eine ziemlich schäbige Art ist, einen Wunsch zu äußern. Also … äußern Sie einfach Ihren Wunsch!"

Die vier Modalitäten der Interaktion

Wenn wir mit anderen Menschen interagieren, befinden wir uns meistens in einer von vier Kategorien: Wir sind entweder passiv, aggressiv, passiv-aggressiv oder durchsetzungsfähig.

Wir sind *passiv*, wenn wir das, was wir eigentlich empfinden, unterdrücken und so tun, als sei alles in Ordnung. Wenn wir passiv sind, sagen wir Ja, obwohl wir Nein meinen, stellen die Bedürfnisse anderer über unsere eigenen und haben Angst, jemanden zu verärgern. Passive Eltern fürchten sich vor den Wutausbrüchen ihrer Kinder und wollen verzweifelt von ihnen gemocht werden, weshalb sie ihren Forderungen nachgeben.

Wenn wir *aggressiv* sind, gehen wir mit Drohungen und Einschüchterungen auf unsere Kinder los, um sie unserem Willen zu unterwerfen. Nach außen hin mag das effektiv erscheinen – das schlechte Benehmen hört auf –, doch dieser Ansatz fordert einen hohen Preis. Unsere Kinder können keine Nähe zu uns empfinden, weil wir ihnen keine emotionale Sicherheit bieten.

Passiv-aggressive Eltern kontrollieren ihre Kinder durch Scham und Schuld. Sie sind nicht übermäßig aggressiv, doch ihre Art, sie zu manipulieren und Schuldgefühle zu wecken, ist extrem schädlich für das sich entwickelnde Selbstempfinden ihrer Kinder. Diese Kinder fühlen sich auf unangemessene Weise für die Bedürfnisse und das Glück ihrer Eltern verantwortlich, anstatt die eigenen Bedürfnisse zu spüren. Wenn Sie einem Kind sagen „Du bist das einzige Kind in dieser Familie, das es nicht hinzukriegen scheint, den Tisch ordentlich zu decken", haben Sie es damit beschämt. Wenn Sie ihm sagen „Heute Nacht habe ich kein Auge zugetan, weil ich nicht weiß, wie ich diese Klassenfahrt bezahlen soll, auf die du unbedingt mitfahren musst", hat es gar keine andere Wahl, als sich schuldig zu fühlen. Das ist ein äußerst ungesunder Umgang mit Kindern.

Durchsetzungsfähig sind wir, wenn wir im Leben unserer Kinder– wie ich es nenne – der Kapitän des Schiffes sind (mehr dazu in Kapitel 2). In diesem Modus setzen wir unseren Kindern klare Grenzen, gestehen ihnen ihre Bedürfnisse, Wünsche, Gefühle und Vorlieben zu, ohne sie schlecht zu machen, wenn sie nicht haargenau unseren eigenen entsprechen. Wir sind nicht darauf *angewiesen*, dass unsere Kinder uns mögen, und wir fürchten uns auch nicht vor ihrer Unzufriedenheit, denn wir haben erkannt, dass wir, wenn wir all ihre Probleme für sie lösen, nur verhindern, dass sie echte Widerstandskraft entwickeln. Unsere Kinder wissen, dass sie um ihrer selbst willen geliebt werden und nicht für das, was sie für uns tun können, oder weil ihre Erfolge uns vor anderen gut dastehen lassen.

Wenn wir durchsetzungsfähig sind, können wir auch akzeptieren, dass unsere Kinder vielleicht nicht tun wollen, worum wir sie bitten, ohne ihre Beschwerden persönlich zu nehmen oder die Meinungsverschiedenheit zu einem Machtkampf werden zu lassen. Wir fühlen uns in ihre Lage ein, gestehen ihnen zu, dass sie fühlen, was sie fühlen, zögern aber nicht, Grenzen zu setzen, die ihnen möglicherweise nicht gefallen.

Während meiner Arbeit mit Catherine konzentrierten wir uns zunächst darauf, die schöne und liebevolle Kindheit zu betrauern, die sie nie gehabt hatte. Während dieses Prozesses war sie sehr verwundbar, doch sie war auch fest entschlossen und stellte sich tapfer ihren alten Gefühlen.

Wenn wir durchsetzungsfähig sind, können wir auch akzeptieren, dass unsere Kinder vielleicht nicht tun wollen, worum wir sie bitten, ohne ihre Beschwerden persönlich zu nehmen oder die Meinungsverschiedenheit zu einem Machtkampf werden zu lassen.

Dann fingen wir an, gemeinsam Bestimmtheit zu üben. Da sie weder in ihrer Kindheit noch in ihrer Ehe Erfahrungen damit machen konnte, war das für sie unerforschtes Gebiet. Doch wir hatten eine Menge Spaß. Wir spielten verschiedene Szenarien durch, in denen sie üben konnte, ihre Wünsche zu äußern, ohne dabei aggressiv (mit durchgetretenem Gaspedal), passiv (erstarrt und still verharrend) oder passiv-aggressiv (durch Schuldzuweisung oder Demütigung) zu sein. Catherine liebte das Gefühl, das sie durchströmte, wenn sie ihre Bedürfnisse mit Bestimmtheit äußerte.

Infolge der Aufarbeitung ihres emotionalen Gepäcks verloren Catherines Bitten an Schärfe und Verzweiflung und Shay fiel es leichter, den Bitten ihrer Mutter Folge zu leisten. Catherine arbeitete daran, mit ihrer Tochter auf Augenhöhe zu kommunizieren (ich bezeichne dies als *Kindererziehung 1. Akt*), indem sie ihr signalisierte, dass sie Verständnis für ihre Ansicht hatte, dass es doch gar nicht so schlimm sei, wenn sie ihre Sachen in ihrem Zimmer herumliegen lasse. „Du glaubst vielleicht sogar, da es sich um *dein* Zimmer handelt, solltest du das Recht haben, dort zu schalten und zu walten, wie es dir gefällt." Da Shay sich von ihrer Mutter verstanden und ernst genommen fühlte, verhielt sie sich weniger defensiv und war empfänglicher.

„Doch leider, mein Schatz", fuhr ihre durchsetzungsfähige Mutter fort, „stört es mich, wenn ich dein Zimmer betrete und dort überall Sachen herumliegen, und da ich nun einmal die Miete zahle, hätte ich gern, dass du dir mehr Mühe gibst, Ordnung zu halten. Ich möchte, dass du dir abends fünf oder zehn Minuten Zeit nimmst, um deine Sachen wegzuräumen, bevor du ins Bett gehst. Und es wäre auch toll, wenn du das Badezimmer so hinterlässt, wie du es vorgefunden hast – das heißt, du räumst deine Handtücher in den Wäschekorb!"

Bevor Catherine bewusst wurde, was sich hinter ihrer erhöhten Sensibilität im Umgang mit ihrer Tochter verbarg, hatte sie das Gaspedal entweder überhaupt nicht gefunden (und passiv den Mund gehalten, während sie vor unterdrückter Wut und Verbitterung kochte) oder sie hatte es voll durchgetreten (und war aggressiv mit Kritik und Wut auf ihre Tochter losgegangen).

Nachdem sie sich dafür entschieden hatte, ihre Tochter als wunderbare Lehrerin zu betrachten, die den Auftrag hatte, ihr beizubringen, wie sie ihre eigene Stimme wiedergewinnen und dazu nutzen konnte, respektvoll um das zu bitten, was sie wollte, fühlte sich Catherine Shay sogar noch näher. Und im Haus war es jetzt auch ordentlicher!

Jetzt sind Sie dran

Schreiben Sie den Namen Ihres Kindes in Ihr Tagebuch. Darunter schreiben Sie eine Eigenschaft Ihres Kindes, mit der Sie besonders schwer umgehen können – eine Eigenschaft oder eine Verhaltensweise, die Ihnen auf die Nerven geht und eine heftige Reaktion hervorruft, d. h. dass Sie sich extrem aufregen, während andere lediglich ein bisschen ärgerlich wären. Vermeiden Sie es, sich dabei zu zensieren – seien Sie ehrlich!

Hier ein paar Beispiele: *ungeduldig, schlampig, rechthaberisch, egozentrisch, hochempfindlich, unflexibel, übervorsichtig, unhöflich, negativ, oberflächlich, aggressiv, schüchtern, unreif, hinterhältig, pingelig, provokant, leicht zu frustrieren, unverschämt, zerstreut, beurteilend, gefühllos, stur, kontrollierend, undankbar, hyperrational, hypochondrisch, streitsüchtig, unmotiviert, schwach, ängstlich, hartnäckig, jammernd, gibt leicht auf, weinerlich, aufgedreht, rastlos, akzeptiert kein Nein, Zauderer, bringt nichts zu Ende.*

Nun beantworten Sie die folgenden Fragen. Konzentrieren Sie sich dabei vor allem auf diejenigen, die auf Sie zutreffen. Lassen Sie sich Zeit; manchmal dauert es eine Weile, bevor wir die Wahrheit hinter unserer spontanen Interpretation einer Sache entdecken.

- An wen aus Ihrer Vergangenheit erinnert Sie Ihr Kind, wenn es sich so verhält? An ein Elternteil oder einen Lehrer? An den großen Bruder oder die kleine Schwester? An den Ex-Gatten?
- Wie haben Sie reagiert, wenn diese Person dieses Verhalten oder diese Eigenschaft an den Tag gelegt hat? Haben Sie sich zurückgezogen? Sind Sie aggressiv geworden? Haben Sie gestritten? Hatten Sie einen Trotzanfall? Haben Sie sich versteckt? Geweint? Waren Sie passiv? Aggressiv? Passiv-aggressiv?
- Wie hat diese Person auf Ihre Probleme oder Klagen reagiert? Hat sie Ihnen die Schuld dafür gegeben? Hat sie Ihre Bedenken abgetan oder heruntergespielt? Ihnen gesagt, dass Sie

überreagieren? Hat sie Sie bestraft, weil Sie gepetzt haben? Ihnen gesagt, Sie sollten sich gefälligst allein um Ihre Probleme kümmern? Ihnen Schuldgefühle eingeredet, weil Sie Ihre Meinung gesagt haben? Ihnen gesagt, dass sie es im Leben doch viel schwerer hat als Sie? Sie verspottet, weil Sie so empfindlich sind?

- Finden Sie bei Ihrem Kind eine unerwünschte Eigenschaft wieder, die Sie an *Sie selbst* erinnert, eine Eigenschaft, mit der Sie sich ungern auseinandersetzen? Machen Sie selbst, was Sie bei Ihrem Kind so unzumutbar finden? Welche Gefühle steigen in Ihnen auf, wenn Sie darüber nachdenken, dass Sie und Ihr Kind zu dieser Eigenschaft neigen?
- Wie sind Ihre frühen Erziehungsberechtigten damit umgegangen, wenn Sie diese unangenehme Eigenschaft oder dieses Verhalten gezeigt haben? Haben sie Sie kritisiert oder beschämt? Haben sie Sie mit einem angenehmeren Geschwisterkind verglichen? Wurden Sie isoliert oder in Ihr Zimmer geschickt, um „darüber nachzudenken", was Sie „falsch gemacht" haben? Hat ein Elternteil Ihnen seine Liebe entzogen? Sie angeschrien und bedroht? Sie körperlich verletzt?
- Was bekümmert Sie daran, dass Ihr Kind diese bestimmte Eigenschaft besitzt? Welche Eigenschaft müsste in Ihnen geweckt werden, damit Sie Ihrem Kind so begegnen können, wie es ist? Was gibt es hier für Sie zu lernen? Schenkt Ihr Kind Ihnen die Möglichkeit, geduldiger zu werden? Sich selbst besser zu akzeptieren? Durchsetzungsfähiger zu werden? Flexibler zu sein?

Es ist eine tiefgreifende Arbeit, hinter die Fassade derjenigen Verhaltensweisen unserer Kinder zu blicken, die unaufgelöste Gefühle in unseren Herzen und unserem Geist erwecken. Sie sollte nicht auf die leichte Schulter genommen werden. Wenn Emotionen an die Oberfläche treten, die Sie nur schwerlich allein verarbeiten können, wenden Sie sich bitte an einen Freund, dem Sie vertrauen, oder an einen ausgebildeten Therapeuten.

Wenn Sie sich wie Catherine dazu entscheiden, Ihr Kind als Lehrer zu betrachten und die Chance auf Heilung und Transformation, die Ihnen hier geboten wird, anzunehmen, kann der Lohn grenzenlos sein.

Praktische Umsetzung

Bewusste Elternschaft im wirklichen Leben

Mich nervt das Quengeln meines Kindes – was kann ich dagegen tun?

Frage: Das Quengeln meiner Vierjährigen treibt mich in den Wahnsinn. Ich weiß, dass sie noch klein ist und manchmal nicht sagen kann, was sie möchte, aber aus irgendeinem Grund bringt mich ihre quengelnde Stimme zur Weißglut!

Vorschlag: Damit sind Sie nicht allein. Das schrille Jammern eines Kindes hat etwas an sich, das vielen Eltern auf die Nerven geht. Darauf einzusteigen macht die Sache aber nur noch schlimmer.

Versuchen Sie, das Quengeln Ihrer Tochter als ein völlig neutrales Ereignis zu betrachten. Genau wie bei einem Kind, das ständig mit dem Stift auf den Tisch klopft oder mit den Füßen wackelt, sind derartige Verhaltensweisen an sich weder gut noch schlecht. Der Grund, weshalb sie uns nerven, ist, weil wir *beschließen*, dass sie uns nerven, und schon sind wir bereit für einen kleinen Machtkampf. Wenn Sie wollen, dass Ihr Kind mit irgendetwas aufhört, weil Sie es lästig finden, ist – sofern Sie nicht gerade eine sehr starke Verbindung zueinander haben – die Wahrscheinlichkeit groß, dass es nur noch hartnäckiger damit weitermacht.

Das mag nun sehr Zen-mäßig klingen, aber wenn es Ihnen gelingt, diese quengelnde Stimme lediglich zu *bemerken*, ohne sie zu benennen oder zu *bewerten*, werden Sie in der Lage sein zu sagen: „Schätzchen, ich möchte verstehen, was du brauchst, und warte gern so lange, bis du wieder mit deiner normalen Stimme sprichst.“ Wenn Sie nicht mehr so stark reagieren, wird es Ihrer

Tochter gelingen, herauszufinden, wie sie auf angemessene Weise um die Dinge, die sie möchte, bitten kann.

Was kann ich von meinem aufsässigen Kind lernen?

Frage: Immer, wenn ich meine Elfjährige bitte, etwas zu tun, verdreht sie die Augen oder äfft mich nach. Ich finde dieses Verhalten äußerst respektlos. Was könnte ich wohl von meinem aufsässigen Kind lernen?

Vorschlag: Wie viel Zeit haben Sie mitgebracht? Man könnte ganze Buchreihen darüber schreiben, was wir von unseren aufsässigen Kindern lernen können! Beginnen wir damit, das Ganze *nicht persönlich zu nehmen.*

Es herrscht ein auffälliger Mangel an positiven Vorbildern für Jugendliche im Alter Ihrer Tochter, die so verzweifelt gern erwachsen werden wollen und anfangen, nach der eigenen Individualität zu suchen, um sich von den Eltern zu unterscheiden. Leider orientieren sich viele dann am schnippischen Verhalten der Kids aus beliebten Fernsehserien, in denen Augenrollen und Widerworte mit enthusiastischem Gelächter belohnt werden.

Weigern Sie sich, aus dem Augenrollen Ihrer Tochter mehr zu machen, als es ist – nämlich eine plumpe und (hoffentlich) wirkungslose Art, Ihnen zu signalisieren, dass sie keine Lust hat, das zu tun, was Sie von ihr wollen, oder ein schlichtes Austesten Ihrer Grenzen. Wenn Sie es schaffen, das alles nicht persönlich zu nehmen, können Sie einfach sagen: „Versuchs doch am besten gleich nochmal, Schatz“ – und das hoffentlich ohne dabei selbst aufsässig zu klingen.

Was lerne ich daraus, ignoriert zu werden?

Frage: Ich habe einen fünfzehnjährigen Sohn, der mich wie Luft behandelt. Er kommt zur Tür herein und geht direkt in sein Zimmer, ohne wenigstens Hallo zu sagen. Was könnte er mich wohl lehren?

Vorschlag: Leider kann Kindererziehung manchmal sehr brutal sein, vor allem für diejenigen unter uns, die noch unverarbeitete Erfahrungen mit dem Gefühl, unsichtbar, unwichtig oder unbeliebt zu sein, haben. Die gute Nachricht ist: Indem wir uns diesen Erfahrungen bewusst annähern, werden wir nicht nur unsere Kinder effektiver erziehen, sondern auch ein paar Verletzungen aus der eigenen Kindheit heilen können.

Bleiben Sie im Geschehen *gegenwärtig*, anstatt sich darauf zu konzentrieren, wie Sie Ihren Sohn ändern können. Wenn Sie physische Reaktionen spüren – Anspannung, Wut – seien Sie ihnen gegenüber freundlich, ohne sie größer oder kleiner zu machen. Benennen Sie sie: „Da zieht sich etwas zusammen … in meinem Bauch … wie ein Knoten, der immer fester wird."

Wenn Ihre Reaktion eher emotionaler Natur ist, bleiben Sie gegenwärtig für das, was Ihre Gefühle Ihnen zeigen: „Ich bin traurig … wie damals in der Mittelstufe, als mich niemand wahrgenommen hat … ich habe es gehasst, wie mich die anderen beim Mittagessen ignoriert haben …"

Zwar steigen in jedem Menschen andere Gefühle auf, wenn er beginnt, in dem, was durch den Umgang mit seinen Kindern in ihm ausgelöst wird, gegenwärtig zu bleiben, doch mein Ratschlag bleibt für alle derselbe. Beginnen Sie mit dem, was *in Ihnen* vorgeht, bevor Sie sich mit dem Problem befassen, das Sie mit Ihrem Kind haben. Nur so werden Sie imstande sein, sich der Sache als Kapitän des Schiffes anzunehmen, ohne Bedürftigkeit zu vermitteln.

KAPITEL 2

Erwachsen werden durch Kindererziehung

*Es ist leichter, starke Kinder aufzubauen,
als gebrochene Menschen zu reparieren.*

Frederick Douglass

Vor Jahren, ich fuhr gerade meinen Sohn zur Schule, beobachtete ich, wie eine Mutter, die auf demselben Weg war, einen diabetischen Anfall erlitt. Ihr elfjähriger Sohn erkannte, dass seine bewusstlose Mutter nicht mehr in der Lage war, den Wagen unter Kontrolle zu halten, löste seinen Gurt und versuchte zu verhindern, dass das Auto außer Kontrolle geriet. Als er merkte, dass ihm das nicht gelang, gurtete er sich panisch wieder an, nur wenige Sekunden bevor ihr SUV in vier andere Autos krachte – einschließlich unseres. Seine Mutter kam erst wieder zu sich, als sie gegen eine Leitplanke fuhr. Zum Glück wurde keine der elf betroffenen Personen schwer verletzt.

Kinder sollten Beifahrer sein. Sie sind nicht darauf vorbereitet, ein Auto zu steuern oder ein Schiff durch den Sturm zu segeln – und sie wissen das. Aber wenn der Fahrersitz leer bleibt, versuchen sie instinktiv, das Steuer zu übernehmen. Sie *wollen* nicht verantwortlich sein. Doch sie wissen, dass irgendwer die Verantwortung übernehmen muss, denn sie erkennen, dass das Leben nicht sicher ist, solange niemand am Steuer sitzt, der weiß, wo es lang geht.

Kapitän, Anwalt, Diktator

In meinem ersten Buch *Parenting Without Power Struggles* beschreibe ich drei Arten, wie sich Eltern gegenüber ihren Kindern verhalten können: Sie können selbstbewusst und ruhig die Verantwortung übernehmen, sie können verhandeln, wer das Sagen hat, oder sie können mit ihrem Kind um die Kontrolle kämpfen.

Kapitän – Eltern haben das Sagen

Zwei Anwälte – niemand hat das Sagen

Diktator – Kind hat das Sagen

Eltern, die mit Ruhe und Selbstbewusstsein die Verantwortung als Kapitän des Schiffes tragen, vermitteln den Eindruck einer klaren, liebevollen Person, die in der Lage ist, für ihre Kinder gute Entscheidungen zu treffen – auch wenn die Kinder sich darüber aufregen mögen, weil sie nicht bekommen, was sie wollen. Sind wir der Kapitän des Schiffs, dann sind wir der Situation entsprechend flexibel und *entscheiden* uns bewusst, wie wir mit unserem Kind umgehen wollen, wenn es in einen Sturm gerät, anstatt reflexartig aus Verhaltensmustern heraus zu reagieren, die aus unserer eigenen Erziehung stammen.

Eltern, die mit Ruhe und Selbstbewusstsein die Verantwortung als Kapitän des Schiffes tragen, vermitteln den Eindruck einer klaren, liebevollen Person, die in der Lage ist, für ihre Kinder gute Entscheidungen zu treffen – auch wenn die Kinder sich darüber aufregen mögen, weil sie nicht bekommen, was sie wollen.

Hier ein kurzes Beispiel: Ihre Dreizehnjährige fragt Sie, ob sie zu einer Party gehen darf, bei der die einzige Aufsichtsperson eine ältere Schwester sein wird, die nicht gerade für ihr gutes Urteilsvermögen bekannt ist.

Mutter: „Schatz, ich weiß, dass du da gern hingehen möchtest, aber ich hab leider kein gutes Gefühl dabei."

Tochter: „Bitte, Mama! Ich verspreche dir, dass nichts Schlimmes passiert."

Mutter: „Ach, Liebling. Ich weiß, das kommt dir unfair vor, und ich verstehe, dass du gern gehen würdest, aber ich fürchte, das wird nichts."

Die Mutter ist hier der *Kapitän*, sie ist einfühlsam und freundlich, bleibt dabei aber entschieden und klar. Je nachdem, wie sehr Ihr Kind daran gewöhnt ist, dass Sie Ihre Meinung ändern oder ins Wanken geraten, wird es versuchen, Sie auf die nächste Ebene zu ziehen.

Wenn Eltern sich auf Streit, Machtkämpfe und Verhandlungen mit ihren Kindern einlassen, hat keiner mehr das Sagen. Ich bezeichne diesen Modus als den der *zwei Anwälte*. Kinder lehnen sich gegen ihre Eltern auf, Eltern lehnen sich gegen ihre Kinder auf, und die Beziehung zwischen ihnen ist von Anspannung und Unmut geprägt. Hier ein Beispiel:

Tochter: „Mama, du behandelst mich, als wäre ich zwei Jahre alt. Nie vertraust du mir!"

Mutter: „Du bist auch nie zufrieden, bevor du bekommst, was du willst! Careys Schwester ist unreif und ich glaube nicht, dass sie wirklich auf euch alle achtgeben kann. Wahrscheinlich wird sie viel zu beschäftigt damit sein, ihre eigene Party zu feiern! Letztes Jahr hab ich sogar gehört, dass sie …" Die Mutter verteidigt ihren Standpunkt und die Tochter hält sofort dagegen.

Tochter: „Das stimmt doch überhaupt nicht! Man hat sie beschuldigt, auf der Toilette Gras geraucht zu haben, dabei raucht sie gar nicht! Sie war nur zufällig dort, als diese *anderen* Mädchen geraucht haben!"

Derartige Eltern-Kind-Gespräche sind vor allem von Diskussionen, Verhandlungen und Streit geprägt.

Wenn zu guter Letzt das Kind den Ton angibt, haben die Eltern das Gefühl, die Kontrolle verloren zu haben und geraten vielleicht sogar in Panik, vor allem dann, wenn sie sich vorstellen, dass andere sie dafür verurteilen könnten, dass sie ihre Kinder nicht im Griff haben. Sie versuchen, wieder Ordnung herzustellen und die Kontrolle zurückzubekommen, indem sie ihre Kinder mit Drohungen, Bestechungen oder Ultimaten im Zaum halten, genauso wie ein Tyrann oder Despot – ein Mensch ohne echte Autorität – die Kontrolle nur behalten kann, indem er Angst und Schrecken verbreitet. Diesen Modus bezeichne ich als den *Diktator*. Hier ein Beispiel:

Tochter: „Du kannst einfach nicht akzeptieren, dass ich kein kleines Baby mehr bin. Kümmere dich um dein eigenes Leben und hör auf, dich ständig in meins einzumischen!"

Mutter: „Jetzt reicht's, junge Dame. Du weißt überhaupt nicht zu schätzen, was wir alles für dich tun. Ich arbeite hart, damit wir was zu essen auf dem Tisch haben, und du bedankst dich noch nicht einmal dafür. Du hast Hausarrest!"

Wie man deutlich sehen kann, verschlimmert sich diese Situation rapide. Die Mutter gerät sofort ins Wanken und geht vom Kapitän zum Anwalt über und landet schließlich im Diktator-Modus.

Um im Kapitäns-Modus bleiben zu können, müssen wir lernen, uns mit dem Setzen von Grenzen wohlzufühlen, damit wir als Eltern freundlich, klar und selbstbewusst auftreten können.

Grenzen setzen

Bei meiner Beratungstätigkeit erlebe ich immer wieder gutmeinende Paare, die auf keinen Fall die Fehler ihrer Eltern wiederholen wollen und dennoch zugeben müssen, dass sie enorm unsicher sind, wenn es darum geht, schwierige Situationen zu meistern. „Ist es ok, wenn ich meinen Vierzehnjährigen mal ein bisschen Gras rauchen lasse? Seine Freunde machen das alle." „Ich habe versucht, das *World of Warcraft*-Abo meines Sohnes zu kündigen, aber er ist so wütend geworden, dass er ein Loch in die Wand geschlagen hat!" „Wenn wir zum Essen ausgehen, verwandeln sich meine Kinder in kleine Terroristen, die erst dann Ruhe geben, wenn ich ihnen mein Handy in die Hand gedrückt habe. Soll ich einlenken, um den Frieden zu wahren?" Mit ihrer Unsicherheit und ihrer Angst, Grenzen zu setzen, vermitteln sie ihren Kindern das Gefühl, dass sie nicht wissen, wo sie stehen, oder genauer gesagt, dass sie schlicht Angst haben, Stellung zu beziehen, um ihre Kinder nicht zu verärgern.

Was ich spannend finde, ist, dass gerade die Kinder, die zu Wutausbrüchen neigen, wenn sie ihren Willen nicht bekommen, sich danach sehnen, dass ihre Eltern eine echte Bindung mit ihnen eingehen und für Struktur sorgen. Wenn ich mich manchmal privat mit solchen Jugendlichen treffe, erzählen sie mir, sie wünschten, ihre Eltern wären nicht so Wischiwaschi. Manchmal tun sie das auch ganz einfach kund, indem sie sehr positiv darauf reagieren, wenn jemand ihnen Grenzen setzt und ihnen gleichzeitig tiefe und unerschütterliche Zuneigung entgegenbringt. Henry war eines dieser Kinder.

Gerade die Kinder, die zu Wutausbrüchen neigen, wenn sie ihren Willen nicht bekommen, sehnen sich danach, dass ihre Eltern eine echte Bindung mit ihnen eingehen und für Struktur sorgen.

Eine echte Verbindung aufbauen

Henry war elf Jahre alt, als Bradley und Melissa ihn zu mir brachten. Er schlenderte in mein Büro, während er auf seiner tragbaren Spielekonsole spielte (es ist schon ein paar Jahre her), und machte seine wenig entgegenkommende Haltung überdeutlich. Als seine Eltern vorsichtig anfragten, ob er das Gerät nicht beiseitelegen und mich begrüßen wolle, funkelte er sie nur an und spielte weiter. Als ich mich mit ihnen allein unterhielt, gaben sie zu, dass sie keine Ahnung hatten, wie sie mit seinen heftigen Ausbrüchen umgehen sollten. Henrys Vater war schon etwas älter und fand, ein Junge müsse hart sein, also hatte Henry schon sehr früh gelernt, empfindsamere Gefühle zu unterdrücken, und seine Fähigkeit, Emotionen wie Angst, Traurigkeit oder Verletzung zu empfinden, eingebüßt. Sein Spektrum war auf Frust und Wut begrenzt. Henry war ein kräftiger Junge und neigte zu Gewalttätigkeit, wenn man ihn provozierte. Seine Eltern hatten Angst vor ihm.

Als ich mich mit Henry allein traf, erlebte ich ihn als sanftmütiges, aber kaum geerdetes Kind. Überhaupt nicht daran gewöhnt, in echtem Kontakt mit einem Erwachsenen zu sein, der nichts von ihm wollte, schien er über sich selbst zu schweben. Kontakt zu Erwachsenen sah für ihn vornehmlich so aus, dass man versuchte ihn zu irgendetwas zu zwingen, das er nicht wollte.

Ich fing damit an, dass ich mich dafür interessierte, wer Henry eigentlich war. Während wir uns unterhielten, öffnete er sich ganz zögerlich und erzählte mir, dass er wahnsinnig gern malte und davon träumte, irgendwann Videospiele zu designen. Als mir auffiel, dass seine Aufmerksamkeit immer noch zwischen mir und seinem Spielgerät aufgeteilt war, bat ich ihn – sehr freundlich –, es mir zu geben, und erklärte ihm gleichzeitig, dass ich fand, dass es ziemlich viel Macht über ihn habe. Ich legte das Gerät in ein Regal in meinem Büro, wo es viele Monate liegen blieb, was Henry überraschend gut akzeptierte.

Henry und ich begannen, eine echte Verbindung aufzubauen. Ich blieb stets freundlich und interessiert und ganz langsam fing er an, darauf zu vertrauen, dass ich seine Verbündete war. Die Sitzungen mit seinen Eltern fand ich sehr viel schwieriger. Melissa und Bradley weigerten sich, sich die Mühe zu machen, das, was wir in unseren Sitzungen besprachen, auch anzuwenden – nämlich auf Henry *einzugehen*, anstatt auf ihn *loszugehen*. Immer wieder versuchten sie es mit Logik, Bestechung oder Drohungen, um ihm abzunötigen, was sie von ihm wollten. Sie schienen mehr daran interessiert zu sein, dass ich ihren Sohn dazu bringe, einfach zu tun, was sie wollten, als ihre eigene Beziehung zu ihm zu verbessern.

Eines Abends klingelte mein Telefon. Es war Bradley, der mich völlig aufgelöst vom Parkplatz eines Restaurants aus anrief. Offenbar hatte Henry im Restaurant einen Tobsuchtsanfall gehabt und war dann auf den Parkplatz geflüchtet, wo er seinen Eltern weiter auswich. Melissa und Bradley versuchten verzweifelt, ihren Sohn in den Wagen zu bekommen, damit sie nach Hause fahren konnten. „Könnten Sie mit Henry reden? Können Sie ihn überzeugen, einzusteigen?" flehte mich Bradley an.

Das war eine ungewöhnliche Bitte, aber ich willigte ein, auch wenn ich keine Ahnung hatte, was da auf mich zukommen würde. Und so ist es schließlich gelaufen: Bradley kam nah genug an Henry heran, um ihm zu sagen, dass Susan am Telefon war und mit ihm sprechen wollte. Henry nahm sofort das Telefon. Ich sagte einfach nur: „Schatz, es ist Zeit ins Auto einzusteigen." „Okay." Das war's. Er gab seinem Vater das Telefon zurück und stieg ins Auto.

Was hatte ich getan, zu dem seine Eltern nicht imstande waren? Welche Macht hatte ich über Henry, dass er einfach Ja sagte? Keine. Aber ich hatte zwei Dinge: eine authentische Verbindung zu ihm – er wusste, dass ich ihn mochte und respektierte – und eine legitime Stellung als Kapitän auf dem Schiff unserer Beziehung. Ich hatte weder Angst vor ihm, noch brauchte ich ihn, um mein Selbstwertgefühl aufzupolieren, und ich hatte bewiesen, dass mir wirklich etwas an ihm lag. Er wusste, dass ich auf seiner Seite stand.

Wie hatte ich das erreicht? Indem ich Henry meine volle Aufmerksamkeit geschenkt und ihn so akzeptiert hatte, wie er war. Er wusste, dass ich ihn witzig und interessant fand. Er wusste, dass ich kein verstecktes Motiv dafür hatte; ich *brauchte* nichts von ihm. Darum kam er meiner Bitte nach, so wie wir alle es tun würden, wenn eine Person, die wir mögen, uns um etwas bittet.

Die volle Aufmerksamkeit seiner Eltern erhielt Henry bedauerlicherweise nur dann, wenn sie ihn entweder überzeugen wollten, etwas zu tun, das er nicht wollte – seine Hausaufgaben fertig machen, duschen, zum Essen kommen – oder wenn er mit etwas aufhören sollte, das er tun *wollte*, wie ein Videospiel spielen oder morgens sein kuschelig warmes Bett verlassen. Sie investierten kaum je Zeit darin, ihren Sohn einmal als Person kennenzulernen – nicht weil sie ihn nicht liebten, sondern weil sie wie so viele Eltern viel zu sehr von ihren alltäglichen Aufgaben und Stressfaktoren in Anspruch genommen und abgelenkt wurden. Die Folge war, dass Henry seinen Eltern gegenüber keine Loyalität empfand und darum auch nur wenig Interesse daran hatte, ihnen gefällig zu sein. Da Henry ihnen also keinerlei Wohlwollen entgegenbrachte, fühlten sie sich gezwungen, ihn zu bestechen oder ihm zu drohen, um seine Mitarbeit zu erreichen.

Unerledigte Angelegenheiten heilen

Sie erinnern sich bestimmt noch an Angie und Eric aus der Einleitung, in der ich beschrieben habe, wie die Realität, ihr launisches Kind zu erziehen, mit dem wunderbaren Bild kollidierte, das sie sich von ihrem bewussten Leben als Eltern gemacht hatten. Ich begann mit ihnen zu arbeiten, als ihr Sohn Charlie gerade viereinhalb Jahre alt war. Sie waren zu mir gekommen, weil Charlie aufgrund seines aggressiven Verhaltens der Rauswurf aus der Vorschule drohte. Auch zu Hause war das Maß voll, denn die Ausbrüche ihres Sohnes hatten ein Klima von Chaos und steter Anspannung geschaffen.

Ich begann damit, Angies und Erics innere Konflikte beim Thema Grenzen setzen zu erforschen. Beide Elternteile waren unsicher, wie, wann oder wo sie bei Charlie die Grenze ziehen sollten. In Erics Fall hatte sein Mangel an Klarheit mit seiner eigenen Erziehung durch übermäßig strenge Eltern, die jede seiner Bewegungen kontrollierten, zu tun. Er war entschlossen, seinen Kindern die Freiheit zu lassen, eigene Entscheidungen zu treffen. Infolgedessen ertappte er sich immer wieder dabei, wie er seinem Sohn keine klare Linie vorgab.

Wir sprachen darüber, was es heißt, ein Kind zu entmutigen. „Eric, es klingt für mich, als wären Sie in Ihrem Wunsch, Ihren Kindern eine eigene Stimme zu lassen und die Freiheit zu geben, ihre Wünsche frei zu äußern, sehr leidenschaftlich." Er nickte und bestätigte mir, dass ihm das sehr wichtig sei. Ich bat ihn, mir von seiner eigenen Kindheit zu erzählen, und er sprach davon, wie machtlos er sich seinen Eltern gegenüber gefühlt hatte, die ihm wirklich alles vorschrieben. „Wenn sie wollten, dass ich Klavierunterricht nahm, dann musste ich Klavierunterricht nehmen – und jeden Tag üben. Ich *mochte* das Klavier noch nicht einmal, aber das spielte keine Rolle. Da gab es gar keine Diskussionen. Dasselbe galt für die Kleidung, die ich trug, was ich im Fernsehen sah, welchen Sport ich trieb – es gab für mich keine Möglichkeit, in meiner Familie meinen Willen durchzusetzen. Ich fühlte mich schwach und machtlos und ich will auf keinen Fall, dass meine Kinder so aufwachsen müssen." Eric war klug genug, um zu verstehen, dass seine Kinder eigenständige und einzigartige Individuen waren, die nicht die Aufgabe hatten, seine unerfüllten Träume auszuleben.

Doch Erics unerledigte Angelegenheiten hatten einen negativen Einfluss auf die Erziehung seines Sohnes. „Da dies in Ihrer eigenen Kindheit so schmerzlich für Sie war, laufen Sie nun unglücklicherweise Gefahr, die Strenge Ihrer Eltern überzukompensieren, indem Sie Charlie so wenig Struktur geben, dass es ihm sogar schadet."

Ich erzählte ihnen, dass mir dieses Dilemma sehr oft begegnete, vor allem bei Eltern, die ihr persönliches Wachstum oder ihre spirituellen Praktiken sehr ernst nahmen. Ich bewundere Menschen sehr, die sich für eine bewusste Elternschaft entscheiden – nämlich dafür, ihre Kinder zu ermutigen, zu sagen, was sie denken und fühlen, und ihren Gefühlen und ihrer Intuition zu vertrauen. Aber ebenso müssen wir ihnen Struktur bieten und dürfen uns nicht davor fürchten, Grenzen zu setzen. Nachdem die Sache mit Charlie so gewaltig aus dem Ruder gelaufen war, war Eric immerhin bereit, in Erwägung zu ziehen, dass es die Möglichkeit gab, etwas strenger mit Charlie umzugehen, *ohne* ihn zu brechen.

Angie, die durch die Ausbrüche ihres Sohnes an die unberechenbaren, explosiven Wutausbrüche ihrer Mutter erinnert wurde, fiel es leichter, Charlies Forderungen nachzugeben als Grenzen zu setzen. Und durch die ständige Spannung, die er produzierte, hatte sie immer weniger Lust, sich mit ihm zu beschäftigen, und setzte ihn schnell einmal vor ein iPad oder vor den Fernseher, wo er keinen Ärger machen konnte. Doch der kleine Charlie drängte auf Kontakt zu seiner Mutter, auch wenn das bedeutete, dass er ungezogen sein musste. Er hatte herausgefunden, dass er sich durch seine Wutanfälle der hundertprozentigen Aufmerksamkeit seiner Mutter sicher sein konnte. In gewisser Hinsicht entwickelte er sich gerade zu einem kleinen Henry.

Im Wesentlichen musste Charlie herausfinden, ob seine Eltern in der Lage waren, einen Rahmen zu schaffen, innerhalb dessen er sicher die Welt entdecken konnte. Im Grunde war sein Verhalten ein Zeichen dafür, dass er sich nicht wohl dabei fühlte, ohne einen kompetenten Kapitän über das Meer seines Lebens zu segeln – mit der Folge, dass Charlie sich, wann immer er frustriert war, auf den Boden warf, Sachen durch die Gegend schleuderte oder seine Eltern trat und schlug.

Ich erklärte Angie und Eric die drei Modi der Erziehung und machte ihnen klar, wie wichtig es war, dass sie der Kapitän des Schiffes wurden. Sie stimmten mir beide zu, dass sie meist im Diktator-Modus agierten – Charlie hatte das Sagen und konnte machen, was er wollte, bis es so schlimm wurde, dass sie ihm mit ernsten Folgen drohen mussten, damit er wieder zur Vernunft kam.

Doch dem eigenen Ärger nachzugeben, war etwas, das sich mit ihren spirituellen Werten nicht vereinbaren ließ, weshalb sie sich schuldig fühlten und Reue empfanden. Und so setzte sich der Teufelskreis immer weiter fort – sie ertrugen die Tiraden ihres Sohnes, bis das Fass überlief, dann explodierten sie und schließlich schämten sie sich ob ihrer Unfähigkeit, ruhig und zentriert zu bleiben.

Ich erzählte Angie und Eric, was Eckhart Tolle über den „Schmerzkörper" sagt – einen verbleibenden emotionalen Schmerz, der sich von Negativität ernährt. Er schreibt: „Während das Kind unter einem Schmerzkörperanfall leidet, kannst du nicht viel tun, außer gegenwärtig zu bleiben, damit du dich nicht zu einer emotionalen Reaktion hinreißen lässt. Das würde nur dem Schmerzkörper des Kindes Nahrung geben. Schmerzkörper können äußerst dramatisch auftreten. Fall nicht auf das Drama herein. Nimm es nicht so ernst. Wurde der Schmerzkörper durch ungestilltes Verlangen aktiviert, dann unterwirf dich seinen Forderungen keinesfalls. Sonst lernt das Kind daraus: ‚Je unglücklicher ich bin, desto eher bekomme ich, was ich will.“[2] Tolles Ansicht nach ist der Wutausbruch eines Kindes der unbewusste Versuch seines Schmerzkörpers, an Stärke zu gewinnen, indem er andere in sein Drama und Elend mit hineinzieht.

Ob Ihnen diese Sprache nun vertraut ist oder nicht, der Gedanke dahinter ergibt wahrscheinlich einen Sinn. Wenn wir das Fehlverhalten unseres Kindes persönlich nehmen, tritt unser Ego in Aktion und generiert Verzweiflung oder das Bedürfnis nach Kontrolle. Dabei tut es alles, um seiner Sache Nachdruck zu verleihen. Ist diese Dynamik erst einmal in Gang gesetzt, müssen wir zwangsläufig in den Anwalt- oder Diktator-Modus wechseln, denn das Ego hat gewissermaßen eine Meuterei ausgerufen und den Kapitän und dessen ruhige Führung, die normalerweise dafür sorgt, dass wir sicher durch die Unwetter unseres Kindes segeln, entführt.

Eckhart Tolles Ansicht nach ist der Wutausbruch eines Kindes der unbewusste Versuch seines Schmerzkörpers, an Stärke zu gewinnen, indem er andere in sein Drama und Elend mit hineinzieht.

Klarheit, Verbundenheit und Präsenz

Die einzige Person, bei der sich Charlie anscheinend gut benahm, war seine Babysitterin. Alison war Mitte zwanzig, hatte selbst keine Kinder, war jedoch in einer großen, eng verbundenen Familie aufgewachsen. Sie strahlte eine Geradlinigkeit aus, die zeigte, dass sie sich damit wohlfühlte, Verantwortung zu tragen. Sie und Charlie pflegten eine sehr verspielte und liebevolle Beziehung zueinander, aber wenn sie ihn bat, sich die Zähne zu putzen oder damit aufzuhören, seine Schwester zu ärgern, hörte er fast immer auf sie. Ich vermutete, dass es mehrere Gründe dafür gab, weshalb sich Charlie bei Alison unter Kontrolle hatte. Zunächst einmal nahm sie sein Verhalten nicht persönlich. Sie war nicht wie Angie und Eric darauf angewiesen, dass er ein „braver Junge“ war, darum war sie auch im Umgang mit ihm nicht so verzweifelt und bedürftig. Mit anderen Worten: Sie brauchte Charlie nicht als Beweis dafür, dass sie ein guter oder kompetenter Mensch war.

Aber da war noch mehr. Als Angie Alisons Verhältnis zu ihrem Sohn beschrieb, wurde deutlich, dass Alison Charlies Gesellschaft *genoss*. Sie lachten viel, wenn sie zusammen waren, und Alison nahm sich viel Zeit, ihn genau da abzuholen, wo er war – sie spielten mit Robotern, bauten Burgen oder spielten im Garten Fangen. Während Angies Umgang mit ihrem Sohn fast nur auf Dinge beschränkt war, die es abzuhaken galt, wie Frühstücken, Anziehen oder Baden, nahm sich Alison Zeit und war wirklich *gegenwärtig* bei Charlie. Sie hörte genau zu, wenn er sich eine Geschichte über seine Dinosaurier ausdachte, stellte Fragen und erfreute sich ganz offensichtlich an seiner lebhaften Fantasie. Sie ließ ihr Handy stumm geschaltet, wenn sie mit Charlie spielte, so dass er nicht das Gefühl bekam, er stünde in ständiger Konkurrenz mit Menschen von außen, die sie bei ihrer Spielzeit störten, wie es bei seinen Eltern der Fall war. Alison hatte jeden Tag wenigstens ein kleines bisschen Spaß mit Charlie und machte deutlich, dass sie ihn mochte – eine wichtige Tatsache, wenn man ein Kind zur Mitarbeit bewegen möchte.

Alison zahlte immer wieder etwas auf ihr Gefühlskonto bei Charlie ein, indem sie ihm von Herzen kommende kleine Portionen reiner Präsenz, Konzentration und Aufmerksamkeit schenkte. Jede freundliche Interaktion entsprach einer Münze, die sie auf das „Konto" ihrer Beziehung einzahlte, darum war es für sie auch ein Leichtes, bei Charlie etwas vom Konto „abzuheben" und ihn zur Kooperation zu bewegen. Charlie war viel eher geneigt, Alisons Wünschen Folge zu leisten, nicht weil er von ihr eine Strafe befürchten musste, sondern weil er ihr eine Freude machen wollte, denn er wusste, dass er ihr wirklich am Herzen lag.

Als Angie und Eric Alisons Kommunikationsstil beschrieben, wurde noch etwas anderes deutlich: Wenn sie Charlie um etwas bat, dann meinte sie es auch ernst und er wusste das. Während er bei seinen Eltern Unentschlossenheit spürte, wenn sie ihm sagten, er solle zum Essen kommen oder sich die Schuhe anziehen, empfand er Alisons Ansagen als klar, liebevoll und bestimmt und leistete ihnen gern Folge. Ihre Bitten endeten nicht mit „… okay?" Vielmehr sagte sie, was zu tun war, wie der Kapitän eines Schiffes. Sie blieb mitfühlend, wenn er seinen Unmut äußerte, schwankte aber nicht in ihrer Klarheit.

Angie und Eric gaben zu, dass sie auf Alisons Fähigkeit, von Charlie Kooperation zu erwarten und auch zu erhalten, ein wenig eifersüchtig waren. Sie versuchten es damit, ihre Worte zu benutzen, doch Charlie leistete weiterhin Widerstand. Ich erklärte ihnen, dass es nicht Alisons Worte waren, die Charlie davon überzeugten, sich gut zu benehmen. Wenn Kinder sich der Person, die sie um etwas bittet, verbunden fühlen, neigen sie instinktiv zur Kooperation und fügen sich auf natürliche Weise. Charlie wusste, dass seine Babysitterin gern mit ihm zusammen war, und darum *wollte* er sich auch benehmen, wenn sie bei ihm war.

Wenn Kinder sich der Person, die sie um etwas bittet, verbunden fühlen, neigen sie instinktiv zur Kooperation und fügen sich auf natürliche Weise.

Lassen Sie Ihr Kind auch mal traurig sein

Es gab noch ein weiteres Element, das ich während meiner Arbeit mit Angie und Eric untersuchen wollte: Ich wollte wissen, ob sie es ertragen konnten, dass ihr Sohn auch einmal traurig oder enttäuscht war, etwas, auf das ich immer ein besonderes Augenmerk habe, wenn ein Kind chronisch wütend oder aggressiv ist. Oft beobachte ich, dass es Eltern sehr schwerfällt, das Unglück ihres Kindes auszuhalten. Es gibt ein Zitat: „Eltern sind nur so glücklich, wie ihr traurigstes Kind." Das ist zwar ein liebevolles Gefühl, doch es weist auch auf eine der größten Herausforderungen hin, denen wir begegnen können: die Erkenntnis, dass unsere Kinder eigenständige Menschen mit ihrem eigenen Lebensweg sind.

Ich erinnere mich an ein Gespräch mit Sally, eine meiner engsten Freundinnen, als ich allmählich erkannte, dass meine Ehe wahrscheinlich nicht mehr lange halten würde. Es brach mir das Herz, dass ich meinen Sohn vor dem, was kommen würde, nicht bewahren konnte. Wie konnte ich, ein Therapeutin, die schon so viele Kinder unter den Scheidungen ihrer Eltern hatte leiden sehen, nur zulassen, dass mein Sohn das jetzt auch durchmachen musste? Ich sagte zu Sally: „Ari sollte das nicht durchmachen müssen, dass seine Familie auf diese Weise auseinandergerissen wird. Er sollte das nicht aushalten müssen." Ich werde nie vergessen, was sie mir antwortete. Sie sah mir in die Augen und sagte: „Woher willst *du* denn wissen, was er durchmachen sollte und was nicht?"

Ich hatte verstanden. Ich erkannte, dass mein Sohn, auch wenn keine zehn Pferde mich daran hindern konnten, mein Bestes zu geben, um ihm ein angenehmes Leben zu ermöglichen, dennoch eigene – auch schwierige – Erfahrungen machen würde, die ich nicht verhindern konnte, wie sehr ich es auch versuchte. Das Beste, was ich in solchen Momenten tun konnte, war liebevoll gegenwärtig für ihn zu sein, wenn er Schmerz und Enttäuschung erlebte. Inzwischen ist er vierundzwanzig und ich erkenne, dass es ihn nur stärker und mitfühlender gemacht hat, die Verluste zu verarbeiten, vor denen ich ihn beschützen wollte.

Wenn wir unsere Kinder nicht vor schmerzlichen Erfahrungen bewahren können, ist das Nächstbeste, das wir tun können, voll und ganz gegenwärtig zu sein und sie durch den Prozess zu begleiten, indem wir sie ihre Traurigkeit und Enttäuschung erleben lassen.

Damit will ich keinesfalls sagen, dass man Kindern das Leben schwer machen sollte, um ihren Charakter zu formen; nichts könnte weiter von der Wahrheit entfernt sein. Doch wenn wir unsere Kinder nicht vor schmerzlichen Erfahrungen bewahren können, ist das Nächstbeste, das wir tun können, voll und ganz gegenwärtig zu sein und sie durch den Prozess zu begleiten, indem wir sie ihre Traurigkeit und Enttäuschung erleben lassen.

Es gibt eine ergreifende Szene in der Serie *Parenthood*, die das sehr schön illustriert. Max, der fünfzehnjährige Sohn von Christina und Adam, hat Schwierigkeiten, sich in seiner Highschool einzugewöhnen, weil sein Asperger-Syndrom ihn zum Außenseiter gemacht hat. Glücklicherweise entdeckt er sein Talent für Fotografie, wodurch er die Aufgabe des Jahrbuch-Fotografen zugesprochen bekommt. Leider macht er ein paar Fotos von einem Mädchen, das im Kreise ihrer Freundinnen weint. Die Mädchen sagen Max, er solle weggehen, doch er besteht wenig einfühlsam darauf, dass er Hintergrundmaterial für das Jahrbuch fotografieren soll, und macht weiter. Daraufhin werden Max' Eltern in die Schule bestellt, wo man ihnen mitteilt, dass Max die Aufgabe als Jahrbuch-Fotograf entzogen wird; der Lehrer hat ihn stattdessen für das Layout eingeteilt. Sie flehen den Lehrer und den Direktor an, noch einmal darüber nachzudenken, und setzen alle Hebel in Bewegung, damit ihr Sohn wenigstens diese eine positive Erfahrung in der Schule machen kann, doch die Beschwerde des Mädchens macht es unmöglich, dass Max seine Arbeit fortführen kann.

Christina fällt die schwere Aufgabe zu, Max darüber zu informieren, dass er seine Position als Jahrbuch-Fotograf verloren hat. Sie geht in sein Zimmer, setzt sich und erzählt ihrem Sohn gequält, dass man ihm den Posten des Fotografen entzogen und ihn zum Layout gesteckt hat. „Was? Ich will aber kein Layout machen! Ich will der Fotograf sein! Ich bin der Beste für diese Aufgabe!" Christina sagt: „Ich weiß, Max, aber der Lehrer hat sich entschieden und wird seine Meinung nicht mehr ändern." Max ist außer sich. Das alles ergibt für ihn keinen Sinn; aus seiner Sicht hat er nichts falsch gemacht und sollte folglich auch weiter die Fotos für das Jahrbuch machen dürfen. Er sagt: „Was willst du dagegen unternehmen?" Schweren Herzens schaut Christina ihren Sohn an und sagt einfach nur: „Ich werde einfach hier bei dir sitzen bleiben und traurig sein."

Diese Szene hat mich unglaublich berührt. Christina war durch ihre eigene Trauer darüber, nicht verhindern zu können, dass ihr Sohn etwas, das ihm so wichtig war, verlor, hindurchgegangen und nun in der Lage, einfach bei ihm zu sein, während er sich von dieser Sache, die er so unbedingt wollte, lösen musste. Sie versuchte weder, etwas zu erklären oder zu rechtfertigen noch ihn zu trösten. Stattdessen war sie einfach gegenwärtig und vertraute darauf, dass die Wellen der Enttäuschung über ihn hinweggehen und dann verebben würden und er seinen Weg durch den Verlust hin zur Akzeptanz finden würde.

Wie wir Kindern helfen, mit Verlust umzugehen

Eric und Angie wollten, dass Charlie glücklich war, darum gaben sie seinen Forderungen immer wieder nach oder versuchten, ihn zu beruhigen. Es überraschte mich nicht zu hören, dass ihr Sohn nur sehr selten weinte. Dieser kleine Junge kochte vor Wut, wenn er seinen Willen nicht bekam, doch seine Wut mündete eigentlich nie in echte Traurigkeit oder Tränen. Ich bat Angie und Eric, darüber nachzudenken, wie es wohl wäre, wenn sie Charlies Probleme einmal nicht lösten, sondern ihm dabei halfen, sein Unglück zu fühlen. Diese Vorstellung verunsicherte die beiden sehr. „Wenn ich meinen Sohn liebe", fragte Eric, „wie kann ich ihn denn dann nicht glücklich machen wollen?"

Ich fragte sie, was sie sich für Charlie wünschten, wenn er einmal erwachsen wäre – welche Fähigkeiten und Ressourcen er bis dahin verinnerlicht haben sollte, die dafür sorgten, dass er wahrscheinlich ein gutes Leben führen würde. „Wir möchten, dass er weiß, wie man mit Menschen umgeht, und er soll eine positive Einstellung haben, damit er gute Dinge anzieht. Und wir wünschen uns, dass er in der Lage ist, auch schwierige Zeiten durchzustehen."

Ich erklärte ihnen, dass man Kindern, wenn sie die inneren Ressourcen entwickeln sollen, die ihnen dabei helfen, das Leben so zu akzeptieren, wie es ist, erlauben muss, in Situationen, in denen sie nicht haben können, was sie wollen, durch die Phasen *Verleugnung*, *Zorn* und *Verhandeln* hindurchzugehen, damit sie schließlich über die *Enttäuschung* zur *Akzeptanz* gelangen – eine

Idee, die ich Elisabeth Kübler-Ross' Arbeit über die Sterbephasen[3] entlehnt habe und die ich in *Parenting Without Power Struggles* eingehender erkläre.

Angies und Erics Bestreben, ihren Sohn vor der ganzen Last seiner Enttäuschungen zu bewahren, hielt Charlie in den ersten drei Phasen der Trauer gefangen, also in Verleugnung, Zorn und Verhandeln. Weil sie für gewöhnlich nachgaben, wenn Charlies Frust zu eskalieren drohte, begann er in der Phase der Verleugnung, wenn er um etwas bat. Verständlicherweise glaubte er aufgrund seiner bisherigen Erfahrungen nicht, dass Nein wirklich Nein bedeutete, also blieb er in der Verleugnung und war nicht imstande zu akzeptieren, dass seine Eltern *dieses Mal* nicht nachgeben würden.

Da sie Charlie mit dem gleichen Zorn begegneten, den er selbst zum Ausdruck brachte, blieb er in der Phase des Zorns hängen. Eltern und Kind bombardierten einander mit verletzenden Vorwürfen, was die Wut auf beiden Seiten nur noch steigerte. Wenn sich seine Eltern auf hitzige Debatten darüber einließen, weshalb Charlie seinen Willen nicht haben konnte, begünstigten sie die Phase des Verhandelns und ermutigten ihren Sohn dadurch im Grunde nur noch mehr, für seine Sache zu streiten.

Um Charlie gegenüber die Rolle des Kapitäns zu übernehmen, mussten sie in sich selbst fest genug verankert sein, um sein Leid oder seine Enttäuschung (Kübler-Ross nennt diese Phase „Depression") aushalten zu können. Dies war ein überaus wichtiger Schritt auf dem Weg, Charlie dabei zu helfen, sein Frustrationspotential zu verringern, das ihn so leicht explodieren ließ, wenn er auf etwas stieß, das er nicht ändern oder kontrollieren konnte. Solange ein Kind nicht traurig sein darf, wenn es nicht bekommt, was es will, wird es nie in die Phase der Akzeptanz eintreten.

„Was sagt es Charlie über Ihr Vertrauen in seine Fähigkeit, mit Enttäuschung umzugehen, wenn Sie alles daransetzen, ihn auf keinen Fall Traurigkeit empfinden zu lassen?" fragte ich sie. Das Ganze aus dieser Perspektive zu betrachten, öffnete ihnen die Augen. Sie begannen zu verstehen, dass sie Charlie, wenn sie seine Probleme lösten oder seinen Ärger wegzuerklären versuchten, im Grunde signalisierten, dass sie nicht glaubten, er besitze die notwendigen inneren Ressourcen, um mit dem Leben klarzukommen, wenn es gerade nicht nach seinen Vorstellungen lief – keine besonders gute Botschaft für ein Kind, aus dem einmal ein belastbarer Erwachsener werden soll.

Angie hatte jedoch immer noch Angst davor, sich Charlie gegenüber zu behaupten. Allein darüber nachzudenken, ließ sie innerlich erzittern. „Ich gebe es ja ungern zu, aber ich bin ein Schwächling. Ich kann mir einfach nicht vorstellen, Charlie die Stirn zu bieten, wenn er einen seiner Wutausbrüche hat. Das ist, als versuchte man, mitten in einem Hurrikan aufrecht stehen zu bleiben!"

Sie begannen zu verstehen, dass sie Charlie, wenn sie seine Probleme lösten oder seinen Ärger wegzuerklären versuchten, damit im Grunde signalisierten, dass sie nicht glaubten, er besitze die notwendigen inneren Ressourcen, um mit dem Leben klarzukommen, wenn es gerade nicht nach seinen Vorstellungen lief – keine besonders gute Botschaft für ein Kind, aus dem einmal ein belastbarer Erwachsener werden soll.

Ich forderte sie auf, sich vor mich hinzustellen und sich vorzustellen, ich sei Charlie, der sich gerade für einen Trotzanfall aufwärmt. „Spüren Sie dem nach, was jetzt in Ihrem Körper vorgeht." Sie schloss die Augen, wurde still und beschrieb dann, dass sie sich sehr jung und zittrig fühlte. „Ich fühle mich wie ein kleines Mädchen – nicht stark genug, um mit der Situation klarzukommen. Ich möchte am liebsten unter einen Stein kriechen und mich verstecken." Sie erkannte, dass dies sehr vertraute Gefühle waren, die sie an die Zeit erinnerten, da sie sich zu schwach gefühlt hatte, der Heftigkeit und dem Chaos ihrer Mutter standzuhalten. Während sie sich in diesem Zustand befand, sagte ich zu ihr, dass ich sie jetzt sanft anstoßen würde. Als ich es tat, verlor sie sofort das Gleichgewicht und konnte sich gerade noch fangen, bevor sie hinfiel.

„Ich möchte, dass Sie sich ein Drahtseil vorstellen, das von Ihrem Scheitel durch Ihren Körper bis hinab in Ihre Füße verläuft und Sie im Erdmittelpunkt verankert. Dieses Drahtseil ist unnachgiebig und fest. Nichts kann es bewegen oder schwanken lassen.

Spüren Sie Ihre Stärke; stehen Sie so stabil und fest wie ein uralter Mammutbaum, dessen Wurzeln bis tief in die Erde hinabreichen." Während sie dieses Bild aufrecht hielt, stieß ich sie genauso kräftig an wie zuvor. Doch dieses Mal verlor sie das Gleichgewicht nicht, stattdessen war sie völlig unbeweglich.

„Wie hat sich das angefühlt, Angie?"

„Großartig! Ich habe meine Stärke gespürt. Ich fühlte mich fest und unbiegsam. Kraftvoll, ohne dass ich mich dazu zwingen musste, Widerstand zu leisten oder stark zu sein. Ich habe mich wie eine Erwachsene gefühlt!"

Ich lud sowohl Angie als auch Eric dazu ein, diese Übung einige Male zu wiederholen und sich dabei vorzustellen, wie sie, von einem Drahtseil gestützt, dass ihnen ein starkes Rückgrat verleiht, vor Charlie stehen, der gerade zu einem seiner Unwetter anheben will. „Denken Sie daran, dass Sie ihm keinen Gefallen damit tun, wenn Sie ihm immer alles recht machen wollen. Wenn Sie Ihren Sohn zu einem Erwachsenen erziehen wollen, der auch dann mit der Welt zurechtkommt, wenn einmal nicht alles nach seinen Vorstellungen verläuft, dann müssen Sie ihm dabei helfen, jetzt seine Widerstandskraft zu entwickeln, indem Sie mit ihm gegenwärtig bleiben, wenn er die ganze Wucht seiner Enttäuschungen ertragen muss.

Spüren Sie einfach, wie Ihnen das Herz schwer ist beim Akzeptieren der Tatsache, dass Sie Charlie nicht vor jedem Ärger oder Verlust beschützen können und dann visualisieren Sie sich mit dem Drahtseil, das Sie in der Erde verankert. Spüren Sie eine sanfte, aber unnachgiebige Stärke, während Sie die Gefühle Ihres Sohnes liebevoll anerkennen, ihm aber auch gestatten, durch die Phasen von Verleugnung, Zorn und Verhandeln hindurchzugehen und einfach traurig zu sein."

Ich arbeitete gute drei Monate mit dieser Familie. Wir konzentrierten uns vor allem darauf, ihr Unbehagen angesichts Charlies Ärgers zu reduzieren, sodass sie nicht ständig das Gefühl haben mussten, alles nach seinen Vorstellungen zurechtbiegen zu müssen. Wir ergründeten ihre Ängste dahingehend, dass sie Charlies

Naturell einschränken könnten, und suchten nach Wegen, wie sie selbstbewusster mit seinem ungestümen Temperament umgehen konnten. Ich half ihnen zu lernen, wie sie mit Charlie auf eine Weise kommunizieren konnten, die ihm das Gefühl gab, verstanden zu werden, auch wenn er nicht bekam, was er wollte. Anstatt zu sagen: „Nein, es gibt keine Plätzchen zum Abendessen" (*Nein* ist ein Wort, auf das die meisten Kinder heftig reagieren), zeigte ich ihnen, wie sie zumindest auf einige seiner Wünsche weniger konfrontativ antworten konnten: „Plätzchen zum Abendessen! Wär' das nicht toll! Wollen wir uns das für deinen nächsten Geburtstag vormerken?" Und sowohl Angie als auch Eric verbrachten nun mehr Zeit mit ihrem Sohn, in der sie einfach nur da waren, damit er die Nähe und Verbindung spüren konnte, nach der er sich so sehnte und die in ihm das Bedürfnis wecken würde, sich besser zu benehmen und seinen Eltern Freude zu bereiten.

Die Fallgruben elterlicher Schuldgefühle

Bei Angie und Eric begann es besser zu laufen. Doch es gab noch eine Sache, um die wir uns kümmern mussten: elterliche Schuld und Scham. Als ich ihnen Vorschläge machte, wie sie mit Charlie arbeiten konnten, reagierten sie darauf mit Kommentaren wie „Das hätte ich wissen müssen" oder „Wahrscheinlich haben wir ihn schon endgültig verdorben". Das überraschte mich nicht; ich arbeite seit Jahrzehnten mit Eltern und bin mit dieser Neigung, uns selbst zu geißeln, wenn wir unseren eigenen idealisierten Vorstellungen nicht gerecht werden, durchaus vertraut. Doch ich weiß auch, wie schädlich es ist, dieser kritischen Stimme in unserem Kopf zu viel Raum zu geben und sie über unser Handeln und unsere Gefühle bestimmen zu lassen. Das verletzt nicht nur uns selbst, sondern setzt über Umwege auch unsere Kinder unter Druck, sich gut zu benehmen, damit wir mit uns selbst zufrieden sein und Schuld und Scham im Zaum halten können.

An diesem Thema mussten wir hart arbeiten. Ich erzählte Eric und Angie von meinen eigenen Erfahrungen im Umgang mit dieser wertenden Stimme in meinem Kopf – also mit derjenigen, die in einem fort kommentiert, wie ich mich in jedem beliebigen Augenblick und in jeder Interaktion mit anderen anstelle. Eine der größten Errungenschaften meines Lebens war zu lernen, wie ich mich dieser Stimme gegenüber behaupten konnte – durch Therapie, EMDR (Eye Movement Desensitization and Reprocessing, also Desensibilisierung und Verarbeitung durch Augenbewegung; Anm. d. Übers.), Meditation und Gebet. Doch das ist ein Prozess und kommt nicht über Nacht oder durch die bloße Absicht, fortan positiver zu sein.

> Geben wir dieser kritischen Stimme in unserem Kopf zu viel Raum und lassen sie über unser Handeln und unsere Gefühle bestimmen, verletzt uns das nicht nur selbst, sondern setzt über Umwege auch unsere Kinder unter Druck, sich gut zu benehmen, damit wir mit uns selbst zufrieden sein und Schuld und Scham im Zaum halten können.

Einmal stand ich vor meinem Wandschrank und mir fiel etwas aus der Hand. Sofort erhob sich eine Stimme in meinem Kopf – eine alte Stimme: „Ach herrje! Du bist so ungeschickt!" *Augenblicklich* ertönte eine andere Stimme und sagte: „So redest du aber nicht mit Susan!" Ich war begeistert davon, dass ich meine Arbeit zum Thema „gut genug sein" so verinnerlicht hatte, dass sie schließlich ein Teil von mir geworden war. Zwar gibt es nach wie vor eine Menge anderer Bereiche, an denen ich noch intensiv arbeiten muss, doch ich habe gelernt zu akzeptieren, dass ich *ganz bestimmt* hin und wieder Fehler machen, die Geduld verlieren oder mich aus der Ruhe bringen lassen werde. Solange es mir gelingt, diese Momente anzunehmen, ohne meinem Ego zu erlauben, andere zu beschuldigen oder sich zu rechtfertigen, kann ich meine Unvollkommenheit als einen Teil dessen, was mich menschlich macht, annehmen.

Eric und Angie mussten wirklich hart daran arbeiten, aber sie waren fest entschlossen zu lernen, wie sie ihre strengen, kritischen inneren Stimmen daran hindern konnten, die gesünderen Ansätze, die sie mit ihrem Sohn ausprobierten, zu sabotieren. Sie gaben sich die Erlaubnis, auch einmal zu straucheln und Niederlagen zu erleben. Dieser Teil unserer gemeinsamen Arbeit war wunderbar – mitzuerleben, wie sie sich entspannten und ihren Frieden darin fanden, einfach ihr Bestes zu geben. Je mehr sie sich ihre Unzulänglichkeiten im Umgang mit Charlie eingestanden, seine Gefühle akzeptierten und sich entschuldigten, wenn es angebracht war, desto mehr entfernten sie sich auch von der Idee, jeder schwierige Moment in ihrem Elterndasein sei gleichzeitig eine spirituelle Prüfung. Das war sehr inspirierend zu beobachten.

Unser eigener Wachstumsschmerz

Manchmal zögern wir, unseren Kindern Grenzen zu setzen, weil wir uns vor ihnen fürchten. Ihre Wutausbrüche sind so furchterregend oder anstrengend, dass wir sie nur noch mit Samthandschuhen anfassen, um bloß keinen dieser Anfälle auszulösen. Dann wiederum haben wir Angst, wir könnten ihre „Seele zerstören", wenn wir ihnen etwas vorenthalten, das sie gern haben möchten, und erinnern uns dabei vielleicht nur zu gut daran, wie unsere Eltern uns selbst kleingehalten haben. Und schließlich gibt es noch die Momente, da wir unserer Rolle als Kapitän nicht gerecht werden, weil wir nicht so recht wissen, ob wir überhaupt ein offiziell bestätigter Erwachsener sein wollen.

Kinder großzuziehen katapultiert uns unweigerlich in das Erwachsenendasein – oder zumindest bietet es uns die Gelegenheit, erwachsen zu werden, wenn wir denn bereit und willens sind. Doch es kann schon ein wenig schockierend sein zu begreifen, wie viel Verantwortung wir als Eltern tatsächlich zu tragen haben.

Eines Tages, mein Sohn war noch ein Baby und hatte gerade erst angefangen, feste Nahrung zu sich zu nehmen, gab ich ihm gerade sein Frühstück. Kurz darauf überlegte ich schon wieder, was ich ihm ein paar Stunden später zum Mittagessen machen sollte. Mein erster Impuls war, mich im Zimmer nach dem Erwachsenen umzusehen, der für solche Dinge zuständig war – eine offiziell bestätigte erwachsene Person, die für regelmäßiges Frühstück, Mittagessen und Abendbrot sorgen würde. Bevor wir Kinder hatten, waren meinem Mann und mir die Mahlzeiten nicht so wichtig gewesen, wir warfen einfach spontan irgendetwas in den Topf, ohne groß darüber nachzudenken oder zu planen. Als mir dann dämmerte, dass ich dafür verantwortlich war, diesem Kind *jeden Tag drei Mahlzeiten zuzubereiten, und zwar für die nächsten achtzehn Jahre*, war ich sprachlos!

Offen gestanden hielt ich mich nicht für so reif und organisiert. Doch Tatsache war, sobald ich mein Baby hatte, war die Entscheidung, voll und ganz erwachsen zu werden, bereits für mich getroffen worden. Ich musste mich mit der Realität abfinden, dass *ich* die Erwachsene hier im Zimmer war und dass ich diese Rolle ebenso gut annehmen konnte. Wenn wir schon Schauspieler auf der Bühne des Lebens sind, dann können wir uns für unsere Rolle auch richtig ins Zeug legen! Und siehe da, die wichtigste Verwandlung meines Lebens vollzog sich, als ich meine Elternrolle immer mehr akzeptierte und dabei feststellte, dass Erwachsenwerden ziemlich großartig ist. Und entgegen meinen Befürchtungen musste ich weder auf meine verspielte noch auf meine spontane Seite verzichten.

Wenn Kinder auf die Welt kommen, sind sie hilflos und brauchen uns. Mutter Natur hat es so eingerichtet, dass Eltern einfach alles tun würden, um das Überleben ihres Nachwuchses zu sichern, bis er eines Tages ohne den Schutz seiner Eltern zurechtkommt. Es ist ganz natürlich, dass Kinder die Grenzen, die wir ihnen setzen, immer wieder austesten, denn sie wollen herausfinden, wie groß ihre Welt ist; ohne diese Grenzen besteht die Gefahr, dass sie sich immer weiter von der Landkarte entfernen. Grenzen zu setzen, hilft uns dabei, Kinder zu erziehen, die mit Enttäuschung umgehen können und dadurch stark, anpassungsfähig und selbstständig sind.

Grenzen zu setzen, hilft uns dabei, Kinder zu erziehen, die mit Enttäuschung umgehen können und dadurch stark, anpassungsfähig und selbstständig sind.

Dies gehört eindeutig zu den schönen Seiten des Elternseins: zu sehen, wie unsere Kinder langsam zu Erwachsenen heranwachsen, die es verstehen, sicher durch die unvermeidlichen Höhen und Tiefen des Lebens zu navigieren. Denn dann wissen wir, dass all die Mühe, die wir uns gemacht haben, um selbst erwachsen zu werden, während wir gleichzeitig zu liebevollen Begleitern unserer Kinder wurden, dass all dies den Wachstumsschmerz wert gewesen ist – sowohl den unserer Kinder als auch unseren eigenen.

Jetzt sind Sie dran

Denken Sie an Ihre Kindheit zurück und überlegen Sie, wie Ihre eigene Erziehung Ihre Fähigkeit, für Ihre Kinder der ruhige, souveräne Kapitän des Schiffes zu sein, beeinflusst.

1. Konnten Ihre Eltern Ihnen ein gesundes Gefühl dafür vermitteln, was es heißt, liebevoll und mit Klarheit das Sagen zu haben?
2. In welchem Bereich erziehen Sie Ihre Kinder bewusst genauso wie Ihre Eltern es getan haben? Wo machen Sie etwas anders?
3. Gibt es Momente, in denen Sie sich davor fürchten, Ihren Kindern Grenzen zu setzen? Wodurch wird dieses Unbehagen ausgelöst?
4. Beschreiben Sie Ihre Gedanken oder Überzeugungen über das Erwachsenwerden, die eventuell Ihre Bereitschaft, der oder die für Ihre Kinder verantwortliche Erwachsene zu sein, beeinflussen.
5. Wenn Sie bei der Erziehung Ihrer Kinder oft Schuld oder Scham empfinden, wessen kritische Stimme ist es, die Sie da in Ihrem Kopf hören – die eines Elternteils, Lehrers, Trainers oder einer anderen Person, die für Sie als Kind eine wichtige Rolle gespielt hat?
6. Vielleicht möchten Sie die Übung machen, die ich mit Angie gemacht habe: Stellen Sie sich ein Drahtseil vor, das durch Ihren ganzen Körper bis in die Erde verläuft. Halten Sie sich dieses Bild deutlich vor Augen und schauen Sie, ob Sie sich dadurch mit einer tieferen Stärke in sich verbinden können, die Sie im Umgang mit Ihren Kindern unterstützt, indem sie Ihnen hilft, liebevoll und freundlich, aber auch konsequent und bestimmt zu sein.

Praktische Umsetzung

Bewusste Elternschaft im wirklichen Leben

Sind unsere Kinder uns nicht ebenbürtig?

Frage: Als spiritueller Mensch glaube ich, dass meine Kinder und ich absolut ebenbürtig sind. Ich habe kein gutes Gefühl dabei, ihnen zu sagen, was sie zu tun haben, oder sie kleinzuhalten, indem ich ihnen Grenzen setze, die sie daran hindern, ihrem Herzen zu folgen. Wie lässt sich das mit der autoritären Rolle vereinbaren, die Sie mir ans Herz legen?

Vorschlag: Letztes Jahr schenkte mir mein Sohn einen Brief zum Geburtstag, in dem er über seine Kindheit schrieb und mir für meine Hilfe dankte, dass er zu dem Mann werden konnte, der er heute ist und wird. Immer wieder beschrieb er in diesem Brief Momente, in denen er wütend war, weil ich ihm etwas verweigerte, was er haben oder tun wollte. Doch aus seiner mittlerweile erwachsenen Sichtweise war er mir dankbar dafür, dass ich mich durchgesetzt und ihm das, was, wie er nun nachvollziehen konnte, nicht zu seinem Besten war, verweigert hatte.

Ich kann nicht beschreiben, wie sehr mich dieser Brief berührt hat. Ich erinnere mich nur allzu gut an Situationen, in denen ich eine unliebsame Entscheidung treffen musste. Wenn ich nicht sicher war, bot ich ihm an, mir auf respektvolle Weise zu erklären, warum ich aus meinem Nein ein Ja machen sollte. Manchmal konnte er mich auch überzeugen.

Doch wenn ich mir sicher war, dass mein Nein ein Nein bleiben würde, musste ich allem Ärger und aller Enttäuschung meines Sohnes zum Trotz auf meine Instinkte vertrauen und über den Tellerrand hinausschauen, auch wenn das bedeutete, dass er mir dann nicht dieses wunderbare Lächeln schenken würde, das ich bekäme, wenn ich einfach nur nachgeben würde.

Auch wurde mir klar, dass mein Sohn – auch als er noch sehr klein war – mir auf der Seelenebene in jeder Hinsicht ebenbürtig war. (Tatsächlich hatte ich oft das Gefühl, dass *er* viel weiser sei als ich!) Doch ich lernte zu verstehen, dass Kinder jemanden brauchen, der sie in ihrem Leben verlässlich führen kann, auch wenn das bedeutet, dass sie nicht immer tun können, was sie wollen – wie zum Beispiel einen Film anschauen, von dem sie mit Sicherheit Alpträume bekommen, oder zu einer Party gehen, bei der keine Aufsichtspersonen zugegen sind.

Es ist nicht leicht, Grenzen zu setzen oder unsere Kinder zu enttäuschen, aber vielleicht werden Sie genau wie ich erkennen, dass es dabei nicht darum geht, ob unsere Kinder uns spirituell ebenbürtig sind; das versteht sich von selbst. Es geht vielmehr darum, dass wir die Pflicht und Schuldigkeit haben, unsere Rolle als Erwachsene voll auszufüllen, so gut wir können. Dazu gehört auch, dass wir unser eigenes Unbehagen ertragen, wenn unsere Kinder einmal wütend auf uns sind. Wir sollten nicht versuchen, diesen unangenehmen Gefühlen aus dem Weg zu gehen, indem wir dem eigentlichen Bedürfnis unserer Kinder nicht nachkommen – dem Bedürfnis nach einem liebevollen Kapitän auf ihrem Schiff, der sie ebenso sicher durch Unwetter wie durch ruhige See navigiert.

Wie schaffe ich es, die Dinge nicht persönlich zu nehmen?

Frage: Ich finde es enorm schwierig, es nicht persönlich zu nehmen, wenn mein Sohn sich daneben benimmt. Ich verliere die Beherrschung und reagiere auf ihn, als wären wir Kinder im selben Alter, die die Sache nach der Schule auf dem Spielplatz austragen. Wie schaffe ich es, in so einer Situation die Erwachsene zu bleiben?

Vorschlag: Stellen Sie sich vor, Sie treiben in einem Boot auf einem kleinen See dahin. Sie sind so entspannt, dass Sie fast einschlafen. Plötzlich werden Sie von einem anderen Boot gerammt. Sofort schauen Sie nach, wer da am Ruder sitzt: Wie kann er es wagen, Sie so rücksichtslos zu rammen! Was hat der sich dabei gedacht? Ihr Blutdruck steigt. Wie kann man nur so unverantwortlich sein!

Während Sie sich noch aufregen und nach dem gedankenlosen Bootsfahrer Ausschau halten, stellen Sie plötzlich fest, … dass es diesen gar nicht gibt! Das andere Boot muss sich vom Anleger gelöst haben; es hat Ihr Boot nur gerammt, weil die Strömung es hierher getrieben hat. Da es also niemanden zu beschuldigen gibt, beruhigen Sie sich schnell wieder, vielleicht überlegen Sie sogar, wie Sie das treibende Boot an Ihrem befestigen und es sicher zum Ufer zurückbringen können.

Was hat sich verändert? Nur Ihre Gedanken zu diesem Ereignis. Sie haben erkannt, dass in dem Boot, das Sie gerammt hat, niemand saß, der Ihnen etwas Böses wollte. *Es war also gar nichts Persönliches.*[4]

Versuchen Sie, in dem schlechten Benehmen Ihres Sohnes nicht den Wunsch zu sehen, Sie zu ärgern oder aufzuregen. Vielleicht ist er nur müde oder hungrig oder hat das Gefühl, nicht genug Aufmerksamkeit zu bekommen. Oder er macht sich über irgendeine Sache in der Schule Sorgen oder fühlt sich einfach nicht wohl. Selbst, wenn Ihr Sohn Sie ganz bewusst reizt, können Sie immer noch hinter die Fassade schauen und sein Verhalten eher als einen unbeholfenen Versuch verstehen, irgendein Bedürfnis zu befriedigen, als Ihnen etwas Böses zu tun.

Eines der größten Geschenke, das Sie sich selbst machen können, ist, durchs Leben zu gehen, ohne das Verhalten anderer Menschen persönlich zu nehmen. Kein Tornado zerstört vorsätzlich ein Haus; das Haus stand ihm nur zufällig im Weg.

Nehmen Sie Ihren Ärger oder Ihre Enttäuschung wahr, aber ersparen Sie sich das Leid, davon auszugehen, Ihr Sohn wolle Ihnen etwas Böses. Er ist einfach nur ein Boot, das hilflos durch die Strömung seiner besonderen Probleme treibt. Sprechen Sie ihn ruhig auf die Motivation hinter seinem schlechten Betragen an, aber gestatten Sie sich, es nicht persönlich zu nehmen.

Kann ich Kapitän und dennoch lustig sein?

Frage: Jetzt, da ich versuche, der Kapitän des Schiffes zu sein, mache ich mir Sorgen, dass ich am Ende zu streng sein werde. Vorher war ich zu locker und jetzt weiß ich, dass es für meine Kinder viel besser ist, wenn ich mich mehr wie eine Erwachsene verhalte, aber ich will auch nicht so werden wie meine Mutter, die immer sehr ernst und unnachgiebig war. Wie kann ich Kapitän sein und trotzdem eine lustige Mama bleiben?

Vorschlag: Kinder sind darauf programmiert, das Leben zu genießen. Zum Glück! Ansonsten würden wir wohl in einer trüben und eintönigen Welt leben, in der jeder nur pflichtbewusst die Punkte auf seiner To-do-Liste abhakt.

Wie Sie wissen, muss ein Pendel zunächst einmal von einem Extrem zum anderen ausschlagen, bis es in der Mitte zur Ruhe kommt. So ist es auch ganz natürlich, dass es ein Weilchen dauert, bis Sie sich in Ihrer neuen Rolle als Kapitän des Schiffes so richtig wohlfühlen, ohne das Gefühl zu haben, Sie dürften das Leben mit Ihren Kindern nicht mehr genießen. Mit der Zeit wird es Ihnen immer besser damit gehen, bei Bedarf angemessene Grenzen zu setzen, zum Beispiel wenn Ihre Kinder mit Streichhölzern spielen oder vom Dach springen wollen.

Eckhart Tolle erzählt eine lustige Geschichte darüber, wie er eines Tages an einer Schule vorbeiging, an der gerade die Sommerferien begonnen hatten. Dort hing ein großes Schild, auf dem stand: „Seid vorsichtig!" Wie er so über diesen Abschiedsgruß an die Schüler auf dem Weg in die Ferien nachdachte, musste er lachen, als er sich vorstellte, wie die Kinder zu Beginn des neuen Schuljahres aus den Ferien heimkehrten. Eckhart sagte: „Der erfolgreichste Schüler wird wohl sagen: ‚Ich war in den Ferien sehr, sehr vorsichtig!'" Natürlich wünschen wir uns, dass unsere Kinder vorsichtig sind *und* dabei die Welt entdecken und Spaß haben.

Meine Empfehlung ist folgende: Wenn Sie sich entscheiden müssen, ob Sie gerade nachgiebig oder streng mit Ihren Kindern sein müssen, halten Sie einen Augenblick inne und gehen Sie in sich. Hören Sie auf das, was Ihr Instinkt Ihnen sagt. Vertrauen Sie sich.

In Ihrer Rolle als Kapitän brauchen Sie Selbstvertrauen. Sie müssen nicht so werden wie Ihre Mutter und sich auch nicht wie ein General aufführen. Wenn es ein guter Tag ist, um Eiscreme zum Frühstück zu essen oder zu verkünden: „Heute lassen wir den ganzen Tag unsere Schlafanzüge an“, dann sollten Sie das auf jeden Fall tun! Das letzte, was ich möchte, ist, dass Eltern meine Bücher lesen und denken, sie dürften ab sofort nicht mehr albern oder unbeschwert mit ihren Kindern sein. Vergessen Sie nicht: Ein Schiffskapitän strahlt zwar Selbstvertrauen aus und weiß genau, wie man ein Schiff durch den Sturm bringt, aber er schwingt auch schon mal das Tanzbein mit seinen Passagieren!

Kinder erinnern uns daran, zu spielen, auf Entdeckungsreise zu gehen und das Leben voller Leidenschaft zu bejahen. Auch wenn Sie für Ihre Kinder der oder die Erwachsene sein müssen, sollte das niemals bedeuten, dass Sie keinen Spaß zusammen haben dürfen.

KAPITEL 3

Werfen Sie Ihre Idealvorstellungen über Bord

Die Wirklichkeit ist immer freundlicher als die Geschichten, die wir uns über sie erzählen.

Byron Katie

In einem Artikel in der *New York Times* zitierte Eli Finkel einige statistische Daten über Eltern und deren Lebensqualität, nachdem sie Kinder bekommen hatten. „In einer in der Zeitschrift *Science* veröffentlichten Studie beschrieben Menschen ihr emotionales Erleben während 16 unterschiedlicher Aktivitäten vom Vortag: Arbeiten, zur Arbeit fahren, Sport machen, Fernsehen, Essen, soziale Kontakte und so weiter. Während der Kindererziehung erlebten sie mehr negative Gefühle als während jeder anderen Aktivität außer Arbeiten. Und sie empfanden mehr Erschöpfung im Umgang mit ihren Kindern als während beinahe jeder anderen Aktivität.“[5]

Bitter, oder? Was ist mit den Freuden der Elternschaft passiert – mit den feuchten Küssen und herzigen Kuscheleien? Finkels Artikel war zwar harte Kost (er zitierte auch Statistiken über die Zunahme klinischer Depression nach der Kindererziehung), doch er löste auch ein sehr wertvolles Gespräch auf meiner Facebook Seite und zweifelsohne auch in so manchem Haushalt aus. Erst, wenn wir uns unsere ambivalenten Gefühle gegenüber dem vor uns liegenden Leben – einschließlich der Kindererziehung – eingestehen, können wir auch einen Weg finden, es voll und ganz anzunehmen.

So wichtig dieser Artikel auch war, er ließ den Leser mit dem ganzen Gewicht unaufhörlicher Anstrengungen bei der Kindererziehung zurück und verhieß kein Licht am Ende des Tunnels. Die Aussicht auf achtzehn Jahre schlaflose Nächte, finanziellen Druck und nur eingeschränkte Möglichkeiten für Sex ist nicht gerade verlockend. Ich würde zwar nie behaupten, Depressionen ließen sich ganz einfach durch eine veränderte Einstellung beheben, aber ich glaube dennoch, dass wir uns keinen Gefallen damit tun, wenn wir an einem negativen Blick auf unsere Lebensumstände festhalten. Tatsache ist, dass Kinder großzuziehen wirklich harte Arbeit ist. Uns zu einem mythischen Verhalten (stets geduldig, niemals reizbar sein) zu verpflichten, nährt nur die Depression, von der Finkel gesprochen hat.

Kindererziehung ist eine undankbare Aufgabe. „Ich will Nudeln mit Butter!“, verlangt Ihr Kind, als Sie gerade liebevoll den gentechnikfreien Bio-Eintopf servieren, den Sie für das Abendessen vorbereitet haben. *Sie ist chaotisch.* Schauen Sie nur mal unters Sofakissen, wer weiß, was für ein verfaultes Nahrungsmittel Sie da finden werden. *Und sie ist anstrengend.* Eine Mutter sagte einmal zu mir, ihr größter Wunsch sei es, endlich mal wieder eine Nacht durchzuschlafen.

So sehr wir auch danach streben, unsere Kinder bewusst zu erziehen, so wenig werden jedoch unsere eigenen Bedürfnisse, Stimmungen oder Sehnsüchte durch die Verantwortung für ein Kind ausgelöscht. Wir sehnen uns danach, stundenlang zu lesen oder einmal ohne Gefolge aufs Klo zu gehen. Natürlich haben wir da manchmal die Nase voll. Mit Sicherheit wird es Momente geben, in denen wir die Nerven verlieren. Manchmal sagen wir sogar Dinge, die wir gleich darauf bereuen. So ist es nun mal. Der Trick besteht darin, mit diesen unangenehmen Erfahrungen Frieden zu schließen, anstatt zu versuchen, sie auszulöschen.

Das Bilderbuch-Kind-Syndrom

In *Parenting Without Power Struggles* habe ich den Gedanken formuliert, dass es uns nicht deshalb schwerfällt, unsere Kinder zu akzeptieren, weil sie sich so schlecht benehmen, sondern weil wir unsere echten, dreidimensionalen Kinder mit einer Art zweidimensionalem Bilderbuch-Kind vergleichen. Das Bilderbuch-Kind sagt „Aber gerne, Mama!“, wenn wir es bitten, den Müll rauszutragen, während das echte Kind nur stöhnt. Das Bilderbuch-Kind sagt „Danke, dass du mich daran erinnerst!“, wenn wir es bitten, mit den Hausaufgaben anzufangen, während das echte Kind wie in Trance vorm Fernseher hockt und so tut, als wären wir gar nicht da. Unsere Bilderbuch-Kinder kommen wunderbar miteinander klar, teilen sich das Spielzeug, kuscheln miteinander und teilen auch das letzte Stück Kuchen. Die echten Kinder dagegen – nun, ich denke, Sie verstehen, was ich meine.

So frustrierend es auch ist, wenn unsere Kinder nicht unseren Idealvorstellungen entsprechen, wir verlieren nicht die Nerven, weil sie so ungezogen oder unkooperativ sind. *Wir verlieren sie, weil wir denken, sie sollten nicht ungezogen oder unkooperativ sein.* Mit anderen Worten: Unsere Schwierigkeiten damit, für das, was auch immer gerade mit unseren Kindern los ist, gegenwärtig zu bleiben, werden durch die Diskrepanz zwischen dem Bilderbuch-Kind – das nur in unserer Vorstellung existiert – und dem echten Kind aus Fleisch und Blut verstärkt.

> Unsere Schwierigkeiten damit, für das, was auch immer gerade mit unseren Kindern los ist, gegenwärtig zu bleiben, werden durch die Diskrepanz zwischen dem Bilderbuch-Kind – das nur in unserer Vorstellung existiert – und dem echten Kind aus Fleisch und Blut verstärkt.

Wir wechseln nicht in den Anwalt- oder Diktator-Modus, weil unser Kind uns durch sein schlechtes Benehmen dazu „zwingt“, sondern quasi aufgrund einer „Gedankenpille“, die wir schlucken, einer Geschichte, die uns negativ beeinflusst. Diese ärgerliche Geschichte wird dann von einer ganzen Armee innerer Anwälte aufgebauscht, die enthusiastisch einen Fall daraus konstruieren, der unseren Unmut rechtfertigt. Wenn Sie sich bei dem Gedanken ertappen: „Jeffrey könnte wirklich mit mehr Freude im Haushalt helfen“, werden die Anwälte in Ihrem Kopf eifrig Beweise für die Richtigkeit dieser Überzeugung sammeln und Kommentare äußern wie: „Er denkt immer nur an sich! Ich muss ihn sogar anmeckern, damit er sein Handtuch vom Badezimmerfußboden aufhebt!“

Diese Geschichten und Überzeugungen lassen sich nur neutralisieren, wenn wir darüber nachdenken, inwiefern das ärgerliche Verhalten unseres Kindes durchaus einen Sinn ergibt: Jeffrey *sollte nicht* mit mehr Freude im Haushalt helfen – *weil er nämlich ein griesgrämiger Teenager ist, der sich gerade mit einem Haufen Teenager-Problemen rumschlägt.* Oder Jeffrey *sollte* meinem Anspruch, er solle im Haushalt mithelfen, *nicht nachkommen – weil ich ihm verärgert und sarkastisch begegne.*

Wenn wir unser Kind – und unser Leben – aus einer erweiterten Perspektive heraus betrachten, gelingt es auch besser, uns mit der Realität anzufreunden, anstatt sie zu bekämpfen. Dann können wir notwendige Veränderungen aus einer inneren Stärke heraus, anstatt aus Verzweiflung initiieren. Wenn wir uns vom Bilderbuch-Kind-Syndrom heilen wollen, müssen wir aufhören, gegen die Realität anzukämpfen, uns unseren Widerstand eingestehen und zulassen, dass er sich auflöst. Wie es die Autorin Byron Katie humorvoll ausdrückte: „Wenn du dich mit der Realität anlegst, verlierst du. Aber nur in 100% der Fälle.“

So wie wir damit kämpfen, das Kind, das wir haben, zu akzeptieren – weil wir das Bilderbuch-Kind dem echten Kind vorziehen –, kämpfen wir auch damit, die Realität des Alltags mit Kindern, die vermutlich kaum mit unserer Vorstellung übereinstimmt, zu akzeptieren. Aber dies ist eine einmalige Gelegenheit, sich auszudehnen und zu wachsen.

Für manche sind es die kleinen Dinge: Sie konnten sich nie vorstellen, in der Elternvertretung mitzuarbeiten, doch als Sie sich darauf eingelassen haben, entdecken Sie plötzlich beim Aushelfen auf einem Kuchenbasar einen völlig unerwarteten Kameradschaftssinn. Oder Sie sind überzeugter Pazifist und Ihr Kind ist fasziniert von Waffen. Und plötzlich ertappen Sie sich dabei, wie Sie sich mit Leib und Seele in ein Lasertag-Spiel mit Ihrem Sohn und seinen Freunden stürzen. Wenn wir unnachgiebig bleiben, anstatt die Realität so zu nehmen, wie sie ist, laufen wir Gefahr, einige grandiose Erfahrungen zu verpassen.

Wachsen versus Meckern

So gut wie jeder von uns muss sich mit einem Missverhältnis zwischen dem eigenen idealisierten Bilderbuch-Leben und der Realität auseinandersetzen. Für einige besteht dieses Bilderbuch-Leben aus einer lächelnden Mama und einem grinsenden Papa inmitten fröhlicher Kinder mit Familienhund; die Realität ist vielleicht ein Scheidungskrieg und ein erbitterter Sorgerechtsstreit. Für andere zeigt das Bilderbuch eine Horde lärmender Kinder, die durchs ganze Haus stürmen. Die Realität könnte ein Kind mit Behinderung sein, das an einen Rollstuhl gefesselt ist. Wieder andere Eltern träumten vielleicht von einem behaglichen Leben mit Urlaub am See und Privatschulen für die Kinder. Doch dann wurde die Familie durch eine Wirtschaftsflaute in den Ruin getrieben und drängt sich nun in einer winzigen Wohnung in einem Stadtteil, den sie zuvor möglichst gemieden hat.

Nur in den seltensten Fällen können wir unser Leben so effektiv kontrollieren, dass uns unerwartete Drehbuchänderungen erspart bleiben. Das menschliche Leben birgt unzählige Gelegenheiten, die wir entweder nutzen oder gegen die wir uns sträuben können. Ich habe erlebt, wie Menschen unter identischen Umständen – ernste Erkrankungen, Sucht, Zwangsvollstreckung – ihre jeweilige Lebenssituation völlig unterschiedlich bewerten. Diejenigen, die Widerstand leisten, leiden oft jahrelang, sind zornig auf Gott, ihren Ex-Ehegatten oder ihre Eltern, weil sie sie dazu „gezwungen" haben, sich mit Problemen herumzuschlagen, mit denen sie nie etwas zu tun haben wollten. Andere finden ihren Frieden mit dem, was ist, stellen sich ihren Problemen mit Demut, Akzeptanz und Dankbarkeit auch für die kleinsten hellen Momente.

Um an der Diskrepanz zwischen der idealisierten Bilderbuch-Vorstellung und dem echten Leben zu wachsen, anstatt nur darüber zu meckern, müssen wir vieles loslassen. Hunderte Male am Tag bietet sich uns die Gelegenheit, uns mit einem schwierigen Moment anzufreunden, anstatt ihn Zähne knirschend zu ertragen. Am Ende geht es um Mikro-Entscheidungen – um winzig kleine Entscheidungen von einem Moment auf den anderen, wie wir dem, was vor uns liegt, begegnen wollen.

Manchmal ist das, was vor uns liegt, Babykacke, die uns vom Bein tropft. Mein Freund Elisha erzählt immer gern die Geschichte, wie er während eines Überseefluges mit seinem Baby, das – gelinde gesagt – ein kleines Magenproblem hatte, in einem Flugzeug festsaß. Der Flug wäre um *einiges* angenehmer verlaufen, hätten er und seine Frau ein paar Packungen Feuchttücher mehr dabei gehabt. „Ich musste mich dafür entscheiden, einfach für das, was in dem Moment geschah, gegenwärtig zu sein, auch wenn sich der Inhalt der stinkenden Windel meines Sohnes gerade über meine einzige saubere Hose ergoss. Indem ich mich nicht gegen das, was da geschah, auflehnte und nicht den Humor verlor, konnte ich dem ganzen Wahnsinn seltsamerweise sogar etwas Witziges abgewinnen! Meine Frau und ich haben uns fast totgelacht."

Es fällt nicht schwer, sich diese Geschichte aus einem anderen Blickwinkel heraus vorzustellen: „Du glaubst nicht, was wir auf diesem Flug durchmachen mussten! Es war die Hölle – die schlimmsten neun Stunden meines Lebens!"

Immer wieder bin ich sehr beeindruckt von der Geduld und der Anmut, die ich beobachten durfte, wenn Eltern sich aus ihrer Anhaftung an das Bilderbuch-Leben zugunsten ihres echten Lebens lösten, auch wenn sie gerade sehr schwere Zeiten durchmachten und zum Beispiel ein schwerkrankes Kind zu betreuen hatten. Dazu könnte man vielleicht sagen, „Diese Eltern hatten ja auch keine Wahl", aber die hatten sie sehr wohl. Wir alle haben die Wahl, in jedem Moment: Lehne ich mich gegen das, was vor mir liegt, auf und lebe in Bitterkeit und Enttäuschung oder bringe ich meinen

Körper, meinen Geist und meine Seele in Übereinstimmung mit dem, was ist, und erlaube mir, Frieden zu finden?

Das alles bedeutet natürlich nicht, dass wir nicht alles in unserer Macht Stehende tun sollten, um eine Veränderung herbeizuführen, wenn sie denn notwendig ist; ich bin auf keinen Fall dafür, sich vom Leben einfach nur passiv überrollen zu lassen. Aber wie heißt es so schön: Was man bekämpft, hält sich am längsten. Es ist nichts dagegen einzuwenden, ein Visionboard oder eine klare Vorstellung davon zu haben, welche Art von Leben wir führen wollen, doch wir müssen uns von dieser Bilderbuch-Vorstellung, davon, was geschehen *sollte*, verabschieden, damit wir das Leben mit unseren Kindern und unseren jeweiligen Lebensumständen genießen können.

Das alte Leben betrauern

Bevor Sylvie ihre Kinder bekam, hatte sie ein entspanntes Leben geführt. Sie hatte an fünf Tagen in der Woche einen Tanzkurs besucht und war regelmäßig zum Malunterricht gegangen. Nun hatte sie das Gefühl, in einem Meer anstrengender Kinder hilflos vor sich hin zu treiben. „Ich fühle mich, als wäre ich von allem, was meine Seele nährt, abgeschnitten", gestand sie mir, „obwohl ich meine Kinder von ganzem Herzen liebe."

Wie Angie und Eric wurde sie von Schuldgefühlen geplagt, wenn sie ihren „Pflichten" als Mutter nicht gerecht werden konnte. „Es ist so viel schwerer, als ich es mir vorgestellt hatte. Ich weiß, was ich eigentlich fühlen *sollte* – Liebe, Dankbarkeit, Freude – und manchmal fühle ich diese Dinge auch. Aber mein Mann arbeitet immer sehr lange und ich bin den ganzen Tag mit einem trotzigen Kleinkind und einem herrischen Vierjährigen allein. Ich hab das Gefühl, dass Teile von mir absterben. Ständig schaue ich auf meiner Facebook-Seite nach, was meine Freunde so machen. Ich versuche, den Anschluss an eine Welt abseits von Töpfchen-Training und Barney nicht zu verlieren. Ich fühle mich furchtbar, weil ich mich so oft ausklinke und emotional gar nicht richtig bei meinen Kindern bin: *Ich bin da und doch nicht da.*"

Sylvie und ich redeten zwar darüber, dass es wichtig war, Zeit für die Dinge zu finden, die sie liebte; doch es war auch klar, dass ein paar Tanzstunden ihren Widerstand gegen die Anforderungen ihres Alltags nicht würden auflösen können. Ich nahm an, dass sie, um sich mit ihrem jetzigen Leben versöhnen zu können, ihr altes Leben zunächst betrauern musste. Wenn sie sich diese Mühe nicht machte, würde sie in diesem Zwischenstadium gefangen bleiben – das Leben vor den Kindern konnte sie nicht mehr leben, doch in ihrem derzeitigen Leben war sie auch nicht richtig anwesend. Aus einem solchen nur teilweise gegenwärtigen Zustand heraus Kinder erziehen zu wollen ist quasi ein Garant für Probleme; wenn Kinder diese Halbherzigkeit spüren, werden sie alles tun, was nötig ist, um unsere ganze Aufmerksamkeit zu bekommen, auch wenn das Wutanfälle, Aggressionen oder Trotz bedeutet.

Aus einem solchen nur teilweise gegenwärtigen Zustand heraus Kinder erziehen zu wollen ist quasi ein Garant für Probleme; wenn Kinder diese Halbherzigkeit spüren, werden sie alles tun, was nötig ist, um unsere ganze Aufmerksamkeit zu bekommen, auch wenn das Wutanfälle, Aggressionen oder Trotz bedeutet.

Ich sagte zu Sylvie: „Ihre einzige Chance, Ihren Unmut über das Leben mit Kindern zu neutralisieren, ist echte Trauerarbeit. Dafür müssen Sie sich Ihren Gefühlen stellen, auch wenn Sie sich instinktiv von ihnen abwenden wollen.“ Ich lud Sylvie ein, zur Ruhe zu kommen und zu erspüren, welche Gefühle sich hinter ihrem Widerstand verbargen.

Sie sagte zu mir: „Ich bin wütend und fühle mich wie gefangen. Es ist, als wäre ich stillgelegt worden oder als würde ich ersticken – und dann schäme ich mich für diese Gefühle. Schließlich wollte ich ja Kinder haben; es ist ja nicht ihre Schuld, dass sie Bedürfnisse haben oder mir nicht die Anregungen geben können, die ich von der Außenwelt bekomme.“

Ich bat sie, für das, was sie fühlte, gegenwärtig zu bleiben, ohne in den Kopf zu gehen und darüber nachzudenken, was gerade vor sich ging. „Woran erinnert Sie diese Wahrnehmung? Ist es Ihnen vertraut – dieses Gefühl, eingesperrt oder stillgelegt zu sein?“

Einige Minuten lang war sie still, dann antwortete sie: „Ich kenne dieses Gefühl. Es ist, als wäre ich ein Kind, das unbedingt tanzen und in seiner Fantasie schwelgen will, aber genau das durfte ich damals nicht. Tanzstunden kamen in meiner Familie gar nicht in Frage und die Hausaufgaben dauerten immer stundenlang, weil ich so viel Fantasie hatte und mich mit so langweiligen Aufgaben nicht befassen wollte. Ich fühlte mich ... gefangen."

Wir tauchten tiefer in diese Gefühle ein und entdeckten dabei eine tiefe Traurigkeit darüber, dass Sylvie von Eltern erzogen worden war, die fest entschlossen waren, sie zu ändern. Gewiss, sie hatten nur die besten Absichten; als Immigranten der ersten Generation hatten sie große Opfer gebracht, um ihre Kinder in einem Land großzuziehen, in dem ihnen Bildungs- und Erfolgschancen geboten wurden, von denen sie selbst nur hatten träumen können. Aber Sylvie hatte eine sehr ausgeprägte rechte Gehirnhälfte und war ein überaus kreatives Kind, das sich durch Bewegung und Kunst ausdrücken wollte. Wie alle Kinder hatte sie ein großes Bedürfnis danach, von ihren Eltern *so, wie sie war*, gefeiert und wertgeschätzt zu werden. Sie wollte spüren, dass sie ihnen eine Freude war – dass sie so, wie sie war, genügte. „Für ein Kind ist es zutiefst verletzend, zu spüren, dass es für die, die es am meisten liebt, eine Enttäuschung ist", sagte ich ihr. „Das ist, als würde man Ihnen sagen, dass Ihre Füße mit Größe 39 nicht in Ordnung seien, weil sie nicht in die Schuhe Größe 38 passen wollen, die Sie doch eigentlich tragen sollten.

Diese Verletzung – diese Sehnsucht, Ihre einzigartigen Qualitäten und Interessen ausdrücken zu dürfen – könnte einen Teil Ihrer Frustration, die Sie im Umgang mit Ihren Kindern spüren, erklären, schließlich müssen Sie Ihre eigenen Interessen jeden Tag hintanstellen, damit Sie sich um Ihre Kinder kümmern können. Für mich macht es durchaus Sinn, dass Sie wütend sind; wenn wir ehrlich sind, ist es doch auch ein großer Verlust – all diese Dinge loszulassen, die Ihnen ein Gefühl von Freude und Lebendigkeit schenkten, und sich stattdessen den profanen Aufgaben der Kindererziehung zu widmen."

Während unserer Sitzungen in den nächsten Wochen konzentrierte ich mich darauf, Sylvie dabei zu helfen, tiefer in ihre unerlösten Gefühle dazu, dass sie als Kind gezwungen worden war, jemand zu sein, der sie nicht war, einzutauchen. Ich ermutigte sie, ihre Gefühle zu akzeptieren, ihnen Raum zu geben und sich für die Empfindungen in ihrem Körper zu öffnen, die mit ihnen in Zusammenhang standen – Schwere, Enge, Zittern –, ohne sich auszuklinken oder in eine mentale Geschichte darüber, was sie gerade erlebte, abzugleiten.

Während Sylvie den Gefühlen, auf die sie stieß, wenn sie ihrer Traurigkeit nachspürte, mit Ruhe und Gegenwärtigkeit begegnete, verloren ihre schmerzlichen Emotionen an Intensität. Sie war erstaunt darüber, dass sie, wenn sie sich gestattete, die Gefühle, die sich hinter ihrem Widerstand und ihrem Ärger verbargen, zu spüren, schließlich auch Güte und Liebe fühlen konnte – für sich selbst wie auch für ihre Kinder. Während sich diese Transformation vollzog, wurde Sylvie immer weicher; ihre ganze Haltung wirkte viel entspannter.

Nach einigen Wochen gemeinsamer Arbeit vertraute mir Sylvie Folgendes an: „Ich weiß nicht recht, wie es passiert ist, aber ich bin inzwischen viel geduldiger mit meinen Kindern – ich genieße die kleinen Augenblicke viel mehr. Ich muss nicht mehr andauernd auf mein Telefon schauen, um zu sehen, was draußen in der ‚echten Welt' vor sich geht, und bin viel mehr bei der Sache mit meinen Kindern. Seit ich mich nicht mehr vor meinem Widerstand verstecke, fühle ich mich mehr und mehr von ihm befreit, ist das nicht erstaunlich?"

Wenn Wut Wut entfesselt

Manchmal bin ich ganz verblüfft darüber, wie schnell die lange unterdrückten, unerlösten Gefühle einer Klientin an die Oberfläche gelangen, wenn sie bereit ist, sich ihnen zu stellen. Cecilia war Mutter einer fünfjährigen Tochter und eines achtzehn Monate alten Sohnes. Sie beschrieb sich selbst als sanftmütig und vereinbarte eine

Telefonsitzung mit mir, weil sie wütend wurde, wenn ihre Tochter wütend war. „Als Kind war es mir verboten, zornig zu werden. Ich möchte, dass meine Tochter weiß, dass sie ihren Ärger zeigen darf, aber wenn sie es tut, werde ich selbst fuchsteufelswild."

Ich fragte sie, ob ein Teil von ihr der Meinung sei, dass ihre Tochter eine Regel breche, wenn sie wütend wurde, nämlich dass *Kinder nicht wütend sein sollten.* Sie gestand sich ein, dass sie tatsächlich so empfand. Auch stimmte sie mir zu, als ich den Gedanken äußerte, dass es sie möglicherweise aufrührte, dass sie ihren Ärger als Kind nicht zeigen durfte, während ihre Tochter ihren Gefühlen Ausdruck verleihen darf. Es war nicht einfach, diese beiden Maßstäbe – nämlich dass sie sich wünschte, dass ihre Tochter jene unangenehmen Gefühle, die sie selbst immer unterdrücken musste, annehmen durfte – miteinander zu versöhnen.

Ich ermunterte sie, ihre Wut einfach nur wahrzunehmen, sie zuzulassen, ohne sie zu bewerten. „Wo spüren Sie sie in Ihrem Körper? Beschreiben Sie mir die Empfindungen."

„Es fühlt sich an wie eine Panik. Ich spüre sie in meinem Bauch und meine Füße fühlen sich an, als wollten sie sich bewegen – als wollte ich, dass alles schneller geht. Als wollte ich flüchten." Sie beschrieb auch, dass sich ihr Gesicht anspanne, so als konzentriere sie sich stark – als versuche sie, irgendetwas geschehen zu lassen.

„Verlieren Sie sich nicht in Analysen. Bleiben Sie einfach bei dem, was gerade geschieht, und beobachten Sie, ob da noch andere Gefühle sind, Traurigkeit oder Angst oder Sehnsucht." Sobald ich das gesagt hatte, erwiderte sie: „Ja, Traurigkeit. Und Sehnsucht ..." Sie begann zu weinen; ich spürte deutlich den Schmerz über das, was auch immer da angerührt worden war.

Ich blieb stumm, ließ sie nur hin und wieder durch einige Worte wissen, dass ich bei ihr war, versuchte aber sonst, sie nicht zu unterbrechen.

Sie beschrieb ihre Sehnsucht als schwarzes Loch. „Ich spüre, dass es da ist, aber es ist so riesig, dass ich es nicht erreichen kann, denn ich weiß, dass ich nicht ... haben kann, was es will." Als Kind, so erzählte sie mir, durfte sie niemals weinen oder etwas wollen. Und obwohl ihre Eltern und ihre Brüder ihrer Wut regelmäßig Ausdruck verliehen, wurde ihr verboten, dies zu tun. „Ich bekam den Hintern voll und wurde in mein Zimmer geschickt, bis ich wieder ein ‚braves' Mädchen wäre. Ich blieb dort so lange ich konnte und kochte vor Wut, versuchte aber, sie herunterzuschlucken. Ich war ein Mädchen und von Mädchen erwartete man, dass sie still und brav sind und niemals Ärger machen."

„Es ist sehr mutig von Ihnen, dass Sie diesen Schmerz aushalten und ihm Raum geben. Danke, dass Sie so tapfer sind." Als ihre Tränen verebbten, erzählte sie mir, dass sie sonst fast nie weine. Ich glaube, sie war überrascht, wie schnell diese alten Gefühle an die Oberfläche kamen, sobald sie ihnen Raum gab.

In unserem folgenden Gespräch erklärte ich ihr, dass nicht nur sie davon profitiere, wenn sie diese Gefühle zulasse, sondern auch ihre Tochter. „Wut ist nur die Form, die unsere Verletzungen nach außen hin annehmen. Wahrscheinlich werden Sie in Zukunft nicht mehr so wütend auf Ihre Tochter sein, wenn Sie die Traurigkeit zulassen können."

Ich sagte ihr außerdem, dass sie, wenn sie bereit sei, diesen Weg zu gehen, auch ihrer Tochter dabei helfen könne, ihren eigenen Schmerz zu spüren, wenn sie enttäuscht war, anstatt ihn durch Wut rauszulassen.

Als wir uns das nächste Mal trafen, berichtete Cecilia, für sie habe sich nach diesem einen Durchbruch eine ganz neue Welt eröffnet. Sie sagte, sie habe gar nicht gewusst, dass sie auch weniger impulsiv sein könne. „Sogar meinem Mann ist die Ruhe in meiner Stimme aufgefallen." Aber es fiel ihr schwer, zu ihrer Tochter Nein zu sagen, und es ärgerte sie immer noch, wenn diese ihr ein trotziges Nein entgegenbrachte. Wir unterhielten uns darüber, wo die Angst davor, sich durchzusetzen, herkam. Ich bat sie, einige Male laut Nein zu sagen – nicht als Bitte, sondern als Ansage.

„Es fühlt sich an wie ein großer Druck oder eine Energie in meinem Bauch, aber ich bekomme sie nicht aus mir heraus. Es ist, als würde ich an diesem Gefühl ersticken." Ich drängte sie nicht. Sie begann zu weinen. Und dann hörte ich ihr Nein. Es war zaghaft, aber kraftvoll, und dahinter steckte ein Sturzbach von Tränen. Als ihr Nein ein klein wenig an Kraft gewann, weinte Cecilia lange Zeit.

Am Ende unserer Sitzung fühlte sie sich sehr viel leichter. Wir lachten darüber, wie gut es sich doch traf, dass sie so eine kratzbürstige kleine Tochter mit so einem starken Willen hatte. Ich sagte zu ihr: „Ist das nicht seltsam, wie das Universum arbeitet? Es hat Ihnen kein sanftmütiges, bescheidenes Kind geschenkt, sondern ein starkes – eines, das sagen kann ‚Hey Mama, so klingt es, wenn jemand für sich einsteht!‘, damit Sie mit diesen alten Gefühlen hinsichtlich Ihrer Bedürfnisse aufräumen und lernen können, dass es okay ist, sie zu zeigen.“

Wie wir bereits gesehen haben, lösen unsere Kinder oft tiefgreifende Heilungsprozesse in uns aus, wenn wir unsere Probleme mit ihnen als Gelegenheit wahrnehmen, alten Gefühlen Raum zu geben. So war es auch bei Cecilia, deren Mut und Bereitschaft, die alten Wunden aus ihrer Vergangenheit zu heilen, mich sehr beeindruckt haben.

In den beiden vorangegangenen Fällen war der Widerstand der beiden Frauen gegen „das, was ist“ stark beeinflusst von unerledigten Angelegenheiten aus ihrer Kindheit. Ich möchte dazu noch anmerken, dass ich es zwar gutheiße, in der Vergangenheit nach Hinweisen zu suchen, wenn wir eine ungewöhnliche emotionale Reaktion in unserem heutigen Leben bemerken, dass ich jedoch keineswegs dafür bin, die Schuld für all unseren Kummer Mutter und Vater zuzuschieben oder den Einfluss aktueller Stressfaktoren außer Acht zu lassen. Spannungen in der Ehe, Probleme bei der Arbeit, wirtschaftliche Engpässe und sogar hormonelles Ungleichgewicht können ebenfalls zu den Widerständen, die wir gegen unsere Kinder oder das Leben an sich empfinden, beitragen.

Wie wir bereits gesehen haben, lösen unsere Kinder oft tiefgreifende Heilungsprozesse in uns aus, wenn wir unsere Probleme mit ihnen als Gelegenheit wahrnehmen, alten Gefühlen Raum zu geben.

Wenn unsere Kinder für unser Wohlbefinden zuständig sind

In Bezug auf unsere Kinder zeigt sich der Widerstand gegen *das, was ist,* auch dann, wenn wir sie als Diener unseres Selbstwertgefühls betrachten, wenn wir sie dafür zuständig machen, dass es uns gut geht. Wir singen ein Loblied auf unseren Sohn, wenn er den entscheidenden Touchdown erzielt, denn angesichts der bewundernden Blicke der anderen Eltern in den Rängen platzen wir fast vor Stolz. Oder wir überschütten unsere Tochter mit Aufmerksamkeit, wenn sie freundlich zu den Partygästen ist, und es schmeichelt unserem Ego, wenn die anderen feststellen, was sie doch für ein guterzogenes kleines Mädchen ist. Es ist nicht verkehrt, sich darüber zu freuen, wenn die Talente oder das freundliche Wesen unserer Kinder von anderen bemerkt werden. Doch Kinder nehmen unsere Gefühle sehr genau wahr; sie wünschen sich unsere Anerkennung und sie wissen, wie sie sie bekommen können. Wenn wir uns nur dann gut fühlen, wenn sie sich auf eine bestimmte Art und Weise verhalten, verletzen wir sie, denn wir knüpfen unsere Liebe und Akzeptanz an Bedingungen.

> Wenn wir unsere Kinder so akzeptieren, wie sie sind, können wir sie als eigenständige Menschen mit ihren Stärken und Schwächen wahrnehmen. Dann müssen sie nicht unsere Unsicherheit kompensieren und auch nicht die Verantwortung für unsere Gefühle tragen.

Wenn wir unsere Kinder so akzeptieren, *wie sie sind*, können wir sie als eigenständige Menschen mit ihren Stärken *und* Schwächen wahrnehmen. Dann müssen sie nicht unsere Unsicherheit kompensieren und auch nicht die Verantwortung für unsere Gefühle tragen, und wir können ihre Unzulänglichkeiten annehmen, ohne zu fürchten, dass wir in den Augen derer, von denen wir glauben, dass sie uns nach den Leistungen unserer Kinder beurteilen, unser Gesicht verlieren. All dies befreit uns davon, uns von unserem Ego treiben zu lassen, so dass wir unsere Kinder so, wie sie sind, in Gegenwärtigkeit großziehen können.

Dysfunktionale Akzeptanz als eine Form des Widerstands

Durch Akzeptanz können wir uns außerdem den Herausforderungen, mit denen sich unsere Kinder plagen, stellen, anstatt vor ihnen davonzulaufen. Lisa war die Mutter des fünfzehnjährigen Luke. Ihr war bewusst, dass die Noten ihres Sohnes schlechter geworden waren, doch sie war der Meinung, das läge daran, dass die neunte Klasse viel schwerer war als die achte. Als Luke betrunken von einer Party heimkam, schimpfte sie mit ihm, schenkte jedoch seinen Beteuerungen, es sei das erste und einzige Mal gewesen, Glauben. „Ich hasse das Zeug, Mama."

Wenn seine Freunde zu ihnen zu Hause kamen und sich verstohlen in Lukes Zimmer schlichen, ohne Lisa auch nur anzusehen, hielt sie das für ganz normale Verlegenheit, wie sie für Jungs dieses Alters typisch ist. Als sie ihren Sohn damit konfrontierte, dass es in seinem Zimmer nach Gras roch, glaubte sie ihm die Geschichte, dass er das Zeug nicht anrühre und der Geruch wahrscheinlich von dem merkwürdigen Räucherwerk komme, das er benutzte. Zwei von Lukes Lehrern klärten sie in einer E-Mail darüber auf, dass er möglicherweise in ihren Fächern durchfallen werde. Sie hielt ihm einen Vortrag darüber, dass er sich mehr anstrengen müsse, doch es änderte sich nichts. Luke fing an, an den Wochenenden bis mittags zu schlafen; sie sagte sich, das sei für sein Alter ganz normal. Man könnte auch sagen, sie weigerte sich, ihren Sohn so zu sehen, *wie er war*, sie wollte sich einfach nicht eingestehen, dass er womöglich gerade Drogenprobleme, Depressionen oder Schulprobleme hatte, die ihrer Aufmerksamkeit bedurften.

Lisa war keine schlechte oder nachlässige Mutter; sie liebte ihren Sohn sehr und wünschte sich ein gutes Leben für ihn. Doch sie weigerte sich, die Realität zu sehen, sie wollte, dass er für sie weiterhin der unschuldige, unbekümmerte kleine Junge war, der er früher gewesen war. Ihre Weigerung, ihn so zu sehen, *wie er war*, manifestierte sich in einer Form, die Eckhart Tolle als *dysfunktionale Akzeptanz* bezeichnet. Ohne darüber nachzudenken, dass das Verhalten ihres Sohnes auf eventuelle Probleme hindeutete, die ihrer Aufmerksamkeit bedurften, glaubte sie seinen Erklärungen, er möge keinen Alkohol, rauche kein Gras und schlechtere Noten und Schlafen bis zum Mittag seien für Teenager ganz normal. Was wie Akzeptanz scheint, ist hier in Wahrheit eine passive Form des Widerstands oder ein Sich-Weigern, die Wahrheit hinter dem Verhalten ihres Sohnes zu erkennen – eine dysfunktionale Akzeptanz der Realität.

Erst als Luke in zwei Fächern durchfiel, kam Lisa zu mir. Wir fanden heraus, dass er tatsächlich unter Depressionen litt, die mit sozialen Problemen und längst begrabenen Gefühlen bezüglich der Scheidung seiner Eltern zu tun hatten. Außerdem gab es erhebliche Lücken in seinen Mathe-Kenntnissen, wodurch seine Noten abgerutscht waren. Luke hatte sich mit Gras, Alkohol und Schlaf zu betäuben versucht. Lisa war schockiert darüber, wie sehr ihr Sohn emotional in der Klemme steckte. Sie hatte einfach nicht hingeschaut, aus Angst vor den Schuldgefühlen und der Hilflosigkeit, denen sie sich hätte stellen müssen, wäre ihr Sohn in ernsthaften Schwierigkeiten.

Über sich hinauswachsen

Wenn wir das Leben so annehmen wollen, wie es ist, müssen wir uns unseren Widerständen stellen, was manchmal unangenehm sein oder gar unmöglich scheinen kann. Alle Eltern können Geschichten darüber erzählen, wie sie über sich hinauswachsen mussten, um sich an die Realität der Kindererziehung anzupassen. Meine Geschichte begann an dem Tag, als die Wehen einsetzten.

Ich bin eine starke und einfallsreiche Person, aber in manchen Bereichen habe ich so meine Schwächen. Zum Beispiel kann ich mich nur schwer dazu überwinden, Sport zu machen. Wenn mir tatsächlich einmal die Ausreden ausgehen oder ich meinen inneren Schweinehund überwinden kann, drehe ich vielleicht gemächlich eine Runde mit dem Fahrrad oder gehe ein paar Minuten aufs Laufband. Ehrlich gesagt, war ich nie besonders gut darin, an meine körperlichen Grenzen zu gehen.

So kam es auch, dass ich mir die Sache mit dem Baby schon bald, nachdem die Wehen eingesetzt hatten, etwa nach der vierten oder fünften Wehe, noch einmal anders überlegte. Klar, ich hatte mich wirklich auf das Ganze gefreut, aber als es ernst wurde, beschloss ich, dass ich ganz und gar nicht bereit dafür war!

Siebenundzwanzig Stunden später (und mit zwei blauen Augen, denn ich musste so stark pressen, dass die Blutgefäße in meinen Augen platzten) war mein neuneinhalb Pfund schweres Baby da. Ich war weit über alles, zu dem ich mich für fähig gehalten hatte, hinausgewachsen und war nun eine stolze Löwenmutter, die alles tun würde, um dieses Kind, das auf der Stelle mein Herz in Besitz genommen hatte, zu beschützen.

Genau das macht das Elternsein mit uns: Es lädt uns ein, über uns hinauszuwachsen, Widerstände zu überwinden und innere Ressourcen anzuzapfen, von denen wir gar nicht wussten, dass wir sie besitzen. Alle Eltern haben schon Dinge gemeistert, von denen sie nie geglaubt hätten, dass sie mit ihnen fertig werden würden, und dennoch sagen sich viele Eltern, dass sie einfach *nicht* dieser Kapitän sein können, der weiß, wie man durch einen richtigen Sturm navigiert. Sobald die See etwas rauer wird, verlieren sie das Vertrauen in ihre Fähigkeit, mit der Wut eines Kindes über die Scheidung seiner Eltern oder mit der Vielzahl an Problemen, die aus der offensichtlichen Alkoholsucht eines Teenagers resultieren, fertig zu werden. Also schauen sie lieber weg.

> Das Elternsein lädt uns ein, über uns hinauszuwachsen, Widerstände zu überwinden und innere Ressourcen anzuzapfen, von denen wir gar nicht wussten, dass wir sie besitzen.

Doch gerade in diesen schwierigen Momenten haben wir die Möglichkeit, unseren Widerstand zu überwinden und unsere Kinder umso entschlossener mit Bewusstsein zu erziehen. Wenn wir Muskeln aufbauen wollen, müssen wir auch ein paar gerissene Muskelfasern in Kauf nehmen – das nennt man Hypertrophie. Erst durch diese Mikrorisse kann sich Muskelmasse bilden. Jedes Mal, wenn wir unserem Kind quasi stoisch zuhören, wenn es uns etwas erzählt, das uns mit Angst erfüllt, und ihm damit zeigen, dass es die Wahrheit nicht vor uns verbergen muss, erziehen wir uns quasi selbst. Wir stellen fest, dass wir *sehr wohl* vernünftig darauf eingehen können, wenn es leidet, anstatt angesichts unseres eigenen Kummers zusammenzubrechen.

Solche Momente prägen uns nicht nur als Eltern, sondern als Menschen. Erst, wenn wir unsere Bilderbuch-Vorstellungen über Bord werfen, uns tapfer der Realität stellen, unsere Gefühle zulassen und die Geschichten darüber, dass das Gras in einer anderen, imaginären Welt grüner (oder das Kind einfacher) sei, in Frage stellen, können wir voll und ganz in unserem eigentlichen Leben und bei genau den Kindern, die uns geschenkt wurden, ankommen.

Jetzt sind Sie dran

Werden Sie für ein paar Augenblicke still und konzentrieren Sie sich auf das, was Sie fühlen, wenn das Verhalten Ihres Kindes Sie verärgert. Vielleicht ist Ihre Tochter frech oder Ihr Sohn weiß die vielen Dinge, die Sie tun, nicht richtig zu schätzen, und es fällt Ihnen schwer, mit Bedacht anstatt mit Wut zu reagieren.

Atmen Sie tief und gleichmäßig und seien Sie ganz bei Ihrer Wut. Versuchen Sie nicht, sie zu analysieren oder wegzureden, sie aufzublähen oder herabzusetzen. Lassen Sie Ihre Gefühle einfach zu, ohne sie als gut oder schlecht zu bewerten.

Vielleicht merken Sie, während Sie bei Ihrer Wut sind, dass noch andere Gefühle aufsteigen, Traurigkeit, Enttäuschung, Einsamkeit, Schmerz oder das Gefühl, unsichtbar oder unwichtig zu sein. Falls Sie solche Gefühle bemerken, nehmen Sie sie sanftmütig wahr, so wie eine liebende Mutter ein leidendes Kind trösten würde. Lassen Sie sich Zeit dabei.

Seien Sie für alle Gefühle gegenwärtig, geben Sie ihnen Raum. Der Zorn, den Sie anfangs mit dem ärgerlichen Verhalten Ihres Kindes assoziiert haben, verwandelt sich möglicherweise in etwas, das eher Schmerz oder Kummer entspricht. Vielleicht erinnert es Sie an einen Schmerz aus Ihrer Kindheit und jetzt stellen Sie fest, dass die Wut gegen Ihr Kind von diesem unerlösten Schmerz genährt wird. Erlauben Sie sich, zu fühlen, was auch immer in Ihnen aufsteigt, und begegnen Sie jeder Emotion mit Respekt und Zärtlichkeit.

Wenn Sie soweit sind, nehmen Sie sich die Zeit, sich wieder im Raum zu orientieren. Berühren Sie Ihr Herz und bedanken Sie sich für Ihre Mühen und Ihren Mut, diese schwierigen Gefühle zuzulassen. Sollte diese Übung Sie ernsthaft in Bedrängnis gebracht haben, überlegen Sie bitte, ob Sie zur Unterstützung eventuell professionellen Rat einholen wollen.

Praktische Umsetzung

Bewusste Elternschaft im echten Leben

Wie akzeptiere ich mein Leben so, wie es ist?

Frage: Meine Ehe steht vor dem Aus und es fällt mir schwer, schon die kleinsten Probleme mit meinen Kindern, wie keine Lust auf Hausaufgaben oder Zähneputzen, zu bewältigen. Es ist mir schier unmöglich, mein Leben so zu akzeptieren, wie es jetzt ist. Ich versuche, meine eigenen Bedürfnisse hintanzustellen, damit ich für meine Kinder (die ebenfalls leiden) da sein kann, aber ich fühle mich ohne das Leben, das ich immer für so sicher gehalten hatte, so verloren. Abends trinke ich ein zusätzliches Glas Wein, damit ich am Ende des Tages nicht gar so deprimiert ins Bett gehe.

Vorschlag: Es ist *so* traurig, sich von einem Leben verabschieden zu müssen, das man gern behalten hätte, und sich stattdessen der Unsicherheit auszuliefern. Ich kann gar nicht genug betonen, wie wichtig es ist, dass Sie sich Zeit nehmen für Dinge, die Ihnen gut tun und Ihrer Seele Trost spenden. Wenn Sie gut für sich sorgen, zeigen Sie Ihren Kindern damit, wie wichtig es ist, sich den Herausforderungen des Lebens zu stellen, anstatt sich vor ihnen zu verstecken und sich zu betäuben.

Eine gute Therapie kann von entscheidender Bedeutung sein, wenn es hart auf hart kommt, genauso wie der liebevolle Trost aus den Reihen treuer Freunde. Es kann sehr hilfreich sein, wenn Sie in sich einen gewissen Frieden finden, an dem Sie sich festhalten können; vielleicht könnten Yoga, Meditation oder ein paar Achtsamkeitsübungen Ihnen dabei helfen. Und natürlich sind eine gute Ernährung, ausreichend Schlaf, Bewegung und gut für sich zu sorgen wichtige Faktoren, die Ihnen helfen, diese schwere Zeit durchzustehen.

So sehr wir uns auch bemühen, alles Mögliche zu tun, damit sich unser Leben bloß nicht verändert, müssen wir manchmal doch akzeptieren, dass plötzlich alles anders läuft. Ich glaube fest daran, dass uns die nötigen Ressourcen gegeben sind, um mit allem im Leben fertig zu werden, doch wir müssen sie auch aufspüren und nutzen. Indem Sie sich den Schmerz, den Sie fühlen, eingestehen, können Sie auch mit ihm umgehen; begraben Sie ihn jedoch, wird er Ihnen in ungesunden Verhaltensweisen wieder begegnen. Mutter oder Vater zu sein heißt nicht, ein Märtyrer zu sein und die eigenen Bedürfnisse zu verleugnen oder Gefühle zu unterdrücken. Holen Sie sich die Unterstützung, die Sie brauchen, um durch Ihren Kummer zu gehen, und gleichgültig, was Sie heute auch denken mögen, Sie und Ihre Kinder werden heil aus diesem Verlust hervorgehen.

Es könnte auch hilfreich sein, die genauen Gedanken zu ermitteln, die Sie glauben lassen, Ihre gegenwärtige Situation sei grauenvoll. Schmerz wird oftmals durch unsere Überzeugungen und Gedanken über eine Situation erzeugt anstatt durch die Situation selbst. Wenn Ihre Gedanken in die Zukunft (mit imaginärer Einsamkeit oder Angst) oder in die Vergangenheit (wo Sehnsucht oder Wut sind) eilen, ist Leiden vorprogrammiert. Doch wenn Sie sich voll auf den gegenwärtigen Moment konzentrieren – wenn Sie beobachten, wie Ihr Atem ein- und ausströmt, wenn Sie sich auf das Gefühl des Luftzugs auf Ihrer Haut konzentrieren –, dann werden Sie vielleicht feststellen, dass es Ihnen *in diesem Moment* gut geht. Identifizieren Sie die Gedanken, die Ihnen Schmerzen verursachen, und erkennen Sie, dass Sie ihnen keinen Glauben schenken müssen.

Wenn Sie im Augenblick tatsächlich ein Problem haben, dann gehen Sie es konzentriert und aufmerksam an. Achten Sie aber gut darauf, dass Sie nicht in ein Verhaltensmuster geraten, in dem Sie den gegenwärtigen Moment verlassen und durch Stress verursachende Gedanken in die Vergangenheit oder in die Zukunft abdriften. Dieses Vorgehen wird Ihren Verlust nicht verringern, doch es kann die zusätzliche Last des Unglücks, die möglicherweise durch Ihr Denken verursacht wird, von Ihren Schultern nehmen.

Wie beende ich die ewigen Verhandlungen mit meinem Enkel?

Frage: Während der letzten anderthalb Jahre haben mein Mann und ich unseren Enkelsohn erzogen. Ich habe mich bemüht, seine Aufsässigkeit zu akzeptieren, aber ich bin völlig am Ende. Alles wird verhandelt – er fordert mehr Zeit für seine Videospiele, besteht darauf, seine Aufgaben „später" zu erledigen, oder er weigert sich, zu duschen, weil er gerade zu müde ist. Ich weiß, es wäre besser, wenn ich aufhörte, mir zu wünschen, er wäre ein unkomplizierteres Kind. Aber ich will, dass diese Kämpfe und Verhandlungen endlich aufhören!

Vorschlag: In meinem vorherigen Buch ging es genau um diese Machtkämpfe, darum will ich an dieser Stelle nur auf ein paar Punkte eingehen. Zunächst einmal: Wenn wir etwas von unseren Kindern *brauchen*, neigen wir dazu, auf sie loszugehen, anstatt auf sie einzugehen, und dann werden sie aufsässig. Kinder können Verzweiflung riechen und sie sind schlau genug, zu verstehen, dass sie für unser Glück nicht verantwortlich sind. Wenn wir keine enge und liebevolle Bindung zu ihnen haben – die in den Augen unserer Kinder die Basis echter Autorität ist –, ist die Wahrscheinlichkeit groß, dass sie sich sträuben, wenn wir im Umgang mit ihnen Bedürftigkeit zeigen. Das ist nur menschlich. Ich habe mal jemanden etwas sehr Kluges sagen hören: „Wer sich am meisten an ein bestimmtes Ergebnis klammert, hat am wenigsten Kraft, es zu erreichen."

Nehmen Sie das Bedürfnis Ihres Enkels, seine Aufgaben auf später zu verschieben oder nicht duschen zu gehen, liebevoll zur Kenntnis und versuchen Sie, dabei nicht so viel zu nörgeln: „Ich weiß, dass dieses Spiel viel mehr Spaß macht als duschen. Und es ist wahrscheinlich besonders doof, wenn ich gerade dann auftauche, wenn du das nächste Level erreicht hast." So simpel sich das anhört, aber es hilft, wenn Sie ihm seine Gefühle zugestehen.

Ich erkläre den Leuten manchmal, dass Beziehungen so etwas wie einen pH-Wert haben. Wenn in der Wissenschaft eine Lösung zu sauer ist, dann neutralisieren wir sie nicht, indem wir die Säure entfernen, sondern indem wir eine Base hinzufügen, um das pH-

Gleichgewicht wiederherzustellen. Genauso verhält es sich, wenn unsere Beziehungen zu anderen – Ehegatten, Kindern, Enkeln – zu *sauer* sind, dann bringen wir sie wieder ins Gleichgewicht, indem wir eine Base hinzufügen, in unserem Fall also Interaktionen, die die Bindung stärken.

Die Tatsache, dass Ihr Enkelsohn nicht von seinen Eltern großgezogen wird, deutet außerdem darauf hin, dass er vielleicht tiefer liegende Probleme hat – Zorn, Kummer, Traurigkeit –, die seinen chronischen Widerstand beeinflussen. Ein junger Mensch, der erhebliche Umbrüche erleben musste, kennt das Gefühl der Machtlosigkeit nur zu gut, darum wird er immer bestrebt sein, Kontrolle auszuüben, sobald die Situation es ihm erlaubt. Ich gehe davon aus, dass Ihr Enkel – und Sie selbst – Beratung und Unterstützung bekommen haben, um ihm dabei zu helfen, sich an die veränderten Lebensumstände anzupassen, auch wenn es viel besser für ihn sein mag, in Ihre und die liebevolle Fürsorge Ihres Mannes übergeben worden zu sein.

Sorgen Sie dafür, dass Ihr Enkel Hilfe dabei bekommt, die angestauten Gefühle der Enttäuschung und des Verlustes loszuwerden. Und arbeiten Sie daran, Ihre Bindung zu festigen und den „pH-Wert" Ihrer Beziehung zu neutralisieren, dann wird er sich auch weniger sträuben, wenn Sie ihn um etwas bitten. Was die Festigung der Bindung angeht, verweise ich auf Kapitel 9 dieses Buches.[6]

In *Die Kunst des Krieges* sagt Sunzi: „Die größte Leistung besteht darin, den Widerstand des Feindes ohne einen Kampf zu brechen."[7] Lassen Sie sich nicht auf Machtkämpfe und Streitigkeiten mit Ihrem Enkel ein. Konzentrieren Sie sich lieber darauf, eine Bindung zu ihm aufzubauen, die ihm hilft, ein Bewusstsein dafür zu entwickeln, dass Sie sich zwar wünschen, er wäre etwas unkomplizierter, ihn aber dennoch genauso lieben, wie er ist.

Ist es okay, dass ich meine Kinder manchmal nicht mag?

Frage: Ich schäme mich sehr, es zuzugeben, aber ich habe ein schmutziges kleines Geheimnis. Manchmal mag ich meine Kinder nicht. Ich *liebe* sie, aber es gibt Momente, da will ich einfach nur meine Ruhe haben. Ich musste gewissermaßen auch für meine Mutter Mutter spielen und ich habe es einfach satt, dass ich für meine zwei Kinder ständig „verfügbar" sein muss, auch wenn ich sie sehr liebe. Ich habe den Großteil meines Lebens regelmäßig meditiert, aber jetzt finde ich kaum noch zehn Minuten für mich allein. Manchmal, wenn ich in meinem Schlafzimmer sitze und zu meditieren versuche, klopfen meine Kinder an die Tür. Das ist wahrscheinlich nicht besonders „spirituell" – sie wollen nur bei mir sein und ich versuche, sie auszusperren!

Vorschlag: Solange wir der Wahrheit nicht direkt ins Gesicht blicken, können wir uns nicht auf eine Weise verändern, die uns letztlich dienlich sein wird. Was immer wir auch empfinden – Schuld, Scham, Erschöpfung, Ehrfurcht, Dankbarkeit, Freude – wir müssen es annehmen, wenn wir ganz und gar diese komplexe Person sein wollen, die wir nun einmal sind. Wenn Sie vor diesen Augenblicken, in denen Sie nicht gerade davon begeistert sind, eine Mutter zu sein, zurückschrecken, verdrängen Sie Ihren Ärger lediglich – und er wird in Gestalt von Ungeduld, Sarkasmus oder Rückzug wieder ans Tagelicht kommen.

Fühlen Sie, was Sie fühlen. Es ist absolut verständlich, dass Sie sich nach dem kinderlosen, sorgenfreien Leben zurücksehnen. Ich erinnere mich auch an Zeiten, in denen ich mich danach sehnte, einmal allein zu sein und eine Weile zu meditieren, nur um dann das klopf, klopf, klopf an der Tür zu hören, gefolgt von einem: „Maaaamaaaa! Ich *brauch* dich mal!" Und wie ich mich manchmal mit einem fesselnden Buch im Bad versteckt habe, in der Hoffnung, ich könnte mich genauso in der Geschichte verlieren wie damals, als ich noch keine Mutter war. Nur wenn wir uns erlauben, allem, was in uns vorgeht, mit voller Präsenz zu begegnen, können wir diese Gefühle anmutig durch uns hindurchgleiten lassen.

Wir sind auch nur Menschen. In die Erziehung unserer Kinder fließen immer auch die Prüfungen und Mühen unserer eigenen Kindheit ein, gepaart mit unserem einzigartigen Wesen und unserer

Natur. Einige Eltern finden nichts als Erfüllung in den Freuden und dem Zauber ihres Lebens mit Kindern, und sie schauen nie zurück auf das Leben, das sie vor ihnen hatten. Andere dagegen stolpern geradezu in die Anforderungen des Elterndaseins hinein. Sie geben zwar ihr Bestes, sich in die Rolle einzufinden, doch sie werden immer wieder von einer quälenden Unsicherheit heimgesucht, ob sie der Aufgabe wohl gewachsen sein werden.

Und in jedem von uns gibt es das kleine Kind, das einfach nur Liebe, Freundlichkeit und Unterstützung empfangen möchte. Wenn wir dieses Kind in die Fürsorge und Gegenwärtigkeit, die wir unseren Kindern entgegenbringen, einbeziehen, können wir eine tiefe Heilung unserer eigenen verletzten Anteile auslösen.

Mein Rat lautet: Haben Sie sehr viel Geduld mit sich und erlauben Sie allen Gefühlen, aufzutauchen und gesehen zu werden. Vielleicht ist es hilfreich für Sie, mit einem Therapeuten an einigen der alten Gefühle der Verbitterung zu arbeiten, die Sie niederdrücken. Und wenn das Familienleben gar zu chaotisch wird, *gönnen Sie sich eine Pause*! Es ist viel besser, einen Freund oder ein Familienmitglied um Unterstützung zu bitten, damit Sie ein bisschen Zeit für sich haben können, als dass Sie Ihrem Frust auf eine Weise Luft machen, die für Sie und Ihre Kinder verletzend ist. Manche Mütter gründen eine Art Hilfsnetzwerk, so dass jede alle paar Monate einmal 24 Stunden frei hat, um den Akku wieder aufzuladen und einfach zu tun, was sie will. Ein Tag, an dem wir nicht auf die Bedürfnisse anderer Rücksicht nehmen müssen, kann wie ein Jungbrunnen wirken.

KAPITEL 4

Wir ziehen keine Kinder groß, sondern Erwachsene

Wenn wir diese Welt echten Frieden lehren
und einen echten Krieg gegen den Krieg führen wollen,
dann müssen wir bei unseren Kindern anfangen.

Mahatma Gandhi

Ich sitze mit meinem Sohn in seinem Auto und wir diskutieren über ein Missverständnis. In wenigen Tagen wird er seinen Collegeabschluss machen. Mir ist aufgefallen, dass diese wichtigen Meilensteine auf seinem Lebensweg häufig irgendeinen Streit zwischen uns auslösen, der wahrscheinlich zu dem unbewussten Prozess gehört, ihn vorsichtig weiter aus dem Nest zu schieben.

Ich versuche, ihm zu erklären, warum das, was er gesagt hat, mich so in Rage bringt, und ihm fällt es schwer zu verstehen, warum gerade diese eine Sache ein Problem ist. Schließlich sage ich: „Du kannst nicht wissen, warum mich das so ärgert, denn du warst nie auf dem Planeten, auf dem ich großgeworden bin." Und er versteht. Sein Gesicht wird weich, seine Haltung entspannt sich und er sagt nur: „Wow."

In diesem Moment begreife ich, dass dies die entscheidende Zutat unseres Mitgefühls ist: zu erkennen, dass, auch wenn wir nicht verstehen, *warum* jemand so oder so reagiert, seine Geschichte und seine Wahrheit für ihn ebenso real sind wie unsere eigene für uns selbst.

Mit seinen 1,95 m kann mein Sohn Ari schon recht eindrucksvoll wirken, doch schon nach einer kurzen Begegnung wird deutlich, dass Ihr Herz in seiner Gegenwart in Sicherheit ist. Wenn ich darüber nachdenke, wie er wohl so geworden ist, bin ich sicher, dass ein Teil seines Wesens einfach so gegeben war. Ich glaube, dass Kinder mit einem bestimmten Temperament geboren werden, und Ari gehört zu den Sanftmütigen. Ich glaube aber auch, dass viele, wenn nicht gar die meisten Kinder, ebenso liebenswürdig und arglos auf diese Welt kommen und wir die Chance haben, ihnen dabei zu helfen, ihren Weg in die Welt mit einer Stärke zu gehen, die niemanden überwältigt, mit einem Mitgefühl, das beruhigend wirkt, und mit einer Sanftheit, die tröstlich ist.

> **Dies ist die entscheidende Zutat unseres Mitgefühls: zu erkennen, dass, auch wenn wir nicht verstehen, warum jemand so oder so reagiert, seine Geschichte und seine Wahrheit für ihn ebenso real sind wie unsere eigene für uns selbst.**

Ich habe mir große Mühe gegeben, meinem Sohn begreiflich zu machen, dass er in ein sehr privilegiertes Leben hineingeboren wurde, das der schlichten Tatsache geschuldet ist, dass wir uns nie darum sorgen mussten, ein Dach über dem Kopf oder Essen auf dem Tisch zu haben. Wir bereisten Teile der Welt, in denen er Menschen mit einem weniger privilegierten Hintergrund begegnen konnte, die ihr Glück nicht von Reichtum oder Besitz abhängig machten. Wir engagierten uns ehrenamtlich in unserer Gemeinde, so dass er mit Menschen in Kontakt kam, die ihm in die Augen sahen und ihn wissen ließen, dass ihnen der kleine Aufwand, den er betrieb, um ihr Leben ein wenig besser zu machen, viel bedeutete. Ich versuchte, für unsere Nachbarn und Freunde Dinge zu tun, die Menschen als Mitglieder desselben Stammes oder als Passagiere auf demselben Boot einfach tun sollten, denn ich war überzeugt, dass bloße Lippenbekenntnisse, ein guter Mensch zu sein, oder das Ausstellen eines Spendenschecks einfach nicht dasselbe sind, wie tatkräftig mit anzupacken.

Ich machte es uns zur täglichen Übung, die kleinen Freuden in unserem Leben wahrzunehmen. Den Geschmack von Lavendeleis. Einen herrlichen Witz. Abends im Gras zu liegen und die Sterne zu beobachten. Er fing an, mich auf Dinge hinzuweisen: „Schau mal, wie das Licht auf diesen Berggipfel da fällt, Mami. Das sieht so schön aus, nicht?“ „Ja, das ist wahr, Schatz. Danke, dass du mich darauf aufmerksam gemacht hast!“

Ich bemühte mich, auf eine Weise zu leben, die ihn verstehen ließ, dass Zeit zum Nachdenken, zum Meditieren und still aus dem Fenster zu schauen, für mich von elementarer Bedeutung war, um authentisch und aufrichtig mit mir selbst bleiben zu können.

Doch oje – wie oft gelang es mir auch nicht, die Person zu sein, die ich so gern sein wollte! An wie vielen Tagen war ich unruhig, ungeduldig oder in meiner eigenen kleinen Welt gefangen. Ich war ganz und gar kein Vorzeigemodell einer Mutter oder eines Menschen und verfiel viel öfter in den Anwalt- oder Diktator-Modus, als ich zugeben möchte. Aber ich glaube, dass ich *gut genug* war – ein Gedanke, der uns davon befreit, nach Perfektion zu streben, und uns erlaubt, einfach nur jeden Tag unser Bestes zu geben und damit unsere Kinder dazu anzuregen, es uns gleichzutun. Den vielen nächtlichen Gesprächen, die Ari und ich geführt haben, seit er allmählich erwachsen wurde, habe ich entnommen, dass meine Unvollkommenheit – gepaart mit Anerkennung und der Tatsache, dass er weiterhin sehen kann, wie ich durch meine Herausforderungen wachse – ihm dabei geholfen hat, sein eigenes Vermögen, Dinge hinzunehmen, zu vergeben und selbst unvollkommen zu sein, zu entwickeln.

Im Folgenden nun ein paar Gedanken dazu, wie wir unseren Kindern dabei helfen können, als bewusste, gegenwärtige, freudvolle Menschen ins Erwachsenenleben zu starten – natürlich ohne dabei zu vergessen, dass sie auf lange Sicht ihre eigenen Ressourcen aufbauen müssen, um auch durch die steinigen Gefilde ihres Lebens gehen zu können.

Stellen wir uns unsere Kinder als Erwachsene vor

Als ich an diesem Buch arbeitete, schrieb ich einmal in einem Innenhof, in dem vor den kleinen Läden lauter Stühle und Sofas standen. Ich entdeckte ein gemütliches Sofa, doch als ich mich darin niederließ, stellte ich fest, dass es voller Krümel war. Auf dem Tisch daneben standen lauter benutzte Kaffeebecher und zerknüllte Servietten lagen darauf herum. Was für eine Unordnung! Ich dachte über die Leute nach, die hier ihren Müll zurückgelassen hatten. Hatten ihnen ihre Eltern durch ihr eigenes Verhalten beigebracht, dass es in Ordnung ist, Chaos zu hinterlassen, damit sich andere darum kümmern konnten?

Um unsere Kinder zu bewussten, belastbaren und mitfühlenden Erwachsenen zu erziehen, bedarf es vieler Zutaten, darunter auch Aufrichtigkeit, Dankbarkeit, Verantwortung und vieles mehr. Aber es genügt nicht, diese Qualitäten allein mit Worten weiterzugeben. Unseren Kindern Vorträge darüber zu halten, wie wichtig es ist, dass sie ihren Müll wegräumen und freundlich zu anderen sind, ist reine Zeitverschwendung, wenn wir selbst unsere Becher und Servietten herumliegen lassen oder die Kellnerin beleidigen, wenn sie unsere Bestellung nicht richtig aufgeschrieben hat. Wenn wir unsere Kinder zu Menschen erziehen wollen, die wir mögen und bewundern, müssen wir zumindest *versuchen*, die Eigenschaften, die wir uns für sie wünschen, selbst zu verkörpern.

Wenn wir unsere Kinder zu Menschen erziehen wollen, die wir mögen und bewundern, müssen wir zumindest versuchen, die Eigenschaften, die wir uns für sie wünschen, selbst zu verkörpern.

Wie bereits an früherer Stelle erwähnt, beginne ich eine telefonische Sitzung mit einem Klienten für gewöhnlich mit der Frage: „Was muss geschehen sein, damit Sie sich am Ende dieses Gespräches besser fühlen? Welche Erkenntnis, Strategie oder welchen ungelösten Konflikt müssten wir bearbeitet haben? Stellen Sie sich vor, dass Sie nach unserem Gespräch erleichtert oder dankbar sind, und reden wir dann über Ihr Thema, indem wir stets das gewünschte Ergebnis im Auge behalten.“ Ich habe festgestellt, dass dies eine effektive Methode ist, uns während unserer Sitzung auf das zu konzentrieren, was am dringendsten gebraucht wird.

In diesem Sinne möchte ich Sie dazu einladen, eine Übung mit mir zu machen, die mehr Intentionalität und Bewusstheit in den täglichen Umgang mit Ihren Kindern bringen soll. Stellen Sie sich die Person vor, die Ihr Kind als vollwertiger Erwachsener, mit 25, 45 oder 65 Jahren, einmal sein soll. Stellen Sie sich vor, wie diese Person von einer Reihe liebevoller Freunde umgeben ist, wie sie ihren Beruf mit Leidenschaft ausübt, Freude an Kreativität findet und/oder ihre Rolle als Partner/in, Ehemann/-frau oder Elternteil genießt.

Machen Sie sich die Qualitäten bewusst, die Ihr Kind besitzt und die ihm dieses erfüllte, befriedigende Erwachsenenleben ermöglichen. Welche Eigenschaften möchten Sie in ihm wecken, damit es jeden Morgen voller Freude aufwacht und den neuen Tag begrüßt, ausgestattet mit der nötigen Widerstandskraft, um auch über die Enttäuschungen im Leben hinwegzukommen?

Wenn Sie Inspiration brauchen, rufen Sie sich eine Person ins Gedächtnis, die Sie sehr bewundern. Vielleicht ist es jemand, den Sie persönlich kennen, vielleicht aber auch eine berühmte Persönlichkeit, deren Leben von genau den Qualitäten geprägt ist, die für Sie am wertvollsten erscheinen. Diese Person kann noch leben oder schon verstorben sein, es kann sich sogar um eine fiktive Figur handeln.

Erstellen Sie eine Liste der Eigenschaften, die diese Person verkörpert. Vielleicht mögen Sie an ihr ja besonders, dass sie jedem, den sie trifft, mit Respekt und Aufmerksamkeit begegnet, gleichgültig, wie er aussieht oder welche Stellung er innehat. Oder Sie fühlen sich von ihrer Hartnäckigkeit und ihrem Willen, Hindernisse zu überwinden, inspiriert. Vielleicht mögen Sie auch ihre spezielle Energie – allem, was sie tut, haftet eine gewisse Lebensfreude und Leichtigkeit an. Oder vielleicht sind Sie nach einer Begegnung mit dieser Person immer ein wenig zufriedener mit sich selbst oder mit dem Leben im Allgemeinen. Nutzen Sie diese Ideen für Ihre Liste der Eigenschaften, die Sie in Ihrem Kind nähren möchten und die ihm helfen werden, auch noch lange, nachdem es flügge geworden ist, ein wunderbares Leben zu führen.

Die entscheidenden Zutaten, um ein liebevolles, selbstsicheres Kind großzuziehen

Wie sich ein Kind am Ende entwickelt, ist eine Gleichung mit unzähligen Variablen – Temperament, Gene, Erziehung, physische, emotionale und psychische Gesundheit, Bildungschancen, Geschwisterbeziehungen, das Netzwerk unterstützender Menschen in seiner Umgebung. Mit anderen Worten: Es gibt keine Formel dafür, wie man ein Kind zu einem bewussten, selbstsicheren, liebevollen Erwachsenen erzieht. Viele Faktoren liegen jenseits unserer Kontrolle. Dennoch gibt es ein paar Dinge, die wir *sehr wohl* tun können, damit unsere Kinder zu erfüllten und freudvollen Erwachsenen werden.

Vergessen wir nicht, dass es selbst bei spirituell höchstentwickelten Menschen schon vorgekommen ist, dass sie erhebliche Probleme mit der Kindererziehung hatten, während sie ihre Anhänger gleichzeitig dazu anhielten, bewusster und mitfühlender zu sein. Wir besitzen kein Zertifikat oder Zeugnis, das sicherstellt, dass wir uns jeden Tag nur von unserer erleuchtetsten Seite zeigen oder Kinder bekommen, die keine Probleme haben. Diese Dinge entscheiden sich jeden Tag, jede Stunde, jede Minute neu.

Wir alle tragen den Einfluss unserer eigenen Erziehung und der oftmals ungesunden Strategien, die wir zum Schutz unseres empfindsamen Herzens entwickelt haben, in uns. Jeder von uns hat mindestens einen blinden Fleck, gleichgültig, wie viel Persönlichkeitsarbeit wir bereits geleistet haben. Aber es ist nie zu spät, zu wachsen und sich zu verändern. Und meiner Erfahrung nach treibt nichts unsere persönliche Entwicklung so voran wie das Großziehen von Kindern.

Wenn wir darüber nachdenken, welche Eigenschaften wir unseren Kindern anerziehen wollen, dann kommen wir vermutlich zu dem Schluss, dass wir sie uns selbstsicher und respektvoll, einfallsreich und freundlich, widerstandsfähig und verantwortungsbewusst wünschen. Die Liste ist lang, und einige dieser Qualitäten werden wir uns auf den folgenden Seiten näher ansehen. Doch wenn man Eltern danach fragt, was sie sich für ihre Kinder am sehnlichsten wünschen, antworten die meisten: „Ich will nur, dass sie glücklich sind." Und hier wird die Sache interessant. Während es viele Qualitäten gibt, die wir bei unseren Kindern fördern können und sollten, so gibt es doch eine, ohne die alle anderen an Bedeutung verlieren: *Wir müssen unseren Kindern beibringen, dass sie es von Natur aus wert sind, Liebe und Glück zu erfahren, damit sie all das Gute, das ihnen begegnet, auch annehmen können.*

Wir leben in einer Zeit nie dagewesener Unterhaltungsmöglichkeiten: Filme, Musik, Videospiele, Einkaufszentren und natürlich Ablenkungen wie Facebook und andere Onlinewelten. Den Möglichkeiten, Spaß zu haben, sind so gut wie keine Grenzen mehr gesetzt.

Wir müssen unseren Kindern beibringen, dass sie es von Natur aus wert sind, Liebe und Glück zu erfahren, damit sie all das Gute, das ihnen begegnet, auch annehmen können.

Und doch sterben in den USA viel mehr Teenager und junge Erwachsene durch Suizid als durch Krebs, Herzerkrankungen, AIDS, Geburtsfehler, Schlaganfälle, Lungenentzündung, Influenza und chronische Lungenerkrankungen *zusammen.*[8] Jeden Tag versuchen sich mehr als 5.400 junge Menschen zwischen der siebten und zwölften Klasse das Leben zu nehmen. Und auch die Selbstmordrate unter den Amerikanern mittleren Alters ist rapide angestiegen; laut den Centres for Disease Control [Zentren für Seuchenbekämpfung, Anm. d. Übers.] ist die Zahl der Suizide bei Amerikanern zwischen fünfunddreißig und vierundsechzig zwischen 1999 und 2010 um fast 30 % gestiegen. In Deutschland sind die Zahlen nicht ganz so dramatisch, aber immer noch schlimm genug: Hier sterben mehr Menschen durch Suizid als durch Verkehrsunfälle, Mord und

Totschlag, Drogenmissbrauch und AIDS zusammengenommen. Im Jahr 2014 verloren insgesamt 10209 Menschen durch Selbsttötung ihr Leben, darunter 222 zwischen 10 und 20 Jahren.[9] In der Altersgruppe der Kinder und Jugendlichen bis 25 Jahre ist Suizid sogar die zweithäufigste Todesursache.[10] Und laut aktueller Daten des Statistischen Bundesamtes steigt auch die Selbstmordrate unter den Deutschen mittleren Alters seit einigen Jahren wieder an.[11]

Hier stimmt doch etwas nicht. Wenn wir heute mehr denn je Zugang zu Vergnügungen haben, warum geht es dann nicht einem größeren Teil von uns gut? Ganz einfach: Solange ein Mensch sich nicht *innerlich* Raum schafft, um jeden Tag Liebe und Freude zu erfahren, wird er wie mit Teflon beschichtet durchs Leben gehen, undurchdringlich für all die Geschenke, die entlang des Weges auf ihn warten. Es ist in etwa so, als würde man einen Helikopter besitzen, für den es keinen Landeplatz gibt. Wir müssen unseren Kindern dabei helfen, zu *spüren*, dass sie es wert sind, geliebt zu werden und glücklich zu sein, damit sie, wenn sie erwachsen werden, in der Lage sind, Liebe und Glück in all ihren Formen zu empfangen. Das Wichtigste, was wir unseren Kindern für eine glückliche Zukunft mitgeben können, ist, sie daran zu gewöhnen, wie es ist, geliebt zu werden und die Süße des Lebens zu genießen.

Das ist keine geringe Aufgabe. Es ist eine lebenslange Reise, immer wieder Raum in uns frei zu machen, um all die guten Dinge im Leben empfangen zu können. John Welwood schreibt in seinem wundervollen Buch *Vollkommene Liebe – und wie sie vielleicht sogar in einer Beziehung gefunden werden kann* von der Kernwunde, die jede und jeder von uns im Herzen trägt – der tiefe Zweifel daran, liebenswert zu sein so wie wir sind und an unserem Anrecht darauf, gesehen und wertgeschätzt zu werden. „Die Tatsache, dass wir nicht durch und durch wissen, dass wir wirklich geliebt werden oder liebenswert sind, untergräbt unsere Fähigkeit, Liebe frei zu geben und zu nehmen. Das ist die Kernwunde, welche zwischenmenschliche Konflikte und eine ganze Reihe bekannter Beziehungsprobleme verursacht. Nicht vertrauen zu können, die Furcht zu haben, missbraucht oder abgelehnt zu werden, Eifersucht und Rachsucht zu hegen, defensiv zu mauern, streiten zu müssen, um zu beweisen, dass man Recht hat, sich leicht verletzt oder beleidigt zu fühlen und anderen die Schuld an unserem Schmerz zuzuweisen – das sind nur einige der Weisen, auf die sich unsere Unsicherheit, ob wir geliebt werden oder liebenswert sind, zeigt."[12]

Wir stehen also vor der großen Herausforderung und der Gelegenheit, in unseren Kindern die lebendige, atmende Erkenntnis zu fördern, dass sie es wert sind – so wie sie sind –, geliebt zu werden.

Wir stehen also vor der großen Herausforderung und der Gelegenheit, in unseren Kindern die lebendige, atmende Erkenntnis zu fördern, dass sie es wert sind – so wie sie sind –, geliebt zu werden.

Keine Mutter und kein Vater kann pausenlos auf ihr oder sein Kind eingestellt sein. Wir können nicht immer wissen, was es braucht, oder die Energie aufbringen, zufriedenstellend darauf einzugehen. Wir werden auch mal müde und ungeduldig. Wir sind manchmal abgelenkt, gestresst oder verstimmt. Vielleicht haben wir auch ein besonders schwieriges Kind, das uns mit seinen unzumutbaren Forderungen an unsere Grenzen bringt. Wir sind schließlich auch nur Menschen, haben mit unseren eigenen Problemen zu tun und sind dazu verurteilt, den Bedürfnissen unserer Kinder nicht immer gerecht werden zu können.

Offen gestanden wäre es für unsere Kinder nicht einmal gut, wenn wir jederzeit perfekt auf sie eingestellt wären. Man stelle sich nur einmal vor, welche Erwartungen sie an spätere Freundschaften oder Ehepartner hätten, wenn sie es gewohnt wären, dass jeder Wunsch, jedes Bedürfnis von anderen erfüllt würde. Donald Winnicott, ein britischer Psychoanalytiker, betonte, wie wichtig es sei, einfach nur eine Mutter zu sein, die „gut genug" ist, denn er hatte festgestellt, dass Babys und Kinder sogar davon profitierten, wenn ihre Betreuer ihre Bedürfnisse ab und zu nicht stillten, denn dadurch konnten sie Widerstandskraft entwickeln.

Schon im Säuglingsalter versuchen Kinder, die Welt zu verstehen, so dass sie sich in ihr sicher fühlen können. Für sie sind ihre

Betreuer unfehlbar und sie vertrauen auf deren Fähigkeit, für sie zu sorgen und sie zu beschützen. Wenn ein kleines Kind von einer Mutter erzogen wird, die nur selten liebevoll und angemessen auf seine physischen und emotionalen Bedürfnisse eingeht, dann denkt es sich nicht: „Ach, Mama ist wahrscheinlich von ihrem langen Arbeitstag gestresst. Ich weiß, dass sie mich liebhat, sie ist einfach nur müde oder distanziert, weil sie noch ungelöste emotionale Probleme hat."

Vielmehr wird das Kind aus diesem Verhalten schließen, dass Mama nicht auf seine Bedürfnisse eingeht, weil es das entweder nicht wert ist oder weil etwas ganz grundlegend falsch an ihm ist. Und so wird ein Muster erschaffen: Da ist die Sehnsucht danach, von einem einfühlsamen Elternteil „gesehen" zu werden, und aus der Enttäuschung darüber, dass dies nicht geschieht, wächst die Überzeugung, dass das Kind es nicht *verdient* hat, dass seine Bedürfnisse gestillt werden. Wächst ein Kind auf diese Weise heran, dann schützt es sich, es vertraut nur schwer, ist von seinem Herzen abgetrennt, und damit weniger empfänglich für das Gute im Leben.

Wie das Kind, das seine Nase ans Schaufenster des Süßwarenladens drückt, wird ein solcher Mensch sich nach all den Köstlichkeiten da drinnen verzehren und in seinem tiefsten Inneren davon überzeugt sein, dass nur die anderen in deren Genuss kommen dürfen, nicht aber er selbst. Vielleicht gibt er seiner Frau, seinem Chef oder den ungerechten Umständen, in denen er lebt, die Schuld dafür, dass sie ihm nicht das geben, wonach er sich sehnt. Dabei wäre er selbst dann, wenn alle seine Träume wahr würden, gar nicht imstande, sich daran zu erfreuen.

Unsere Kinder haben es verdient, zu wissen, dass sie auch dann, wenn wir ihre Bedürfnisse einmal nicht befriedigen oder ihnen einmal nicht die Bestätigung geben können, nach der sie sich sehnen, immer noch absolut liebenswert und einmalig wunderbar sind, und zwar genau so, wie sie sind. Das weckt in ihnen das Bewusstsein, dass sie es *tatsächlich* wert sind, geliebt zu werden und glücklich zu sein, und befähigt sie, all die wunderbaren Dinge, die das Leben für sie bereithält, zu empfangen, anstatt sie darauf zu konditionieren, alles Gute von sich zu weisen.

Was also können wir tun? Es ist gar nicht so kompliziert. Wenn wir gerade nicht so für unser Kind da sein können, wie es sich das wünscht, können wir den Schaden minimieren, indem wir seine Enttäuschung einfach würdigen. „Du hast so gehofft, dass ich Zeit für dich hätte, und nun habe ich schon wieder mit dem Baby zu tun." „Es tut mir leid, dass ich schlechte Laune hatte. Ich hatte heute einen schweren Tag auf der Arbeit und bin wahrscheinlich einfach nur müde. Es war nicht deine Schuld." „Es ist schwer, ins Bett zu müssen, wenn wir gerade so viel Spaß zusammen hatten." Das hilft zu vermeiden, dass aus der Enttäuschung die irrige Annahme wird, das Kind sei unserer Aufmerksamkeit nicht würdig, weil es von Natur aus fehlerhaft sei.

Unsere Kinder haben es verdient zu wissen, dass sie auch dann, wenn wir ihre Bedürfnisse einmal nicht befriedigen oder ihnen einmal nicht die Bestätigung geben können, nach der sie sich sehnen, immer noch absolut liebenswert und einmalig wunderbar sind, und zwar genau so wie sie sind.

Wenn wir im Umgang mit unseren Kindern als Elternteil, der *gut genug ist, gegenwärtig* bleiben, dann lernen sie, dass sie Liebe, Güte und die unendlichen Geschenke des Lebens verdienen. Es geht weder darum, dass wir unseren Kindern sagen, wie fantastisch sie sind, noch darum, dass wir zu einem Ausbund elterlicher Tugend werden – wie eine roboterhafte Stepford-Mutter[13], die nie die Beherrschung verliert oder sich wünscht, dem Chaos und Wahnsinn eines Lebens mit Kindern zu entfliehen. Vielmehr geht es darum, dass unsere Kinder durch die Qualität unseres Umgangs mit ihnen lernen, wie kostbar sie sind. Nur so können sie das entwickeln, was Thupten Jinpa, der langjährige Englisch-Übersetzer Seiner Heiligkeit des Dalai Lama, als „sich selbst mögen oder unbeschwerten Frieden mit sich selbst" bezeichnet.[14]

In den folgenden Kapiteln finden Sie Vorschläge dazu, wie wir, im absoluten Sinne des Wortes, den Lebenserfolg unserer Kinder fördern können.

Jetzt sind Sie dran

Denken Sie an die Eigenschaften, die Sie bei Ihren Kindern fördern möchten (Respekt, Aufrichtigkeit, Verantwortungsgefühl und so weiter).

Was glauben Sie: Welche dieser Eigenschaften verkörpern Sie selbst? Oder anders gesagt: Welche dieser Eigenschaften sagen etwas darüber aus, wie Sie Ihr Leben führen?

Welche dieser Eigenschaften würden Sie gern selbst entwickeln, während Sie sie bei Ihren Kindern fördern? Oder anders gesagt: Welche Qualitäten hätten Sie gern in Ihrem Leben, auch wenn sie Ihnen nicht von Natur aus gegeben sind?

KAPITEL 5

Selbstliebe und Bewusstheit vorleben

Sei freundlich, wann immer es möglich ist.
Es ist immer möglich.

Tenzin Gyatso, der vierzehnte Dalai Lama

Wenn ich Eltern danach frage, welchen Charakterzug sie bei ihren Kindern am meisten fördern wollen, dann lautet eine der Antworten, die ich am häufigsten höre: *Respekt.* Wir wissen, dass es von entscheidender Bedeutung ist, andere mit Respekt zu behandeln, wenn wir im Leben zurechtkommen wollen. Aber manchmal vergessen wir, dass wir, wenn wir einen anderen Menschen wirklich respektieren wollen, zunächst uns selbst respektieren müssen. Es mag vielleicht offensichtlich sein und sogar ein wenig klischeehaft klingen, doch ich glaube, dass es gar nicht so leicht ist, echte Selbstachtung (im Gegensatz zu einer vom Ego getriebenen, bockigen „Ich verlange, dass man mir zuhört!"-Einstellung) zu entwickeln. Es fängt damit an, dass wir uns mit uns selbst wohlfühlen, und beinhaltet außerdem, dass wir liebevoll für uns sorgen, unseren Instinkten trauen und das tun, was unserem Leben Sinn gibt. Nur dann sind wir fähig, andere ehrlich zu respektieren und dies durch unsere Art der Kommunikation, unser Einfühlungsvermögen, die Art, wie wir mit Meinungsverschiedenheiten umgehen und uns an Abmachungen halten, zu demonstrieren.

Leben in der dreidimensionalen Welt

Timothy Wilson von der University of Virginia führte 2014 eine Reihe von Experimenten durch, in denen er Studenten dazu einlud, ganz allein nur mit ihren eigenen Gedanken und ohne Ablenkung in einem Raum zu sitzen. Man bat sie, für sechs bis fünfzehn Minuten dort zu sitzen, ohne einzuschlafen. In einem dieser Experimente verpasste man den Teilnehmern vor Betreten des Raumes, in dem sie still sitzen sollten, einen sanften Schock – einen leichten elektrostatischen Stoß. Nach dem Schock fanden fast alle, dass er so unangenehm gewesen sei, dass sie gern fünf Dollar bezahlt hätten, um einen weiteren Schock zu vermeiden.

Dennoch baten in einer dieser Studien nach einmaligem Erleben des Schocks und der anschließenden sechs bis fünfzehn Minuten Alleinsein in dem Raum 67 % der Männer und 25 % der Frauen darum, einen weiteren Schock zu erhalten, wenn ihnen das erlauben würde, die „Denkperiode" vorzeitig abzubrechen. Sie zogen also einen Elektroschock der Aussicht, sechs bis fünfzehn Minuten mit sich allein zu sein, vor. Meine Güte!

Vor ein paar Jahren fuhr ich die Dreijährige einer Freundin in deren Familien-Limousine nach Hause. Als ich den Motor anließ, begann auch das Video, das sie zuvor angesehen hatte, wieder zu laufen. Ich war erstaunt, sagte aber nichts. Zu meiner Zeit (was mich viel älter klingen lässt, als ich bin) wäre mir der Gedanke, dass mein Sohn *während der Fahrt* einen Film schaute, absurd vorgekommen. Warum sollte man auf einen Bildschirm schauen, wenn es beim Blick aus dem Fenster doch so viel zu sehen gibt? Doch als die Sendung dieses kleinen Mädchens vorbei war, fing es sofort an zu weinen. „Mach noch eins an! Ich will noch eins gucken!" Ich machte den Vorschlag, sie solle doch mal aus dem Fenster schauen und die Autos und Leute beobachten. Sie wollte nichts davon wissen. Armes Ding – schon mit drei Jahren war sie darauf konditioniert, eine Autofahrt nur mit irgendeiner Form von elektronischer Stimulation ertragen zu können.

Die meisten Eltern geben zu, dass, wenn es nach ihren Kindern ginge, diese ihre Geräte nie ausschalten würden. Seit es Smartphones, Computer, Tablets und Phablets gibt, sind Eltern völlig verunsichert, wie viel Zeit ihre Kinder mit diesen Geräten verbringen sollten, um den Anschluss an die moderne Welt nicht zu verlieren, aber ohne dass es zur Übersättigung kommt. (Offen gesagt, denken diese Eltern nun auch darüber nach, wie viel Zeit *sie selbst* mit ihren Geräten verbringen sollten!)

Kinder müssen spielen. Sie brauchen klebrige Fingerfarben an den Händen und nicht das sterile Gefühl, mit dem Finger über ein Touchpad zu gleiten, auf dem dann wie von Zauberhand bunte Farben erscheinen. Sie müssen im Dreck wühlen und sich schmutzig machen. Sie müssen im Wasser planschen und nass werden. Sie müssen Musik machen und auf Bäume klettern. Sie müssen ziellos von einem Zimmer zum anderen schlendern, ohne mit irgendeiner geplanten Aktivität beschäftigt zu sein.

Kinder müssen spielen. Sie brauchen klebrige Fingerfarben an den Händen und nicht das sterile Gefühl, mit dem Finger über ein Touchpad zu gleiten, auf dem dann wie von Zauberhand bunte Farben erscheinen. Sie müssen im Dreck wühlen und sich schmutzig machen. Sie müssen im Wasser planschen und nass werden.

Die Waldschulen in Skandinavien wurden unter der Prämisse gebaut, dass Kinder am besten lernen, wenn sie Dinge selber machen und im Freien sind. Kindergartenkinder verbringen zweieinhalb Stunden im Freien. Und wie ich hörte, bleiben die Kinder der Waldschulen in der Polarkreisregion auch bei Kälte im Freien und spielen und lernen, sofern die Temperatur nicht unter - 6 Grad sinkt. Sie tragen dann eben eine Stirnlampe in der Polarnacht!

Ein Kind, das jedes Mal, wenn es sich beschwert, es gebe „nichts zu tun", vor einen elektronischen Babysitter gesetzt wird, wächst zu einem Erwachsenen heran, der es kaum aushält, fünfzehn Minuten mit seinen Gedanken allein zu sein. In *Das achtsame Gehirn* sagt Dr. Daniel Siegel:

> Das geschäftige Leben, das Menschen in einer technologiegesteuerten, die Aufmerksamkeit aufzehrenden Kultur führen, produziert häufig eine nahezu irrsinnige Aktivität, bei der Menschen mehrere Aufgaben gleichzeitig zu erledigen versuchen und ständig dabei sind, etwas zu *tun,* ohne Raum zu haben, um durchzuatmen und einfach zu *sein*. Die Anpassung an eine solche Lebensweise führt dazu, dass sich Jugendliche in vielen Fällen an ein hohes Maß reizgebundener Aufmerksamkeit gewöhnen und von einer Aktivität zur nächsten hecheln. Auf der anderen Seite haben sie nur wenig Zeit für Selbstreflektion oder für die direkte zwischenmenschliche Beziehung von Angesicht zu Angesicht, die das Gehirn braucht, um sich angemessen zu entwickeln. In unserem hektischen Leben gibt es heutzutage nur wenige Möglichkeiten, um sich aufeinander einzustimmen.[15]

Damit will ich nicht sagen, dass man Kindern verbieten sollte, fernzusehen oder an den Computer zu gehen. Ich bin keineswegs dafür, eine Generation kleiner Technikfeinde heranzuziehen. Das digitale Zeitalter hat uns schließlich auch eine Menge Vorteile gebracht. Doch angesichts unbegrenzter Möglichkeiten der Stimulation durch elektronische Geräte und der damit verbundenen potentiellen Begegnungen mit völlig unangemessenen Dingen finde ich es enorm wichtig, dass wir so früh wie möglich mit unseren Kindern über die Nutzung solcher Geräte sprechen, damit sie auch dann, wenn sie in die Unabhängigkeit der Adoleszenz hineinwachsen und unser Einfluss als Eltern immer geringer wird, noch vernünftige Entscheidungen treffen können. Genau wie wir müssen sie selbst entscheiden, wie sie ein Gleichgewicht zwischen ihrem elektronischen und nicht-elektronischen Leben finden. Im weiteren Verlauf des Buches werde ich noch einige weitere Ratschläge geben, wie wir diesen schwierigen Balanceakt meistern können.

Einfach abschalten

Eines Tages stritten sich eine Mutter und ihr zwölfjähriger Sohn in meinem Büro darüber, wie viel Zeit der Junge mit seinen diversen Geräten verbringen dürfe. Elena beschwerte sich darüber, dass ihr Sohn das iPad erst dann aus der Hand lege, wenn sie ihm damit drohe, es ihm wegzunehmen. „Er erfüllt seine Aufgaben nicht, schiebt seine Hausaufgaben vor sich her und kommt nicht mal im Traum auf die Idee, zum Spielen rauszugehen." Sie sagte, am schlimmsten sei es, wenn sie das Abendessen vorbereite; Christopher saß dann für gewöhnlich mit einem seiner Geräte herum, während sie in der Küche beschäftigt war und deshalb nicht so sehr auf das Einhalten der Grenzen bestehen konnte. Chris seinerseits fand, dass seine Mutter viel zu streng war. „Sie ist so viel fieser als die Eltern meiner Freunde. Die dürfen stundenlang mit ihrem iPad spielen!" Ich ließ ihn seinem Ärger Luft machen, damit er für meinen Einwand empfänglich wäre. „Bei uns zu Hause kann man einfach nichts tun, was Spaß macht! Und ich mache ja meine Hausaufgaben. Ich verstehe nicht, warum sie mich nicht spielen lässt. Ich störe doch niemanden!"

Anstatt Chris dazu zu zwingen, sich für die Vorzüge altmodischer Spiele zu begeistern, oder ihn davon zu überzeugen, dass die Kinder vor noch nicht allzu langer Zeit auch ohne iPads oder Computer eine schöne Kindheit gehabt hatten, lud ich die beiden dazu ein, mit mir eine Visualisierung zu machen. „Schließt die Augen und stellt euch vor, wir drei säßen genau da, wo wir jetzt sitzen, nur zehntausend Jahre früher. Es gibt keine Häuser, keine Möbel, keine Autos und auch keine Elektrizität. Chris, stell dir vor, wie deine Mutter mit den anderen Frauen des Stammes am Feuer sitzt und das Abendessen vorbereitet – vielleicht zerstoßen sie ein paar Körner oder sie schneiden Kräuter, die ihr vorher gemeinsam gesammelt habt. Und nun, Christopher, stelle dir dich selbst in dieser Umgebung vor, als einen jungen Mann des Stammes. Was tust du gerade? Sieh dich an diesem Ort und stelle dir vor, was du tust, während du auf das Abendessen wartest." Ich ließ ihm einige

Minuten Zeit, dann bat ich beide, ihre Augen wieder zu öffnen.

„Na Chris, was hast du damals so gemacht, als es noch keine elektronischen Geräte gab?" Er erzählte, er habe sich vorgestellt, wie er mit den anderen Jungs draußen herumgerannt sei, Dinge gebaut habe und auf Bäume geklettert sei. Elena meldete sich zu Wort und erzählte, sie habe sich vorgestellt, wie er den Männern – die nicht so viel älter waren als er selbst – dabei half, die Waffen für die nächste Jagd vorzubereiten oder eine Hütte zu bauen.

Er lächelte, als wir uns über das Leben damals unterhielten. „Ich wünschte, ich könnte heute auch so leben! Das war cool!" Das erinnerte daran, wie schwierig es für die Kinder unserer Zeit tatsächlich *ist*, wo sich heutzutage doch nur noch selten die Gelegenheit bietet, die freie Natur zu erkunden oder sich in der Wildnis aufzuhalten.

Ich teilte Elena meine Gedanken mit und ermutigte sie, die Situation ihres Sohnes einmal aus seinem Blickwinkel zu betrachten. „Das Leben heute ist anders. Es ist schwer, der Versuchung zu widerstehen, einfach ein Gerät einzuschalten, wenn man nicht in die freie Natur kann." Seine Mutter nickte und ihr wurden die vielen Einschränkungen ihres täglichen Lebens bewusst – wie zum Beispiel an einer belebten Straße mitten in der Stadt zu wohnen, wo es für Kinder einfach zu unsicher war, weiter wegzulaufen. „Chris, wärst du bereit, eine Liste mit mindestens zehn Dingen zu erstellen, die Spaß machen und keinen Strom brauchen?" Er war selbst überrascht, wie schnell ihm etwas dazu einfiel – und seine Mutter brachte auch eifrig Ideen mit ein. Elena willigte ein, ihm zu helfen, einige der Dinge auf seiner Liste, wie Seifenschnitzen oder im Garten eine kleine Festung zu bauen, umzusetzen. Am Ende der Sitzung fühlten sich Chris und seine Mutter eher wie Verbündete als wie Gegner. Diese Übung konnte Christophers Liebe zu seinem iPad und den Videospielen zwar nicht aufheben, aber sie half ihm, sich mit anderen Dingen zu beschäftigen, wenn seine Mutter ihn bat, die Geräte auszuschalten. Das Thema wird vermutlich weiterhin schwierig bleiben, denn, wie Christopher schon sagte, die Eltern seiner Freunde sind weniger streng und er möchte Teil ihrer Onlinekultur bleiben. Doch sobald Elena ihren Standpunkt in aller Klarheit vertrat und sich gleichzeitig die Zeit nahm, ihrem Sohn ein paar interessante Alternativen anzubieten, ließen die Diskussionen nach.

Steve Jobs Kinder und das iPad

Viele Eltern, die ihren Kindern unbegrenzte Zeit mit digitalen Geräten einräumen, rechtfertigen ihre Entscheidung damit, dass sie denken, wenn sie es nicht täten, seien ihre Kinder in unserer von technischem Fortschritt geprägten Welt nicht mehr wettbewerbsfähig. Nick Bilton beginnt seinen Artikel „Steve Jobs Was a Low-Tech Parent“[16] (etwa *Steve Jobs war ein Low-Tech-Vater*, Anm. d. Übers.) mit einer Frage, die er an Steve Jobs richtete, als die ersten Tablets auf den Markt kamen. „Ihre Kinder müssen das iPad ja lieben, oder?“ Und was antwortete Jobs? „Sie haben es noch nie benutzt … Wir setzen unseren Kindern bei uns zu Hause klare Grenzen, was die Nutzung von Technik betrifft.“ Bilton sprach auch mit Walter Isaacson, dem Autor von *Steve Jobs*[17], der viel Zeit mit der Familie verbracht hatte, und der sagte: „Steve war es wichtig, dass sich die Familie jeden Abend zum Essen an dem großen, langen Tisch in der Küche einfand, und dann wurde über Bücher, Geschichte und viele andere Dinge gesprochen. Keiner hat dabei je ein iPad oder einen Laptop rausgeholt.“

Chris Anderson, der frühere Chefredakteur von Wired und Vorstandsvorsitzender von 3D Robotics hat in seinem Haus alle technischen Geräte einer Zeitbegrenzung und der elterlichen Kontrolle unterworfen. „Meine Kinder beschimpfen mich und meine Frau als Faschisten und Technikfeinde und sagen, dass bei keinem ihrer Freunde ähnliche Regeln gelten“, berichtet er von seinen fünf Kindern, die zwischen sechs und siebzehn Jahre alt sind. „Das liegt daran, dass wir die Gefahren der Technologie aus eigener Erfahrung kennen. Ich war ja selbst so ein Fall. Ich will nicht, dass meinen Kinder dasselbe passiert.“ Regel Nummer eins? „Keine Bildschirme in den Schlafzimmern. Punkt. Aus.“

Wenn wir klare Regeln schaffen, passen sich unsere Kinder an. Sie werden sich zwar auflehnen und darum kämpfen, mehr von dem, was sie wollen, zu bekommen, doch sobald der Stecker einmal gezogen ist, werden sie etwas anderes finden, das ihnen Spaß macht, so wie es Kinder seit Menschengedenken tun.

Als ich vor einigen Jahren in Westafrika war, war ich sehr gespannt darauf, wie die Leute dort die sozialen Medien nutzten. Ich fragte einige junge Leute zwischen sechzehn und vierundzwanzig Jahren, ob sie jemals in Erwägung gezogen hätten, an ihrem Computer zu sitzen und beispielsweise auf Facebook unterwegs zu sein, während ihr Freund zu Besuch und mit ihnen im selben Zimmer sei. Jeder einzelne von ihnen lachte über diesen Gedanken. „Das ist ja witzig! Warum sollte ich am Computer mit meinem Freund oder meiner Freundin reden, wenn er oder sie doch hier bei mir ist?“ Doch bei uns ist es gang und gäbe, dass Kinder so mit ihren Freunden abhängen – sie texten, chatten, machen Selfies oder zeigen einander Posts und Videos auf den Bildschirmen, vor denen sie hocken, anstatt sich einfach an der Gesellschaft des anderen zu erfreuen.

Der Komiker Louis C.K. hat unsere wachsende Besessenheit von unseren Geräten einmal herrlich auf die Schippe genommen, indem er sich darüber ausgelassen hat, dass Eltern dem musikalischen Vortrag ihrer Kinder gar nicht mehr zuhören würden, sondern sich stattdessen feierlich das Handy vors Gesicht hielten, um die Aufführung aufzunehmen und dann auf Facebook oder YouTube zu posten, wo sie sich, wenn wir ehrlich sind, niemand sonst ansieht.

Wenn wir daran scheitern, unseren Kindern Grenzen zu setzen, weil wir uns vor ihren Wutausbrüchen fürchten oder uns schuldig fühlen, weil wir so sehr mit unseren eigenen Verpflichtungen beschäftigt waren, katapultieren wir unsere Kinder direkt in das schwarze Loch der digitalen Welt. Kinder müssen aber in der wirklichen Welt leben und es ist unsere Aufgabe, dafür zu sorgen, dass sie das tun.

Es gibt keine allgemeingültigen Regeln für den richtigen Gebrauch digitaler Medien. Manchmal gibt es Tage, da fühlen Sie sich nicht gut und Ihre Kinder schauen eine Folge *SpongeBob* nach der anderen. Oder Sie lassen sie auf Ihrem iPad ein paar „Lernspiele" spielen, während Sie selbst ein ausgiebiges Bad nehmen. Problematisch wird es erst dann, wenn wir unseren Instinkten nicht mehr trauen und unsere Erziehung von Angst oder Schuld geprägt ist.

Mit gutem Beispiel vorangehen

Wir dürfen natürlich eine Sache nicht außer Acht lassen, wenn wir darüber reden, Kinder großzuziehen, die sich mit sich selbst wohlfühlen. *Wir müssen ihnen zeigen, wie das geht.* Die meisten von uns rasen in einem Wahnsinnstempo durch den Tag, haben kaum Zeit, sich zum Essen hinzusetzen, geschweige denn um einfach nur aus dem Fenster zu schauen oder vor sich hin zu träumen. All das Piepsen, Summen, Klingeln, Pfeifen – wir haben schon Pawlow'sche Reflexe auf all die Töne, die unsere Geräte von sich geben, entwickelt und lassen oft alles stehen und liegen (manchmal auch unsere Kinder, denen wir gerade ein paar Minuten unserer ungeteilten Aufmerksamkeit schenken wollten), sobald einer dieser Töne erklingt.

Wie können wir von unseren Kindern verlangen, sich mehr in der wirklichen Welt aufzuhalten oder einfach mal die Wolken zu beobachten, wenn wir es selbst nicht können?

In ihrem Buch *Enjoy Your Life* empfiehlt Martha Beck, dass wir uns in unserer äußeren Dynamik jeden Tag wenigstens eine fünfzehnminütige Pause gönnen. „Das Problem ist, dass fortwährendes Tun, ohne sich jemals im Einklang mit dem Zentrum unseres Seins zu befinden, so ist, als würde man ein Schiff mit Energie versorgen, indem man alle Navigationsinstrumente verbrennt." Weiter schreibt sie: „Die Stimme Ihres wahren Ichs ist so zart und leise, dass praktisch jede Ablenkung sie übertönen kann, insbesondere wenn Sie gerade erst beginnen, auf sie zu hören. Sie können die

Fähigkeit des Zuhörens einfach nicht entwickeln, ohne Zeitblöcke, in denen Sie nichts tun, abzustecken und energisch zu verteidigen."[18] (Eine Übung zum Nichtstun finden Sie in Kapitel 11.)

Für unsere Zufriedenheit ist es unerlässlich, dass wir imstande sind, uns ohne externe Stimuli mit uns selbst wohlzufühlen. Wenn es uns nicht gelingt, unseren Kindern beizubringen, wie man gut mit sich allein sein kann, dann werden sie immer einsam sein. Nur wenn wir uns in der eigenen Haut wirklich wohlfühlen, können wir gesunde Beziehungen eingehen und aufrechterhalten.

> **Wenn es uns nicht gelingt, unseren Kindern beizubringen, wie man gut mit sich allein sein kann, dann werden sie immer einsam sein.**

Viele Menschen führen eine Liebesbeziehung mit einem Partner, von dem sie im tiefsten Inneren ihres Herzens wissen, dass er eigentlich gar nicht zu ihnen passt, nur deshalb, weil sie nicht allein sein wollen. Doch nur dadurch, dass ein anderer Mensch zugegen ist, löst sich das Gefühl von Einsamkeit nicht auf. Viele meiner verheirateten Klienten berichten mir verzweifelt von ihrem Gefühl, isoliert zu sein, obwohl sie jede Nacht neben einer Ehefrau oder einem Ehemann liegen. Die Jagd nach einem Menschen, der die Leere in unseren Herzen füllen soll, erschafft nur weitere Probleme, löst sie aber nicht.

Wenn Sie möchten, dass Ihre Kinder glücklich werden, ohne dafür jemanden oder etwas zu brauchen, der oder das sie von ihrer Unzufriedenheit ablenkt, dann ziehen Sie in Ihrem Haus einfach mal alle Stecker raus und tun Sie hin und wieder gar nichts. Beobachten Sie, was geschieht, wenn Sie sich wieder mit sich selbst, miteinander und mit den einfachen, befriedigenden Möglichkeiten, wie Menschen das Leben vor der Ankunft im digitalen Zeitalter genossen, vertraut machen.

Den eigenen Körper in all seiner Unvollkommenheit annehmen

Ich rede oft mit meinem Körper. Manchmal auch laut. Normalerweise erzähle ich das niemandem (darum ist es umso interessanter, dass ich es in einem Buch schreibe, von dem ich hoffe, dass viele es lesen werden). Aber ich nehme mir tatsächlich viel Zeit, um liebevolle Gespräche mit meinem Körper und seinen vielen wunderbaren Bestandteilen zu führen, und habe mich nun entschlossen, dass ich diese Idee mit anderen teilen sollte.

„Danke lieber Magen, dass du dieses Essen so gut verdaust." „Danke Augen – es war toll von euch, dass ihr mich heute die Farben dieser Blumen habt sehen lassen!" „Danke, mein Herz, dass du so zuverlässig schlägst und meinen Kreislauf in Gang hältst. Du bist klasse!" „Danke ihr Beine, dass ihr mich tragt ... danke Ohren, danke, liebe Leber ... Knochen ... Knie ... Zähne ..." Diese Liebesbezeugungen an meinen Körper können eine ganze Weile so weitergehen. Am Ende ist mein Herz meistens butterweich.

Für fast jeden von uns ist der eigene Körper eine Selbstverständlichkeit, bis er irgendwann zusammenbricht, und selbst dann sind wir oft sehr gemein zu ihm und beschweren uns, dass er nicht tut, was wir von ihm wollen. Und dann sind da noch die Bereiche, die wir verabscheuen: die Lippen, die voller sein sollten, die Nase, die doch bitte zierlicher sein sollte. Wenn wir uns einmal vor Augen führen, wie erbarmungslos wir unseren menschlichen Körper kritisieren und wie er sich trotz allem weiter abrackert, grenzt es schon an ein Wunder, dass unsere Körperfunktionen überhaupt noch arbeiten. Würden wir Angestellte mit der gleichen Geringschätzung behandeln wie unseren Körper, würden sie kündigen. Aber unsere Körper tun weiter ihre Pflicht, so gut sie können.

Vor Jahren habe ich einmal an einem Workshop teilgenommen, bei dem man uns einmal eine Papiertüte mit zwei Löchern für die Augen gab. Wir wurden angewiesen, sie mit in unser Hotelzimmer zu nehmen, unsere Kleider auszuziehen und uns nur mit der Tüte über dem Kopf vor einen Spiegel zu stellen. Die Aufgabe lautete, durch die Löcher in der Tüte jeden Zentimeter unseres Körpers zu betrachten und zu beobachten, welche Kommentare uns dabei durch den Kopf gingen. Das hörte sich ziemlich merkwürdig an.

Aber es war eine Erfahrung, die mein Leben veränderte. Ich begann damit, mich auf alles zu konzentrieren, was mir *nicht* gefiel – Körperteile, die zu groß oder zu klein waren, zu weich oder zu viele Falten aufwiesen. Als ich mich jedoch auf die Übung einließ, erlebte ich etwas beinahe Heiliges. Mir wurde plötzlich bewusst, wie streng ich meine einzelnen Körperteile beurteilt hatte, und ich erkannte, was für ein Geschenk mein Körper doch eigentlich war und wie vollkommen er genau so ist, wie er eben ist.

In meinem ausgeleierten Bauch erkannte ich den Segen, eine Mutter zu sein. Ich erinnerte mich, wie meine leicht knubbeligen Knie ihren Schmerz überwunden und mich auf hohe Berggipfel getragen hatten. Ich dachte daran, wie ich meine Lieben in meinen Armen gehalten hatte. Als ich schließlich bei meinen Füßen ankam, war ich von Dankbarkeit überwältigt … und auch von Reue. Diese Füße! Unermüdlich hatten sie mich jahrzehntelang durchs Leben getragen, ohne je ein Wort der Anerkennung zu hören. Wellen der Dankbarkeit für diesen Körper, der mir geschenkt worden war, durchströmten mich, was für ein besonderes Geschenk – und eines, das ich unaufhörlich dafür kritisiert hatte, dass es nicht anders oder besser war.

Nach der Übung versammelten wir uns wieder in der Gruppe und schrieben Briefe an unsere Körper, die wir uns dann gegenseitig vorlasen. Wir offenbarten einander Gefühle von Reue, Dankbarkeit und Scham, die wir für diese wundersamen Gefäße für Herz und Seele, die wir bewohnen durften, empfanden. Es war so still im Raum, dass man eine Stecknadel hätte fallen hören können. Geschüttelt von Schluchzen, berichtete ein Mann im Rollstuhl von den schrecklichen Dingen, die er jahrelang zu seinem Körper gesagt hatte, weil er so wütend war, dass er ihn seiner Meinung nach auf so vielfältige Weise im Stich gelassen hatte. Eine übergewichtige Frau erzählte von den ungesunden Gewohnheiten, die sie ihrem Körper zugemutet hatte, um sich die Liebe und Liebhaber vom Leib zu halten. Der Raum füllte sich mit einem leisen Summen der Dankbarkeit. Es war nur ein Wochenendworkshop, doch er hat etwas in mir geweckt, das glücklicherweise geblieben ist.

Bedanken Sie sich bei Ihrem Körper für seine Dienste und dafür, dass er Ihnen erlaubt, zu tanzen und zu singen, zu essen, zu sehen und zu riechen, zu berühren und zu klettern. Wenn Ihre Kinder sehen, wie Sie das Wunder Ihres Körpers wertschätzen, anstatt sich darüber zu beklagen, was Sie an ihm nicht mögen, dann werden sie ihrem eigenen Körper – mit all seinen Schwächen – wahrscheinlich ebenfalls mit Respekt, Fürsorge und Wertschätzung begegnen.

Wenn Ihre Kinder sehen, wie Sie das Wunder Ihres Körpers wertschätzen, anstatt sich darüber zu beklagen, was Sie an ihm nicht mögen, dann werden sie ihrem eigenen Körper – mit all seinen Schwächen – wahrscheinlich ebenfalls mit Respekt, Fürsorge und Wertschätzung begegnen.

Gleichgesinnte einbeziehen

Ab und zu lässt sich eine ausgelaugte Mutter auf das Sofa in meinem Büro fallen und sieht dabei aus wie unter die Räuber gefallen. Meist stellt sich dann schnell heraus, dass sie auf dem Zahnfleisch geht. Wenn sie Glück hat, bekommt sie des Nachts fünf Stunden Schlaf, unterbrochen von einem kindlichen Besucher, der in ihr Bett klettert und dann um sich tritt und so einen friedlichen Schlaf unmöglich macht. Sie ernährt sich von den Resten der Kindermahlzeiten, während sie eilig in der Küche werkelt, und setzt sich kaum je einmal richtig zum Essen hin. Wenn ich sie frage, wann sie zuletzt ein Buch gelesen hat, lacht sie nur, und sie kann sich nicht mehr daran erinnern, wie es ist, ein vernünftiges Gespräch mit einem anderen Erwachsenen als ihrem Partner zu führen, mit dem sie auch nur über die Kinder spricht.

Ich bin dafür bekannt, solche Klientinnen nach wenigen Minuten wegzuschicken, damit sie mindestens eine Woche lang ein paar Anweisungen befolgen. Erst danach dürfen sie zu einer weiteren

Sitzung kommen. „Ich möchte, dass Sie Wasser trinken, sobald Sie spüren, dass Sie durstig sind, dass Sie etwas Nahrhaftes zu sich nehmen (und sich dazu hinsetzen), sobald Sie merken, dass Sie Hunger haben, dass Sie aufs Klo gehen, sobald Sie das Bedürfnis verspüren (viele haben sich daran gewöhnt, es solange zurückzuhalten, bis es nicht mehr auszuhalten ist), und dass Sie sich, wenn Sie müde sind, mit hochgelegten Füßen und geschlossenen Augen ausruhen – und sei es nur für drei Minuten."

Meine Klientinnen denken dann immer, ich mache Scherze, und lachen nervös. Doch sie müssen bald feststellen, dass das mein voller Ernst ist. Ich sage ihnen dann: „Solange Sie nicht anfangen, für sich selbst zu sorgen, ist alles, woran wir in Bezug auf Ihre Kinder und Ihre Familie arbeiten könnten, irrelevant."

Das mache ich wohlgemerkt nicht sehr oft. Auch wenn die meisten Eltern, mit denen ich arbeite, auf die eine oder andere Weise nicht gut für sich sorgen, ist das, was ich gerade beschrieben habe, doch extrem. Doch wenn ich Elternteile – und ja, für gewöhnlich sind es tatsächlich Frauen – bei mir habe, die wirklich jedes Gefühl dafür verloren haben, liebevoll für ihren Körper und ihre Seele zu sorgen, schicke ich sie nach Hause. (Manchmal schicke ich sie auch einfach nur zum Ausruhen in ihr Auto, weil zumindest für die Zeit unserer Sitzung jemand auf ihre Kinder aufpasst!) Ich will, dass sie verstehen, dass sie der Aufgabe, für ihre Kinder der Kapitän des Schiffes zu sein, nicht gewachsen sind, solange sie ihre Einstellung und ihre Gewohnheiten bezüglich ihrer eigenen grundlegenden Bedürfnisse nicht ändern.

Es ist schlichtweg unmöglich, allein oder zu zweit ein Kind zu erziehen und nicht ab und zu ein bisschen angeschlagen, wenn nicht gar völlig erschöpft zu sein. Eigentlich ist es nicht so gedacht, dass wir Kinder allein großziehen, eigentlich ist das die Aufgabe eines ganzen Stammes. In ihrem wunderbaren Essay „Warum ich das Dorfleben vermisse, das ich nie hatte" schreibt Bunmi Laditan:

> Wenn eine von uns sich krank fühlt oder müde ist nach einer langen Nacht mit schreiendem Baby, würden wir vorbei kommen und uns so lange wie nötig um ihre Kinder kümmern,

als ob sie unsere eigenen wären. Wir wollen schließlich, dass es allen gut geht, da wir wissen, dass unsere Gemeinschaft nur so stark ist wie ihr schwächstes Glied. Und weil wir uns lieben. Nicht mit der kitschigen Grußkarten-Liebe, sondern mit der wertschätzenden Liebe, die weiß, dass jede Farbe unser Patchwork bereichert. [...] Ich vermisse dieses Dorf der Mütter, das ich nie hatte. Das, das wir eingetauscht haben gegen unsere Häuser, die nur einen Steinwurf voneinander entfernt sind, sich aber wie Kilometer entfernt anfühlen. Das wir eingetauscht haben gegen verschlossene Türen, blinkende Geräte und Nachmittage, an denen wir alleine mit unseren Kindern spielen.[19]

Liebe Eltern – suchen Sie sich Gleichgesinnte! Das ist nicht nur für eure geistige und körperliche Gesundheit unerlässlich, es ist auch ein wichtiger Bestandteil der Erziehung eines selbstsicheren, bewussten, liebevollen erwachsenen Menschen. Es ist schier unmöglich für einen oder zwei Elternteile, ein Kind allein großzuziehen. Wir brauchen Unterstützung und Zeit für uns selbst. Und wenn wir schwierige Kinder haben, ist es umso wichtiger, dass wir besondere Führung, Unterstützung und einfach mal eine Pause bekommen. Eine Bekannte von mir, die Krebs hat, sagte einmal: „Wenn du für meine Kinder da bist, bist du für mich da.“ Bitte, erweitern Sie Ihr Netzwerk!

Es ist schier unmöglich für einen oder zwei Elternteile, ein Kind allein großzuziehen. Wir brauchen Unterstützung und Zeit für uns selbst.

Neben der Unterstützung und Kameradschaft, die unser Netzwerk uns als Eltern schenkt, ist es auch wichtig, dass unsere Kinder gesunde Bindungen zu anderen vertrauenswürdigen Erwachsenen entwickeln. In einem Stamm in Tansania, den wir einmal besuchten, klammerten sich die Kleinen, wenn sie schmusen wollten oder Trost brauchten, einfach an das Bein der nächsten Mutter. Das Lachen unter den Frauen klang unbeschwert und entspannt. Kinder liefen umher, große und kleine gemischt. In Neuseeland verbrachte ich einige

Zeit in einer kleinen Schule auf dem Land, wo die Kinder barfuß Fußball spielten – Fünfjährige und Dreizehnjährige liefen zufrieden miteinander herum. „Sie müssen miteinander auskommen", sagte der Schulleiter zu mir. „Sie sind alles, was sie haben."

Kinder, die als Teil einer Gemeinschaft aufwachsen, fühlen sich verankert. Ich empfehle Ihnen dringend, sich eine Gruppe gleichgesinnter Eltern mit Kindern, die in etwa das Alter Ihrer eigenen Kinder haben, zu suchen. Planen Sie, mehr Zeit miteinander zu verbringen, als Freunde und Partner in der Erziehung Ihrer Kinder, die sich gegenseitig unterstützen und einander Pausen verschaffen, um den Akku wieder aufzuladen.

Uns selbst wertschätzen

Wenn wir darüber reden, wie wir für uns selbst sorgen können, müssen wir auch darüber nachdenken, wie wir in der Intimität unserer eigenen Gedanken mit uns selbst reden. Als Therapeutin habe ich einen ungefilterten Einblick in die Gespräche, die Menschen mit sich selbst führen, und glauben Sie mir, sie sind nicht schön. „Du machst aber auch gar nichts richtig!" „Du bist so fett!" „Warum sollte dich jemand lieben?" Ich frage meine Klienten oft, wie sie reagieren würden, wenn ein Freund so mit ihnen sprechen würde, wie sie manchmal mit sich selbst sprechen. „Wie lange würden Sie diese Person Teil Ihres Lebens sein lassen, wenn sie so mit Ihnen reden würde wie Sie mit sich selbst?" Die Antwort folgt meist unverzüglich. „Wenn jemand so mit mir reden würde, würde ich mit dieser Person nichts zu tun haben wollen!" Und trotzdem sind wir so gnadenlos unfreundlich zu uns selbst.

Ich biete häufig Online-Kurse an, und in der ersten Stunde gebe ich meistens einen Überblick über die Themen, die wir gemeinsam bearbeiten werden, und erinnere die Eltern daran, dass sie, während sie diese neuen Ideen kennenlernen, vielleicht versucht sein werden, sehr selbstkritisch mit sich umzugehen, wenn sie die neuen Ansätze nicht gleich umsetzen können oder hin und wieder doch noch schreien und drohen. Ich sage meinen

Schülern: „Wir dürfen uns ruhig unwohl fühlen, wenn wir Dinge sagen oder tun, die nicht widerspiegeln, wie wir als Eltern sein wollen. Wenn Sie Ihre Hand auf eine heiße Herdplatte legen, dann tut das weh. Insofern ist das flüchtige Gefühl: ‚Oh, das war nicht schön!' durchaus wertvoll. Problematisch wird es erst dann, wenn wir uns dafür fertigmachen und uns in Gedanken vielleicht mit der beschämenden Stimme eines Elternteils oder Lehrers anklagen. Das ist äußerst schädlich, denn wenn wir uns schämen, werden wir in der Regel trotzig und gehen noch mehr auf unsere Kinder los, wodurch ein Teufelskreis entsteht."

Mitten in einem dreiteiligen Online-Kurs, den ich für Glennon Meltons Momastery Netzwerk[20] gab, erhielt ich folgende E-Mail:

> Einen Tag, nachdem ich Teil zwei des Webinars angeschaut hatte, fanden mein Mann und ich in der Post einen Brief von der Stadt, in dem es hieß, das Unkraut in unserem Vorgarten sei zu hoch, wir sollten es bitte beseitigen. Wir hatten das Haus vor ein paar Jahren in diesem Zustand gekauft und wollten den Vorgarten eigentlich in Ordnung bringen, doch als wir einzogen, war ich im siebten Monat schwanger und wir hatten ein zweijähriges Kind. Trotzdem hat es mich immer gestört. In unserer Nachbarschaft sind die Vorgärten alle perfekt, und mein Vater hat sein Leben lang immer viel Wert auf Äußerlichkeiten gelegt, vor allem, wenn es um Häuser ging. Ich hörte immer seine Stimme in meinem Kopf, die mir sagte, wie furchtbar mein Vorgarten aussah, und manchmal hörte ich diese Stimme auch in der Realität.
>
> Nachdem ich also den Brief geöffnet hatte, verfiel ich in Panik. Irgendwann saß ich, den Kopf zwischen den Knien, auf dem Küchenboden, den Tränen nahe und mitten in einer ausgereiften Panikattacke. Und dann habe ich alles angewendet, was wir in Ihrem Webinar gelernt haben.
>
> Ich begann damit, dass ich alles, was ich mir im Kopf sagte, laut aussprach: „Meine Nachbarn müssen mich

hassen“, „Ich wusste doch, dass sie uns aus dem Weg gehen – bestimmt haben sie sich beschwert“, „Sie müssen mich für unglaublich faul halten … Na, ich bin ja auch faul – man muss sich ja nur meinen Vorgarten anschauen“, „Würde mein Vater das rausfinden, würde er sagen: ‚Ich hab's dir ja gleich gesagt.‘“.

Nachdem ich mir die Geschichten, die ich mir selbst erzählte, angehört hatte, beschloss ich, die Wahrheit laut auszusprechen: „Ich bin eine sehr beschäftigte Mutter mit zwei Kindern.“ „Mein Mann und ich arbeiten beide Vollzeit.“ „Meine Kinder sind jetzt einfach wichtiger und ich habe so schon nicht genug Zeit für sie.“ Und dann streichelte ich mir selbst über die Schulter und brach in Tränen aus.

Ich möchte damit einfach *Danke* sagen! Ich glaube, mir war die Macht dieser Stimmen in meinem Kopf wirklich nicht bewusst. Ich machte mich als Mensch und als Mutter damit fertig. Solange ich zurückdenken kann, hat es mir immer an Selbstliebe und Selbstbewusstsein gefehlt, weil diese Stimmen in meinem Kopf so klar und so negativ waren. Ich freue mich so, dass ich jetzt endlich die nötigen Werkzeuge habe, um das zu ändern!

Letzte Nacht, als ich im Bett meiner vierjährigen Tochter lag, bedeckte sie mich mit Küssen, als ich ihr all die Gründe aufzählte, weshalb ich sie liebte (und die hatten nichts mit Leistung zu tun). Mir wurde bewusst, wie sehr sich unsere Zubettgeh-Prozedur bereits verändert hatte. Vielen Dank an Sie beide, dass Sie mir beigebracht haben, mein „chaotisches, wunderbares Leben“ anzunehmen.

Nachdem ich die E-Mail dieser Frau gelesen hatte, saß ich lange schweigend da, gerührt und inspiriert. Ihre Geschichte war meine Geschichte und Ihre Geschichte und die Geschichte eines jeden, der den Weg der Heilung geht. Ich bin einfach überwältigt von der Schönheit der menschlichen Seele.

Vor nicht allzu langer Zeit interviewte ich Thupten Jinpa, den Hauptübersetzer des Dalai Lama. Ich fragte Jinpa, ob Seine Heiligkeit auch über Kindererziehung spreche. Seine Antwort versetzte mich in Erstaunen: „Seine Heiligkeit gehört zu den mitfühlendsten Menschen, die mir je begegnet sind. Er sagte: ‚Wenn ich sehe, wie Menschen Kinder erziehen, frage ich mich manchmal – ob ich wohl so viel Geduld hätte, wenn ich Vater wäre?'"

Meine Güte! Wenn selbst der Dalai Lama nicht weiß, ob er geduldig genug wäre, um ein Kind zu erziehen, dann dürfen wir uns wohl alle angesichts unserer Unzulänglichkeiten ein bisschen entspannen! Nur dann, wenn wir uns selbst voller Mitgefühl mit all unseren Schwächen akzeptieren können, werden wir durch die Höhen und Tiefen der Kindererziehung weiterwachsen können.

Wenn selbst der Dalai Lama nicht weiß, ob er geduldig genug wäre, um ein Kind zu erziehen, dann dürfen wir uns wohl alle angesichts unserer Unzulänglichkeiten ein bisschen entspannen!

Ich glaube, eine der größten Veränderungen, die ich sowohl als Mutter als auch als Mensch, der stets sein Bestes gibt, um weiterzuwachsen, durchgemacht habe, ist, mit meinen Unzulänglichkeiten Frieden zu schließen. Solange wir nicht alles an uns – Körper, Geist und Seele – akzeptieren, wertschätzen und lieben, können wir von anderen nicht verlangen, uns gut zu behandeln. Wenn wir möchten, dass unsere Kinder mit Selbstvertrauen und Selbstliebe ins Erwachsenenalter hineingehen, müssen wir ihnen zeigen, wie das geht.

Ich habe bereits über einige Möglichkeiten gesprochen, wie wir unseren Kindern dabei helfen können, sich der Liebe und des Respekts würdig zu fühlen. Das letzte Puzzlestück besteht nun darin, dass wir sie ermutigen, ihre Freunde klug auszuwählen und sich von jenen, die sie respektlos oder unfreundlich behandeln, fernzuhalten.

Gesunde Grenzen in Beziehungen pflegen

Heute Morgen drehte ich den Wasserhahn auf, um heißes Wasser in das Waschbecken im Bad einzulassen. Nach einer Weile, die eigentlich hätte genügen sollen, damit das Wasser schön heiß wird, prüfte ich die Temperatur. Lauwarm. Ich ließ es weiterlaufen und prüfte es noch einmal. Immer noch nicht heiß. Ich ließ es noch länger laufen. Was war bloß das Problem? Schließlich kam ich darauf, dass ich versehentlich beide Wasserhähne aufgedreht hatte, den warmen und den kalten. Solange auch kaltes Wasser floss, würde das Wasser *nie* heiß werden.

Da musste ich an meine Beziehungen denken und wie schwer es immer gewesen war, die Menschen in meinem Leben so zu nehmen, wie sie waren, damit ich meine Erwartungen entsprechend anpassen konnte. So wie das Wasser niemals heiß wird, solange kaltes Wasser mit hineinfließt, werden sich auch manche Menschen aus Gründen, die wir vielleicht nie verstehen werden, nie so verhalten können, wie wir das gern hätten. Es fließt etwas anderes mit ein; das kalte Wasser ist noch an.

Wenn wir jemanden lieben, der nicht gut für uns ist, kann es schwer zu akzeptieren sein, dass wir die Beziehung vielleicht nicht dauerhaft fortführen können. Vielleicht ist sie unehrlich. Oder er nutzt uns aus. In manchen Fällen empfinden wir ungeheure Liebe für jemanden, der uns eigentlich vergiftet, ob nun vorsätzlich oder aufgrund seines eigenen Verletztseins.

Ich habe schon oft beobachtet, wie Kinder sich an Freunde hängen, die ihnen zwar hin und wieder einen Krümel hinwerfen, sie aber im Großen und Ganzen furchtbar behandeln. Rachel Simmons spricht in ihrem Buch *Meine beste Feindin* darüber, wie die Grausamkeiten aus der Mädchenzeit Frauen bis in die Vierziger und darüber hinaus verfolgen. Ich selbst habe mich mit Menschen gequält, die ich liebte, und irgendwann musste ich akzeptieren, dass sie nicht mehr Teil meines Lebens bleiben durften.

Wenn wir unseren Kinder helfen wollen, als Erwachsene liebevolle und nährende Beziehungen zu führen, müssen wir ihnen unbedingt beibringen, dass es nicht wehtun sollte, jemanden zu lieben, und dass man es durchaus überlebt, eine Person loszulassen, die für die eigene Seele schädlich ist.

Wir müssen unseren Kindern auch helfen zu verstehen, dass sie niemanden *retten* können. Ich bin zwar der Meinung, dass es durchaus in unserer Verantwortung liegt, jemandes Leid zu mildern, *wenn wir das können*, doch wenn Kinder versuchen, Freunde in Not zu retten, hat das meist katastrophale Folgen. Unsere Kinder sollten keine Retter sein und man sollte auch nicht von ihnen erwarten, dass sie sich um ihre Freunde, Eltern oder Geschwister kümmern, auch wenn es sich wahnsinnig toll anfühlt, jemanden zu retten. Wenn wir ihnen das Gefühl geben, es sei ihre Aufgabe, die Menschen in ihrer Umgebung zu heilen – koste es, was es wolle –, dann schicken wir sie auf den schmerzlichen Weg, es anderen immer recht machen zu wollen, und es kann Jahre dauern, diesen Weg wieder zu verlassen. Es gibt ein Zitat, das diesen Gedanken ziemlich gut auf den Punkt bringt: „Wenn du einen Ertrinkenden siehst, reiche ihm die Hand und versuche ihn aus dem Wasser zu ziehen. Ergreift er deinen Arm und versucht, dich reinzuziehen, stoße ihn von dir weg so gut du kannst."

Helfen Sie Ihren Kindern dabei, gesunde Grenzen zu entwickeln – Grenzen, die ihre Selbstachtung und ihren Wert widerspiegeln. Wenn sie Freunde haben, die ihnen nicht guttun, überlegen Sie mit ihnen gemeinsam, ob der Nutzen dieser Beziehung am Ende die Kosten aufwiegt. Wenn sie erkennen, dass sie etwas Besseres verdient haben, helfen Sie ihnen, den Verlust dieser Freundschaft zu betrauern – denn es ist ein großer Verlust, eine Beziehung zu beenden, die für uns von Wert gewesen ist –, damit sie sich auch wirklich davon lösen und weitergehen können.

Auf die eigene Intuition hören

In seinem Buch *Protecting the Gift* stellt der Security-Spezialist Gavin de Becker zahlreiche Beispiele vor, in denen Verbrechensopfer ihre Intuition ignorierten, obwohl sie spürten, dass sie in

Gefahr waren. De Becker glaubt, dass es lebenswichtig für uns sei, den intuitiven Botschaften in Form von Zögern, Zweifeln, hartnäckigen Gedanken und unguten Gefühlen zu vertrauen. Er erklärt, dass die wichtigste Botschaft der Intuition letztendlich diejenige sei, die am schwersten zu ignorieren ist: Angst. „Aber die Leute versuchen, selbst diese zum Schweigen zu bringen: ‚Ganz ruhig, ganz ruhig, vermutlich ist da gar nichts', reden manche sich ein, anstatt diesem naturgegebenen, Leben rettenden Signal Gehör zu schenken." Weiter sagt er: „Tatsächlich bedeutet die Wurzel des Wortes Intuition, *tueri*, so viel wie bewahren und schützen."[21]

Wenn wir selbstsichere Kinder großziehen wollen, müssen wir sie dazu ermutigen, auf ihre innere Weisheit zu hören und ihren intuitiven Eingebungen zu vertrauen. Unsere Körper sind fein gestimmte Instrumente, die uns dabei helfen können, die Quelle eines unruhigen Gefühls aufzuspüren, die uns warnen, wenn etwas nicht in Ordnung ist, oder uns bei einer potentiellen Gefahr in Alarmbereitschaft versetzen. Schwitzende Handflächen, Schmetterlinge im Bauch, Verspannungen im Nacken oder beschleunigter Herzschlag können Indikatoren dafür sein, dass etwas nicht stimmt. Manchmal fühlen wir uns mit der Energie unseres Gegenübers nicht wohl oder spüren entgegen dem äußeren Anschein, dass wir nicht sicher sind, auch wenn alles „gut" aussieht. Das Gegenteil kann natürlich auch zutreffen: Vielleicht sieht jemand unordentlich aus oder eine Situation ist anders, als wir erwartet hätten, aber sonst vollkommen in Ordnung. Unsere Intuition hilft uns, zu unterscheiden, ob alles okay ist oder wir in Gefahr sind.

Erzählen Sie Ihren Kindern davon, dass unser Unterbewusstsein eine ungeheure Menge an Informationen sammelt und sichtet, um uns dabei zu helfen, Entscheidungen zu treffen, und dass wir zwar die harten Fakten nicht ignorieren sollten, aber auch gut daran tun, zu lernen, wie man diese intuitiven Signale deutet, und auf unsere Instinkte zu vertrauen.

Wenn sich Ihre Tochter über eine Sache, die mit einem Freund zu tun hat, aufregt, könnten Sie ihr vorschlagen: „Beruhige dich mal eine Minute, Schatz. Versuche zu hören, was deine Intuition dazu sagt. Was *fühlst* du denn, was das Beste wäre, um diese Sache mit Elizabeth und Toni zu klären? Fühlt es sich wie eine gesunde Beziehung an? Geht es dir gut, wenn du mit ihnen zusammen bist?" Sie können diesen Prozess unterstützen, indem Sie ein paar eigene Gedanken einbringen, während Sie sie dazu ermuntern, still zu werden und darauf zu achten, wie ihr Körper auf jeden einzelnen Ihrer Gedanken reagiert.

Unsere Körper sagen uns genau, wann wir offen sein und vertrauen dürfen und wann wir uns schützen sollten. Kindern, deren Grenzen respektiert werden, fällt es wesentlich leichter, auch ihren Freunden angemessene Grenzen zu setzen. Bringen Sie ihnen bei, dass ein *Nein* genügen muss. Üben Sie in Rollenspielen Situationen, in denen sie in einer zweifelhaften Lage ihrem Bauchgefühl vertrauen müssen, zum Beispiel wenn jemand meint, sie sollten ein Bier trinken, obwohl sie noch nicht bereit dazu sind, oder Sex haben, obwohl sie das nicht wollen.

Kindern, deren Grenzen respektiert werden, fällt es wesentlich leichter, auch ihren Freunden angemessene Grenzen zu setzen. Bringen Sie ihnen bei, dass ein Nein genügen muss.

Eine Methode, mit deren Hilfe ich Kindern beibringe, die subtileren Botschaften ihrer Emotionen wahrzunehmen, besteht darin, dass ich sie bitte, ihre Gefühle mit Farben zu beschreiben. „Wenn rot wütend heißt, schwarz traurig, orange glücklich und so weiter, *welche Farbe fühlst du gerade*?" In ihrem Buch *Stillsitzen wie ein Frosch* bittet Eline Snel Kinder, sich ihre Emotionen bewusst zu machen, indem sie ihren persönlichen Wetterbericht verfassen. „Was für ein Wetter herrscht gerade in deinem Körper? Ist es sonnig oder stürmisch?"[22] (Mehr zu dieser Technik in Kapitel 11.)

Kinder sollten lernen, dass es ganz normal ist, viele verschiedene Gefühle zu haben, auch Wut. Besorgen Sie einen leichten Plastikschläger oder einen Boxsack, damit Ihre Kinder wissen, dass sie ihre Wut, wenn sie sie im Körper spüren, sicher und angemessen ausleben können. Es ist gut für unsere Kinder, wenn sie die Emotionen in ihrem Körper wahrnehmen, anstatt sie zu ignorieren, wie es so viele von uns getan haben, weil unsere Eltern uns beibrachten, keine Angst zu haben, nicht zu weinen oder nicht wütend zu sein.

Wir alle kommen mit angeborenen Ressourcen auf die Welt, aus denen wir unser Leben lang schöpfen können. Helfen wir unseren Kindern dabei, dem inneren Kompass ihrer Intuition zu vertrauen, dann helfen wir ihnen auch, Problemen aus dem Weg zu gehen und gleichzeitig positive Gelegenheiten zu entdecken.

Leben mit Leidenschaft

Mit sechzehn arbeitete ich nach der Schule in einer Kindertagesstätte. Eines Tages kam die vierjährige Ruby dorthin. Ihre Familie war gerade erst aus Indien nach Kansas City gezogen und sie verstand kein Wort Englisch.

Ich dachte, es wäre vielleicht gut, wenn ich von ihren Eltern ein paar Worte Hindi lernte, damit ich die kleine Ruby wenigstens fragen konnte, ob sie Hunger hatte oder auf die Toilette musste. Von dem Moment an, da mein Hindi-Unterricht begann, hüpfte etwas in mir vor Freude. Ich *liebte* diese Sprache. Ich sog jede Unterrichtsstunde quasi in mich auf und wollte nicht, dass sie je zu Ende ging. Als Sechzehnjährige, die in den 1970er Jahren in Kansas wohnte, hatte ich nicht viele Möglichkeiten, diese „exotische" Sprache zu lernen, und war auf die Großzügigkeit von Rubys Eltern angewiesen, die mich unterrichteten, wenn sie Zeit hatten. Ich war so begierig darauf, zu lernen, dass ich im ganzen Land herumtelefonierte und schließlich herausfand, dass es an der University of Pennsylvania ein Hindi-Institut gab. Dort bestellte ich mir das Lehrbuch und wartete ungeduldig darauf, dass es endlich ankam.

Sobald ich das Buch in Händen hielt, studierte ich hingebungsvoll die Sprache. Da ich keinen richtigen Lehrer hatte, stellte ich mir selbst Aufgaben und überprüfte meine Antworten mit dem Lösungsteil hinten im Buch. Ich verschlang das Material und als ich mit siebzehn nach New York zog, durchstöberte ich die Antiquariate auf der Suche nach Wörterbüchern und Übungsheften.

Als ich nichts mehr fand, womit ich mein Hindi üben konnte, ging ich dazu über, Leute aus dem Telefonbuch anzurufen, die mit Nachnamen Singh hießen, und sie – auf Hindi – zu fragen, ob sie mit mir plaudern würden!

Am besten lässt sich meine Obsession, Hindi zu lernen, wohl damit beschreiben, dass ich den Geschmack der Worte in meinem Mund liebte. Immer wenn ich lernte, erfüllte mich ein enormes Glücksgefühl und es war mir schlicht nicht möglich, den Drang zu lernen zu unterdrücken.

Eigentlich ergibt es keinen Sinn – ein Mädchen aus Kansas, das unbedingt die Sprache von Menschen am anderen Ende der Welt lernen möchte. Doch das Lernen dieser Sprache hat mir Türen geöffnet, die in meinem Leben bis zum heutigen Tage etwas ganz Besonderes darstellen. Und als ich durch Indien reiste, hatte ich aufgrund dessen, dass ich die Sprache sprach (wenn auch nicht perfekt), ganz außergewöhnliche Erlebnisse.

Wie verbringen Sie Ihre Zeit? Wie erleben Ihre Kinder Sie dabei? Wenn Sie sich Zeit für Ihre Leidenschaften nehmen – Lesen, Malen, die Sterne Beobachten, im Garten Arbeiten –, werden Ihre Kinder begreifen, dass Lernen ein wichtiger Teil des Lebens ist. Und wenn Sie nicht genau wissen, was Ihnen Freude macht, halten Sie sich an die kleinen Dinge, die Ihnen auffallen: ein Link in einem Twitter-Feed, ein Interview im Radio, die Überschrift auf einer Zeitschrift. Folgen Sie den Brotkrumen und sie werden Sie dorthin führen, wo es Ihr Herz hinzieht.

Die Neugier fördern

Jedes Kind hat ganz einzigartige angeborene Leidenschaften. Manche Kinder verspüren den dringenden Wunsch, sich das Herz aus dem Leib zu tanzen. Andere wollen nichts mehr, als kulinarische Köstlichkeiten zusammenbrauen. Manche wollen Geschichten erzählen, sich mit Tieren beschäftigen oder Dinge erfinden und skizzieren. Wenn wir wollen, dass unsere Kinder ihre Leidenschaft und ihre Bestimmung entdecken, müssen wir sehr genau darauf achten, wo es sie hinzieht, anstatt sie in eine Richtung zu drängen, die *uns* gefallen würde, die sie aber gar nicht beflügelt.

Dafür braucht es reichlich unstrukturierte Zeit und Begegnungen mit ganz unterschiedlichen Menschen und Erlebnissen. Die endlosen organisierten Aktivitäten, mit denen wir unsere Kinder zuschütten, gekoppelt mit einer Menge abendlicher Hausaufgaben und der ständigen Verführung durch das digitale Leben, lassen kaum Zeit für die nötige Ruhe, um die Stimme zu vernehmen, die sie auf *ihren* ganz eigenen Weg führen kann. Hätte ich während der Highschool keine Freizeit gehabt, hätte ich meinem Wunsch, Hindi zu lernen, vielleicht nie nachgegeben. Wenn wir die Tage unserer Kinder von früh bis spät – und heutzutage auch noch an den Wochenenden und im Sommer – vollpacken, bleibt ihnen keine Zeit mehr, einfach nur herumzulaufen, in den Tag zu träumen oder die Dinge zu erkunden, durch die sie sich lebendig fühlen.

> **Wenn wir wollen, dass unsere Kinder ihre Leidenschaft und ihre Bestimmung entdecken, müssen wir sehr genau darauf achten, wo es sie hinzieht, anstatt sie in eine Richtung zu drängen, die uns gefallen würde, die sie aber gar nicht beflügelt.**

Wenn wir unsere Kinder dazu erziehen wollen, zu sein, was ihnen zu sein bestimmt ist, müssen wir fest entschlossen sein, ihre Faszination für das Leben zu wecken. Ganz toll finde ich die Worte aus dem Vertrag, den Janell Burley-Hofmann aufsetzte, als sie ihrem dreizehnjährigen Sohn ein iPhone schenkte: „Nachdenken, ohne zu googeln.“[23] Heutzutage kommt es kaum noch vor, dass unsere Kinder über etwas nachgrübeln; die Antworten auf sämtliche Fragen sind nur einen Klick weit entfernt. Doch eines der wichtigsten Dinge, das wir unseren Kindern beibringen sollten, ist die Fähigkeit, Probleme zu lösen. Dazu müssen sie jenen Ort des Nicht-Wissens kennenlernen, der sich zwischen der Neugier und den Antworten befindet.

Geben Sie Ihren Kindern die Gelegenheit, aus der Enge traditioneller Klassenzimmer herauszutreten und Dinge zu erforschen, für die sie sich interessieren. Das mag für den Augenblick vielleicht keinen Sinn ergeben oder auch nicht von Dauer sein, doch es ist eine Riesenfreude, den Sehnsüchten des Herzens zu folgen, so rätselhaft sie auch sein mögen. Wenn wir das zulassen, können alle möglichen Wunder geschehen.

Indem Sie Ihrem Leben Bedeutung geben und es mit einer Leidenschaft für das Lernen füllen und indem Sie Ihren Kindern die Gelegenheit bieten, es Ihnen gleichzutun, helfen Sie ihnen dabei, gegen Langeweile, Apathie und Unpässlichkeit immun zu werden und stattdessen ihre Seele mit jener Freude zu erfüllen, die entsteht, wenn sie die Dinge tun, die sie berühren und anregen.

Jetzt sind Sie dran

Suchen Sie sich ein ruhiges Plätzchen und denken Sie über die folgenden Fragen nach. Halten Sie Ihre Gedanken in Ihrem Tagebuch fest.

1. Was haben Sie als Kind am liebsten gemacht? Haben Sie gern im Freien gespielt? Gemalt? Musik gemacht? Gedichte geschrieben? Etwas gebaut? Zeit mit Freunden verbracht? Rätsel gelöst? Gelesen?
2. Was machen Sie heute am liebsten? Oder was würden Sie gern tun – einfach nur zum Vergnügen –, wenn Sie die Zeit und die Freiheit hätten, Ihrer Leidenschaft zu folgen?
3. Wie oft haben Sie in den letzten drei Monaten etwas getan, das mit einer Ihrer Leidenschaften in Zusammenhang steht? Wenn Ihre Antwort „gar nichts" lautet: Wann haben Sie das letzte Mal etwas aus reinem Vergnügen getan?
4. Was hindert Sie daran, Ihre Hobbys, Interessen oder Leidenschaften zu verfolgen? „Keine Zeit" könnte jeder von uns behaupten, aber denken Sie tiefer über diese Frage nach. Stimmt das wirklich oder gibt es durchaus kleine Zeitfenster, in denen Sie Ihre Künste am Klavier auffrischen oder einen Roman zur Hand nehmen *könnten*, anstatt den Computer hochzufahren oder vorm Fernseher zu sitzen?
5. Wie könnten Ihre Kinder davon profitieren, wenn Sie eine Ihrer Leidenschaften oder Interessen verfolgen würden?
6. Schreiben Sie auf, wie viel Zeit Sie gern darauf verwenden würden, einer Ihrer Leidenschaften zu folgen und Ihre Seele zu nähren. Finden Sie heraus, an welchen Tagen sich dies am besten bewerkstelligen ließe, wer so lange auf Ihre Kinder aufpassen könnte, und bedenken Sie auch alle anderen Details, die nötig sind, damit aus diesem Traum Wirklichkeit werden kann.

Praktische Umsetzung

Bewusste Elternschaft im echten Leben

Ich muss wegen der Arbeit online bleiben, wie soll ich also den Stecker ziehen?

Frage: Ich verstehe, dass es wichtig ist, die Zeit vor dem Bildschirm zu begrenzen, aber ich habe einen anspruchsvollen Chef, der mir andauernd E-Mails schickt – auch abends! Er erwartet, dass ich sofort darauf antworte. Ich habe das große Glück, von zu Hause aus arbeiten zu können und will meinen Job nicht verlieren. Aber meine Kinder müssen nur allzu oft mit ansehen, wie ich den Rechner anschalte oder eine SMS beantworte, wenn wir eigentlich gerade Familienzeit haben sollten. Wie kann ich sie davon überzeugen, ihre Geräte auszuschalten, wenn ich meine doch so oft anschalten muss?

Vorschlag: Der technische Fortschritt hat es für viele Eltern möglich gemacht, von zu Hause aus zu arbeiten und auf eine Weise für ihre Kinder da zu sein, wie es früher unmöglich war. Doch während es für Ihre Kinder so aussieht, als wären Sie ganz und gar präsent, wenn Sie das Frühstück vorbereiten oder beim Vorlesen mit ihnen kuscheln, können Sie jeden Moment von Ihrem Arbeitgeber dabei unterbrochen werden, was ihnen eventuell das Gefühl gibt, weniger wichtig zu sein als derjenige, der hinter all den Signaltönen steckt. Und wie Sie schon sagten, wirkt es vermutlich eher scheinheilig, wenn Sie von Ihren Kindern verlangen, ihre Geräte auszuschalten, während Sie selbst ständig mit dem Smartphone herumlaufen.

In Ihrer Situation geht es genauso sehr darum, Ihren Kindern die Chance zu geben, sich dazu zu äußern, dass sie Sie mit Ihrem Chef teilen müssen, wie um Ihre eigene Nutzung von Technik. In meinen Online-Kursen und in meinem ersten Buch *Parenting Without Power Struggles* gibt es eine Lektion namens *Kindererziehung 1. Akt*: Sorgen Sie dafür, dass Ihre Kinder sich gehört fühlen, bevor Sie sie mit Erklärungen oder Ratschlägen überfallen.

Ich würde so etwas sagen wie: „Ich frage mich, wie das für euch ist, wenn Mama beim Abendessen ans Telefon geht. Ärgert euch das eigentlich manchmal?“ Eröffnen Sie einfach das Gespräch und machen Sie deutlich, dass Ihre Kinder Gefühle dazu haben dürfen und diese auch mitteilen sollten. Sobald sie sich Luft gemacht haben, können Sie ihnen sagen: „Ich verstehe. Es scheint nicht fair zu sein, dass ich während des Abendessens ans Telefon gehe, vor allem weil ich mit euch so streng bin und ihr alles ausschalten müsst, damit wir als Familie zusammen sein können. Ich verstehe, dass euch das verkehrt vorkommt.“ Wahrscheinlich erwarten sie, dass Sie ihnen als nächstes erklären, dass Sie ja arbeiten müssen, doch das ist vielleicht auch gar nicht nötig, wenn Sie ihnen bereits von Ihrem Job und seinen Anforderungen erzählt haben. Wichtig ist nur, dass sie wissen, dass sie Ihnen ihre Wahrheit sagen dürfen.

Es gibt keine einfache Lösung für Ihr Problem, es sei denn, Sie finden einen neuen Job. Bis dahin gilt: Erkennen Sie es an, dass Ihr Job hin und wieder Enttäuschungen hervorruft, und machen Sie Ihren Kindern mit Sätzen wie „Ihr wollt doch nicht, dass Mami ihre Arbeit verliert?“ keine Schuldgefühle, wenn sie sich beschweren. Das macht es für Sie und Ihre Kinder leichter, dass Sie immer für die Arbeit verfügbar sein müssen. Sie sollten allerdings dafür sorgen, Ihre *wirkliche* Freizeit mit Ihren Kindern ohne technische Geräte zu verbringen.

Was mache ich, wenn mir die Zeit fehlt, ein Netzwerk hilfsbereiter Menschen aufzubauen?

Frage: Ich bin alleinerziehende Mutter von drei Kindern unter acht Jahren. Meine Eltern leben am anderen Ende des Landes und ich arbeite Vollzeit. Seit meiner Scheidung und unserem Umzug in ein anderes Viertel hatte ich noch keine Zeit, meine Nachbarn kennenzulernen, geschweige denn ein Netzwerk hilfsbereiter Eltern aufzubauen. Ich bin sehr isoliert.

Vorschlag: Viele Eltern haben so viel zu tun, dass sie kaum dazu kommen, mal in Ruhe zu duschen, geschweige denn neue Freunde zu finden. Dennoch möchte ich Sie ermutigen, auch die kleinste

Gelegenheit, neue Menschen kennenzulernen, zu nutzen. Sie müssen nicht allzu weit aus der Routine Ihres Alltags heraustreten, um auf andere Leute zu treffen, aber vielleicht müssen Sie aus Ihrer Komfortzone heraus, um ein Gespräch anzufangen. Plaudern Sie mit einer anderen Mutter oder einem Vater, wenn Sie morgens Ihre Kinder in den Kindergarten bringen, oder machen Sie es sich am Wochenende zur Gewohnheit, mit Ihren Kindern in einen Park zu gehen, wo die Chancen gut stehen, andere Eltern aus Ihrem Viertel kennenzulernen. Manche bitten auch die Lehrer ihrer Kinder, sie den Eltern von Klassenkameraden vorzustellen, mit denen ihre Kinder sich gut zu verstehen scheinen. Andere nehmen an Schulveranstaltungen teil oder besuchen Kinder-Veranstaltungen der örtlichen Bücherei.

Ein Netzwerk aufzubauen, kostet schon ein wenig Mühe, doch der Gewinn ist sowohl für Sie selbst als auch für Ihre Kinder enorm. Wir müssen nicht alles alleine machen oder unsere Kinder in Isolation erziehen. Gehen Sie es langsam an, nehmen Sie sich vielleicht vor, jeden Monat eine neue Person kennenzulernen. Mit der Zeit wird diese eine Person Sie einer weiteren vorstellen, und ehe Sie sichs versehen, haben Sie sich ihr eigenes unterstützendes Netzwerk geschaffen.

Kann ich meinen Ex-Mann aus meinem Leben ausschließen?

Frage: Ich finde auch, dass es wichtig ist, dass wir uns von Menschen lossagen, die schädlich für uns sind, aber wie steht es mit meinem Ex-Mann? Er ist grob, unberechenbar und rücksichtslos. Ich wünschte, ich könnte ihn aus meinem Leben entfernen, doch aufgrund unserer Sorgerechtsvereinbarung habe ich keine andere Wahl, als mich fast täglich mit ihm herumzuschlagen.

Vorschlag: Wie ich bereits erwähnt habe, werden wir manchmal mit Kindern beschenkt, die uns regelmäßig in den Wahnsinn treiben und uns dazu zwingen, entweder aus alten Mustern heraus zu reagieren oder uns der Aufgabe zu stellen, unerledigte Angelegenheiten aufzuarbeiten, was uns letztendlich dabei hilft, zu einer besseren Version von uns selbst zu werden. Auch manche Erwachsene scheinen extra dazu da zu sein, um uns verrückt zu machen, und nicht selten sind die Umstände so, dass wir sie nicht einfach aus unserem Leben ausgrenzen können.

Nach einer Scheidung weiterhin gemeinsam Kinder zu erziehen, ist eine der schwierigsten Aufgaben, vor die man als Elternteil gestellt werden kann. Da ist zum einen, dass Sie sich von jemandem getrennt haben, den Sie einst liebten, der Sie aber so sehr verletzt oder enttäuscht hat, dass Sie es nicht mehr ertragen können, mit ihm zusammenzuleben. Sie empfinden vielleicht Zorn, Missgunst, Verwirrung und tiefen Schmerz. Natürlich wäre es da weniger schmerzhaft, diese Person aus Ihrem täglichen Leben zu entfernen. Doch genau an dieser Stelle haben wir Gelegenheit, unseren Erklärungen „Für meinen Sohn würde ich mein Leben geben" oder „Für die Sicherheit meiner Mädchen würde ich Himmel und Hölle in Bewegung setzen" Taten folgen zu lassen.

Sie haben jedes Mal, wenn Sie auf Ihren Ex-Mann treffen, die Wahl. Konzentrieren Sie sich auf seine unangenehmen Eigenschaften, so dass sich Ihr Magen verkrampft, während Sie mit ihm über die Kinder sprechen? Oder holen Sie doch lieber die Lupe hervor, um seine guten Seiten zu erkennen? Ich verstehe sehr gut, dass man eine Scheidung leichter verdaut, wenn man sich auf die negativen Dinge konzentriert. Aber auch Ihre Kinder haben einen großen Verlust erlitten, auch wenn es letztendlich das Beste gewesen sein mag. Sie sollten ihnen die Spannungen und Streitigkeiten zwischen Mama und Papa so gut es geht ersparen.

Schränken Sie den Kontakt soweit ein, wie Sie es für nötig halten, aber tun Sie trotzdem das Richtige. Nehmen Sie sein Verhalten nicht persönlich. Üben Sie sich in Mitgefühl, wenn Sie können, und erkennen Sie, dass er auf einer tieferen Ebene – unter der Oberfläche seiner Charakterschwächen oder der Verletzungen, die Sie sich gegenseitig zugefügt haben – einfach nur ein Gefährte auf Ihrer Reise ist, der den Weg des Lebens entlangstolpert. Wenn Sie das, wovon Sie gehofft hatten, dass Sie es miteinander leben würden, betrauern oder um den Mann weinen, den Sie gern gehabt hätten, werden Sie Ihren Ex-Mann leichter als den akzeptieren können, der er ist, mit all seinen Schwächen.

Meine Freundin und Kollegin Katherine Woodward Thomas, Autorin von *Conscious Uncoupling*, erinnert uns daran, dass wir zwar „eine Ehe rückgängig machen können, niemals aber eine Familie, ohne die Menschen in dieser Familie emotionaler Heimatlosigkeit auszusetzen". Sie ermahnt uns, die Bedürfnisse unserer Kinder immer an erste Stelle zu setzen, indem wir anerkennen, wie sehr sie unsere Erlaubnis und Unterstützung brauchen, auch den anderen Elternteil zu lieben und an ihn zu glauben, ganz egal, wie viele Fehler diese Person auch haben mag. Ein wirklich mitfühlender Elternteil zu sein, bedeutet, zu lernen, die Komplexität der Verwundbarkeit Ihres Kindes und Ihre eigene Enttäuschung auszuhalten und sich letztlich dafür zu entscheiden, das emotionale Zuhause, das Ihr Kind mit Ihrem Ex-Partner teilt, trotz Ihres eigenen Schmerzes zu beschützen.

KAPITEL 6

Eine gesunde Kommunikation stärkt die Bindung

Kinder waren noch nie besonders gut darin,
auf ihre Eltern zu hören,
aber sie haben sie immer erfolgreich imitiert.

James A. Baldwin

Vor einigen Jahren war ich auf einer Safari in Tansania. Ein oder zwei Tage lang fuhren wir auf der Suche nach einem Nashorn durch die Gegend, ohne Erfolg. Unser Guide fuhr den Jeep schließlich auf einen Parkplatz, wo wir Pause machen und Mittagessen wollten. Freudig erregt über die Möglichkeit, andere Teilnehmer dieser Serengeti-Safari fragen zu können, ob sie dieses schwer anzutreffende Tier gefunden hatten, sagte ich zum Fahrer des nächstbesten Jeeps: „Haben Sie Nashörner gesehen?“ Eindeutig verärgert über meine Frage murmelte er etwas und ließ mich stehen. Ich fragte unseren Guide, was der Mann gesagt hatte, und werde seine Antwort nie vergessen. „Er sagte, dass Sie es versäumt haben, ihn zuerst zu grüßen.“

Das saß. Er hatte vollkommen Recht; ich hatte mich diesem Mann unhöflich aufgedrängt, ohne ihn wenigstens mit einem „Hallo, wie geht's?“ zu würdigen. Ich habe etwas Unbezahlbares gelernt und bin dankbar, dass dieser Mann die Würde und die Selbstachtung besaß, meine Nachlässigkeit nicht einfach hinzunehmen. Ich hatte meine Manieren völlig vergessen.

Gute Manieren sind für die Kindererziehung unerlässlich, wenn unsere Kinder zu selbstsicheren, erfolgreichen Menschen heranwachsen sollen. Die Rede ist nicht von formellen, komplexen Ritualen, sondern von simplen Verhaltensweisen, mit denen sich die Leute wohlfühlen. Einige von uns sind geradezu besessen von der Auffassung, es sei altmodisch oder nur etwas für Adlige – was auf die meisten von uns ja nicht zutrifft –, wenn wir Kindern Manieren beibringen. Ich bin jedoch der Meinung, dass es ebenso wichtig ist, Menschen ein gutes Gefühl zu geben, wie einen Abschluss von einer angesehenen Uni zu haben. Vielleicht wissen wir nicht, dass unsere Kollegin ihren Abschluss in Yale oder Oxford gemacht hat, aber wir erkennen sofort, ob wir uns in ihrer Gegenwart wohl und entspannt fühlen oder nicht.

Gute Manieren vorleben

„Erst ich!" „Ich will mehr!" „Das ist meins!" sind ganz normale Ausrufe für ein Kind, das noch keine Empathie oder Diplomatie entwickelt hat. Kinder sind von Natur aus egozentrisch; wenn nur noch ein Stück Kuchen da ist, nehmen sie es sich. Wenn Ihre Tochter auf der Schaukel sitzt und Spaß hat, wird sie sich darüber ärgern, wenn sie Platz für ein anderes Kind machen soll, das bereits wartet. Das bedeutet nicht, dass sie egoistisch ist, nur dass sie sich wie ein Kind benimmt. Durch die kritiklose Führung eines Erwachsenen können Kinder lernen, was es heißt, auf die Wünsche und Bedürfnisse anderer einzugehen.

Manieren bringt man Kindern am besten bei, indem man sie ihnen jeden Tag vorlebt. So kann man zum Beispiel dafür sorgen, dass am Esstisch niemand zu essen beginnt, bevor alle am Tisch sitzen und sich etwas auf den Teller getan haben. Sollten Ihre Kinder das vergessen, sagen Sie ihnen, dass Sie verstehen, dass sie hungrig sind, während Sie sich selbst in Geduld üben, solange andere sich noch den Teller füllen, und erst danach zur Gabel greifen.

Helfen Sie Ihren Kindern dabei, teilen zu lernen und sich mit den Spielzeugen abzuwechseln, wenn beispielsweise eine Freundin zum Spielen kommt. Erklären Sie ihnen, dass Sie wissen, wie schwer es ist, darauf zu warten, dass man am Klavier an die Reihe kommt, oder das größere Stück Kuchen jemand anderem zu überlassen, dass Gäste bei Ihnen zu Hause aber besonders zuvorkommend behandelt werden.

Bringen Sie Ihren Kindern bei, wie man Leute vorstellt. „Ms. Norris, darf ich ihnen meinen Cousin Joey vorstellen“ oder „Opa, das ist meine Freundin Elsa“. Heißen Sie Ihre Gäste mit einem freundlichen Begrüßungsritual willkommen. Zeigen Sie Ihren Kindern, dass man Augenkontakt hält, während man einem ankommenden Gast die Hand schüttelt – oder ihn umarmt, falls das für Ihr Kind angemessen ist und es sich dabei wohlfühlt.

Zu guten Manieren gehört es auch, die Gefühle anderer zu respektieren. Wenn Sie Ihren Kindern zeigen, wie man für ein Versehen oder eine unbedachte Bemerkung Verantwortung übernimmt, werden sie Ihrem Beispiel folgen. Wenn Sie jemanden kränken, lassen Sie Ihre Kinder hören, wie Sie sich entschuldigen, ohne Ihr Verhalten zu rechtfertigen. Und schließlich sollten Sie dafür sorgen, dass ihre Kinder wissen, wie man ein Kompliment annimmt. Mit einem „Vielen Dank“ kann man die freundlichen Worte eines anderen einfach und würdevoll annehmen, und das ist viel gesünder, als sie zurückzuweisen.

Wenn Sie Ihren Kindern zeigen, wie man für ein Versehen oder eine unbedachte Bemerkung Verantwortung übernimmt, werden sie Ihrem Beispiel folgen.

Und zeigen Sie Ihre guten Manieren nicht nur dann, wenn Sie sich in Gesellschaft oder in der Öffentlichkeit befinden. Kinder riechen Heuchelei einen Kilometer gegen den Wind. Benutzen Sie ganz natürlich die Zauberworte „bitte“ und „danke“, wenn Sie mit Ihren Lieben sprechen. Peggy O’Mara, die Gründerin der Zeitschrift *Mothering*, sagte einmal: „Passen Sie auf, wie Sie mit Ihren Kindern sprechen. Eines Tages wird das nämlich zu ihrer inneren Stimme werden.“

Kinder entwickeln Höflichkeit, Rücksichtnahme und Aufmerksamkeit, wenn sie in einem liebe- und respektvollen Umfeld aufwachsen. Honorieren Sie es, wenn Ihre Kinder gute Manieren zeigen, und korrigieren Sie sie liebevoll, wenn sie es einmal vergessen. Erwarten Sie kein perfektes Verhalten von ihnen und bedenken Sie, auf welchem Entwicklungsstand sie gerade sind, wenn Sie Erwartungen an sie stellen.

Und wenn Ihr Kind Entwicklungsschwierigkeiten oder psychische Probleme hat, geben Sie den Gefühlen von Scham und Schuld nicht nach, die sich oft dann zeigen, wenn Sie sich vorstellen, andere könnten Sie für die Unbeholfenheit oder die Defizite Ihres Kindes verurteilen. Holen Sie sich die liebevolle Unterstützung, die Sie brauchen, damit Sie nicht vergessen, dass es mehr als genug ist, Ihr Bestes zu geben, ganz gleich wie Ihre Kinder sich benehmen.

Vermeiden Sie Machtkämpfe in Bezug auf Manieren, ganz besonders mit Teenagern. Der Versuch, ein Kind dazu zu zwingen, sich zu entschuldigen oder höflich zu sein, wird immer nach hinten losgehen. Mit Geduld und liebevoller Führung werden Ihre Kinder zu der Art von Menschen heranwachsen, in deren Gegenwart sich andere Menschen wohlfühlen. Letztendlich geht es bei guten Manieren allein darum.

Mit Wut umgehen

Eltern bringen ihre Kinder oft zu mir, weil diese Probleme mit Wut haben. Manchmal hat das Kind Schwierigkeiten, seine Ausbrüche zu kontrollieren, weil seine Fähigkeit, mit heftigen Gefühlen umzugehen, aufgrund von Unreife oder Impulsivität unterentwickelt ist. Häufig stelle ich aber auch fest, dass Mama oder Papa ebenfalls ein hitziges Temperament haben.

Wir alle – Kinder wie Erwachsene – erleben heftige Gefühle, die wir nicht immer zu kontrollieren vermögen. Manche Menschen sind eher gelassen und es macht ihnen kaum etwas aus, wenn das Leben einmal nicht nach Plan verläuft. Andere dagegen müssen kämpfen, um zu verhindern, dass Frust und Enttäuschung verheerende emotionale Schäden anrichten. Wenn wir die Hintergründe unserer Wut nicht erforschen, tun oder sagen wir am Ende manchmal Dinge, die wir später bereuen. Wenn wir durch

Drohen oder Bestrafen zu verhindern versuchen, dass unsere Kinder ihre Wut ausagieren, können ungelöste Gefühle unter die Oberfläche verdrängt werden, wo sie sich dann in Form von Essstörungen, Suchtverhalten oder Depressionen Raum verschaffen. Oder sie sammeln sich solange an, bis später ein noch gewaltigerer Wutausbruch folgt.

Anstatt uns zu schämen, wenn wir die Kontrolle verlieren, sollten wir lieber innehalten, herausfinden, was wir gerade denken oder fühlen, und die zugrundeliegende Quelle unserer Wut identifizieren. Zorn kann Ausdruck von ungelöstem Kummer, Traurigkeit, Frustration, Stress, hormonellem Ungleichgewicht, Angst oder Erschöpfung sein. Solange wir nicht verstehen, dass Wut kein freiwillig gewähltes Verhalten, sondern lediglich ein Symptom von etwas ist, das unserer Aufmerksamkeit bedarf, werden wir ihre Auswirkungen auf unser Leben nicht mildern können.

Wenn ich mit Familien arbeite, in denen Wutausbrüche auf der Tagesordnung stehen, finde ich es hilfreich, dem Schreienden und dem Angeschrienen (also dem Ziel der Wut) das Gespräch auf eine Weise zu erleichtern, die es beiden ermöglicht, in Sicherheit gehört zu werden. Wenn beide Parteien für einen Augenblick ihre Abwehrhaltung aufgeben und sich in die Lage des jeweils anderen versetzen können, fühlen sie sich am Ende viel eher dazu bereit, den Emotionen, die ihre Ausbrüche befeuern, auf den Grund zu gehen.

Außerdem erzähle ich gern folgende Geschichte (Autor unbekannt):

> Es war einmal ein Junge, der sehr jähzornig war; oft ging er wütend auf die Menschen in seiner Umgebung los. Eines Tages überreichte ihm sein Vater einen Beutel mit Nägeln und sagte zu ihm, er solle jedes Mal, wenn er die Beherrschung verlöre, einen Nagel in den Gartenzaun schlagen.
>
> An den ersten paar Tagen musste der Junge sehr viele Nägel in den Zaun schlagen. Doch mit der Zeit stellte er fest, dass er sich wieder fangen konnte, wenn er kurz davor war, die Beherrschung zu verlieren. Die Tatsache, dass er jedes

Mal einen Nagel suchen und in den Garten gehen musste, um ihn dort in den Zaun zu schlagen, half ihm dabei, mit seinen Wutausbrüchen umzugehen.

Schließlich war es soweit, dass der Junge seinem Vater erzählen konnte, er habe gelernt, nicht mehr die Beherrschung zu verlieren. Daraufhin sagte sein Vater, er dürfe für jeden Tag, an dem er es schaffe, niemanden mit seiner Wut zu verletzen, einen Nagel aus dem Zaun ziehen.

Der Tag kam, da der Junge zu seinem Vater ging und ihm sagte, dass kein Nagel mehr übrig sei.

Da führte der Vater seinen Sohn zum Zaun und sagte: „Du hast etwas sehr Wichtiges gelernt, mein Sohn. Aber ich möchte, dass du dir die Löcher im Holz ansiehst. Dieser Zaun wird nie wieder so sein, wie er war, bevor die Nägel hineingeschlagen wurden. Und so ist es auch, wenn du in deiner Wut bestimmte Dinge sagst oder tust – auch wenn du dich hinterher dafür entschuldigst –, deine Worte und Taten hinterlassen Narben wie die Löcher in diesem Zaun."

Wir müssen unseren Kindern helfen, zu lernen, wie sie den Abstand zwischen dem Impuls, etwas zu sagen oder zu tun, und dem tatsächlichen Handeln vergrößern können. Irren *ist* menschlich und vergeben ist göttlich. Doch wenn unsere Kinder immer mehr begreifen, dass unser Handeln – wie die Nägel im Zaun – unumkehrbare Folgen hat und wichtige Beziehungen belasten kann, können wir ihnen dabei helfen, Maßnahmen zu ergreifen, um sich zu beherrschen, wenn sie sich ärgern, Verantwortung für ihr Handeln zu übernehmen und, wenn nötig, ihren Fehler wiedergutzumachen.

Den Schaden, den wir durch grausame Worte oder verletzendes Verhalten anrichten, können wir nicht ungeschehen machen. Wenn wir also mit anderen streiten, sollten wir unbedingt innehalten und uns überlegen, welche Auswirkungen unsere Worte auf sie haben könnten.

Die Wahrheit sagen

Es gibt ein paar wunderbare Szenen in der Serie *The Newsroom*, in der Jim, ein vornehmer junger Mann, mit Lisa ausgeht, mit der Maggie ihn gegen seinen Willen verkuppelt hat. Da Jim so gut erzogen ist, geht er weiterhin mit Lisa aus, obwohl er findet, dass sie beide kaum etwas gemeinsam haben. In Wirklichkeit ist er vielmehr an Maggie interessiert. (Es ist kompliziert.) Die Beziehung zwischen Jim und Lisa dauert mehrere Monate. Maggie kauft sogar Geschenke und eine romantische Grußkarte für Jim, damit er sie Lisa zum Valentinstag schenken kann, was Lisas Zuneigung zu ihm natürlich vertieft. Schließlich gesteht Lisa Jim ihre Liebe, und weil er so höflich ist, sagt er zu ihr, dass er sie ebenfalls liebe. Die Beziehung wird also noch ernster, während Jim im Stillen leidet. Er weiß, dass er Lisa die Wahrheit sagen sollte, doch er erträgt den Gedanken nicht, ihre Gefühle zu verletzen.

Schließlich hört Lisa zufällig mit an, wie Jim in Wahrheit zu ihr steht und dass er sich eigentlich zu Maggie hingezogen fühlt, woraufhin sie ihn mit dem Gehörten konfrontiert. Doch selbst jetzt, da er Gelegenheit hat, alles zu gestehen, leugnet Jim seine Worte. Lisa ist klug genug, zu sagen: „Jim, gib es doch zu. Wahrscheinlich würden wir schon die Vorschulen für unsere Kinder auswählen, ehe du den Mut aufbrächtest, mir zu sagen, was du wirklich fühlst!" Sie überzeugt ihn, dass sie lieber die Wahrheit wissen will, als in einer Scheinromanze zu verharren, und er lässt die Sache schließlich auf sich beruhen.

Es ist nicht einfach, schwierige Gespräche zu führen, vor allem dann nicht, wenn es um sensible Themen geht, doch wenn wir wollen, dass unsere Kinder einmal gesunde und reife Beziehungen haben, ist es von größter Bedeutung, dass wir ihnen beibringen, die Wahrheit zu sagen. Dabei ist es hilfreich, wenn sie regelmäßig mitbekommen, wie wir mit unseren Lieben Probleme aus der Welt schaffen und dabei mit Sätzen beginnen wie „Mich hat da etwas geärgert …", „Ich weiß nicht genau, was du gemeint hast, als du sagtest …", „Ich hatte große Schwierigkeiten mit …" oder „Ich mag es eigentlich nicht, wenn …".

Die meisten von uns haben genug Selbsthilfebücher gelesen, um zu wissen, dass einer der Schlüssel zum Erhalt einer guten Beziehung eine gute Kommunikation ist. Aber wie sieht die aus? Wie bereits erwähnt, geht es in meiner Strategie *Kindererziehung 1. Akt* darum, dass Eltern auf ihre Kinder *eingehen*, anstatt auf sie *loszugehen*, so dass sie für ihre Führung empfänglich sind, anstatt sich zu sträuben und zur Wehr zu setzen. Dazu gehört es, dass wir das Erleben unserer Kinder anerkennen und nicht versuchen, ihnen ihre Gefühle auszureden. Dasselbe gilt auch für jede andere Person, mit der wir kommunizieren; wenn wir unseren Standpunkt unbedingt durchsetzen wollen, erzeugen wir bei unserem Gegenüber Widerstand.

Zu einer guten Kommunikation gehört es, dass wir den Standpunkt des anderen gelten lassen und anerkennen, dass er ebenso sehr ein Recht auf seine Gefühle hat wie wir auf unsere, anstatt seine Meinung herabzusetzen oder seine Gefühle wegzuargumentieren, wenn sie nicht mit unseren übereinstimmen. Das bedeutet, dass wir für unsere Art zu kommunizieren die Verantwortung übernehmen und unsere Bedenken auf eine Weise äußern, die dem anderen weder die Schuld zuweist noch ihm Unrecht gibt.

Gute Kommunikation schafft den Raum dafür, dass Verletzungen oder Missstände ausgeräumt und Wahrheiten ausgesprochen werden. Sie fördert Intimität, auch dann, wenn es unbequem wird, weil komplizierte Gefühle ans Licht kommen. Sie ebnet den Weg, damit Bedürfnisse erfüllt oder zumindest verhandelt werden können. Sie hilft uns dabei, andere – und uns selbst – kennenzulernen. Und sie erlaubt es uns, von denen, die uns wichtig sind, wichtiges Feedback zu bekommen – sofern wir in der Lage sind, aus unserem Ego herauszutreten und es anzunehmen. All dies sind Qualitäten, die wir unseren Kindern mit auf den Weg geben wollen.

Gute Kommunikation schafft den Raum dafür, dass Verletzungen oder Missstände ausgeräumt und Wahrheiten ausgesprochen werden. Sie fördert Intimität, auch dann, wenn es unbequem wird, weil komplizierte Gefühle ans Licht kommen.

Respektvoll zuhören

Wir können unseren Kindern zeigen, wie man seine Wünsche ohne Aggressionen äußert und wie man anderen respektvoll zuhört. Doch wie ich schon mehrfach sagte: Wir müssen es ihnen vorleben, damit es sitzt. Wenn Sie Ihrem Kind sagen, es solle andere nicht unterbrechen oder nicht die Augen verdrehen, Sie und Ihr Partner sich aber selbst nicht an diese Grundsätze halten, wenn Sie einmal nicht einer Meinung sind, ist alle Mühe vergebens.

Ich habe einmal gelesen, man solle sich drei Dinge fragen, bevor man redet:

1. Ist es wahr?
2. Ist es notwendig?
3. Ist es freundlich?

Indem Sie darauf achten, dass Ihre Kommunikation behutsam und bewusst ist, werden Sie ganz automatisch Kinder erziehen, die sich der Wirkung ihrer Worte bewusster sind und deren innerer Alarm losgeht, sobald sie selbst verletzende Worte aussprechen oder jemand anderes verletzend wird.

In meiner Praxis arbeite ich häufig mit Übungen zum Zuhören für Eltern und Kind und wähle dabei ein Thema, bei dem es regelmäßig zu Konflikten kommt. Die Regeln des Spiels sind einfach: Eine Person darf zwei bis drei Minuten lang sprechen und ihre Gedanken und Gefühle zum Thema äußern. Der Zuhörer sitzt dem Sprecher mit offener Körpersprache gegenüber und darf ihn weder unterbrechen noch Grimassen schneiden noch widersprechen oder auf sonst irgendeine Weise seine Geringschätzung zeigen.

Wenn der Sprecher fertig ist, muss ihm der Zuhörer Fragen stellen oder Kommentare abgeben, die ein dreimaliges Ja bewirken. Diese Übung führt fast immer dazu, dass zwischen Eltern und Kind mehr Nähe entsteht, denn beide erhalten die Gelegenheit, ihre Gedanken und Gefühle in einem *sicheren* Rahmen auszudrücken und angehört zu werden. Sie ist ganz einfach durchzuführen und hilft nicht nur den Familienmitgliedern, sich tiefer verbunden zu fühlen, sondern ebnet Kindern auch den Weg dahin, eine Art der Gesprächsführung zu erlernen, durch die beide Parteien sich verstanden fühlen. In Kapitel 11 finden Sie ein Beispiel für einen solchen Dialog.

Sich durch Smalltalk verbinden

Ich möchte noch ein weiteres Thema aufgreifen, das mit Kommunikation zu tun hat, ein Thema, das Sie vielleicht überraschen wird: Smalltalk. Lange Zeit war ich der Meinung, Smalltalk sei eine eher leichtfertige und unerleuchtete Tätigkeit. Sich über das Wetter zu unterhalten oder darüber, welches die leckerste Joghurtmarke ist, kam mir einfach albern vor. Doch mit zunehmendem Alter hat sich meine Meinung zu diesen Dingen geändert.

Wir sind soziale Wesen. Wenn Menschen zusammenkommen, wollen sie sich instinktiv miteinander verbinden. Nur wie? Sicher können wir jemandem begegnen und dieser Person wortlos in die Augen schauen. Aber ein kurzes Gespräch ist doch eine wunderbare Möglichkeit, Energien auszutauschen. Das Thema an sich spielt dabei keine Rolle. Ein Gespräch über das Wetter dient dem einfachen Zweck, in Kontakt zu treten. Wir sagen damit: „Ich sehe dich. Ich bin hier bei dir. Du interessierst mich."

Es ist hilfreich, wenn wir unseren Kindern beibringen, wie man mit anderen ins Gespräch kommt, damit auch sie sich mit einem beliebigen Gesprächspartner kurz austauschen können. Ich kann gar nicht sagen, wie oft ich Kinder habe erstarren sehen, wenn jemand versuchte, sie in ein Gespräch zu verwickeln. „Was machst du in deiner Freizeit, Bobby?" „Weiß nicht." „Magst du Sport?" „Denk' schon."

Auch wenn ich regelmäßige oberflächliche Gespräche nicht befürworte, denke ich durchaus, dass auch eine freundliche Plauderei ihren Platz hat und dass wir unseren Kindern keinen Gefallen damit tun, wenn wir sie mit den Worten „Sorry, aber sie (oder er) redet nicht so gern" abschirmen. Ja, einige von uns sind introvertiert und fühlen sich in sozialen Interaktionen nicht besonders wohl, sie sind eben scheue Kreaturen, denen es schon unangenehm ist, eine ihnen unbekannte Person anzusehen, geschweige denn ein Gespräch mit ihr zu beginnen. Ich will damit nicht sagen, dass wir unsere Kinder zwingen sollten, etwas zu sein, das sie nicht sind, und ich bin ganz sicher nicht dafür, sie dazu zu ermutigen, jeden x-beliebigen Fremden anzusprechen. Aber wenn es unsere Aufgabe ist, unseren Kindern die Fertigkeiten mit auf den Weg zu geben, die sie brauchen, um zu bewussten, selbstsicheren Erwachsenen zu werden, dann müssen wir sie entsprechend ihrer jeweiligen Möglichkeiten die Kunst der Konversation lehren.

Jetzt Sind Sie dran

Denken Sie an eine Situation, in der die Kommunikation mit einem Ihnen wichtigen Menschen aus dem Ruder gelaufen ist und mit bösen Worten, Groll oder gar Entfremdung endete.

Wie haben Sie dazu beigetragen, dass das Gespräch aus der Bahn geriet? Sind Sie wutentbrannt auf die andere Person *losgegangen*? Jedes Mal, wenn Sie einen Satz mit den Worten „Warum hast du …" beginnen, werden Sie bei Ihrem Gegenüber mit großer Wahrscheinlichkeit eine Abwehrhaltung hervorrufen. Haben Sie dem, was der andere gesagt hat, passiv zugestimmt, innerlich aber vor Wut gekocht und dennoch zurückgehalten, was Sie wirklich fühlen?

Nehmen Sie sich einige Minuten Zeit, um darüber nachzudenken, wie Sie dieses schwierige Gespräch vielleicht hätten anders gestalten können. Wie hätten Sie zum Ausdruck bringen können, dass Sie für den Standpunkt Ihres Gegenübers offen waren? Wie hätten Sie Ihre Gefühle ehrlich und dennoch respektvoll zeigen können, um das Ganze zu einem besseren Ende zu bringen?

Wenn Sie mögen, halten Sie Ihre Gedanken in Ihrem Tagebuch fest.

Praktische Umsetzung

Bewusste Elternschaft im echten Leben

Wie kann ich meinen Sohn korrigieren, ohne zu beschämen?

Frage: Wie hilft man einem Kind zu verstehen, dass seine Worte und Taten andere verletzen können, ohne dass es sich dabei schämen muss? Mein Sohn hat Probleme mit seiner Impulsivität und seinem Jähzorn, aber er ist auch ein sehr sensibles Kind. Er fühlt sich schrecklich, wenn er mal wieder einen Wutanfall hatte, und verkündet dann, er hasse sich selbst. Wie können wir mit ihm daran arbeiten, diese Anfälle zu vermeiden, ohne ihn dabei zu beschämen?

Vorschlag: Dieses Szenario ist typisch für Kinder, die sowohl sensibel als auch impulsiv sind. Einerseits sind sie vielleicht dünnhäutig und besonders anfällig für Verletzungen und Kränkung. Andererseits haben sie, was die Kontrolle ihrer Impulsivität angeht, schwache Bremsen und schlittern, ehe sie sich versehen, in den nächsten Wutanfall.

Für dieses Dilemma gibt es leider keine einfache Lösung. Es ist gut für Ihren Sohn, dass er seine Ausbrüche bereut, denn Reue hat einen hemmenden Einfluss auf das Verhalten. Wenn er sich beispielsweise schlecht fühlt, weil er seine Wut an seiner Schwester ausgelassen hat, dann hat er sich das nächste Mal, wenn er sich aufregt, vielleicht schon besser im Griff. Das Problem ist nur, dass dieser Gedanke zwar in der Theorie gut funktioniert, dass Kinder mit Impulsivitätsproblemen aber für gewöhnlich nicht über die emotionale Reife verfügen, das Für und Wider sorgfältig abzuwägen, *bevor* sie auf jemanden losgehen. Sie haben eine kurze Zündschnur; sie spüren Wut aufsteigen und ganz plötzlich explodieren sie.

Wenn Kinder sich dafür schämen, dass sie nicht imstande sind, sich inmitten eines emotionalen Sturms unter Kontrolle zu halten, dann müssen wir sie wissen lassen, dass sie *nicht ihr Verhalten sind.* Helfen Sie Ihrem Sohn, die Person zu sehen, die er ist – jemand, der andere nicht verletzen will – und die mit seinem verstörenden Verhalten erst einmal nichts zu tun hat. Das heißt nicht, dass er nicht für sein Handeln verantwortlich ist, aber es hilft ihm, zu verstehen, dass er, abgesehen von diesen Ausbrüchen, ein feiner und wertvoller Mensch ist. Helfen Sie ihm, die Warnsignale eines emotionalen Wirbelsturms in seinem Körper – die Anspannung in seinem Bauch oder den beschleunigten Herzschlag – zu erkennen, damit er Sie um Hilfe bitten kann, ehe der Sturm Schaden anrichtet.

Sollte man introvertierte Kinder zum Smalltalk zwingen?

Frage: Sie sagen, wir sollten unsere Kinder dazu ermutigen, mit anderen ins Gespräch zu kommen, aber meine Tochter ist extrem schüchtern. Sie kann den Leuten, die zu uns ins Haus kommen, kaum in die Augen sehen; aber sobald sie sie einmal kennt, ist sie ganz wunderbar. Sollten wir introvertierte Kinder nicht einfach so lassen, wie sie sind, anstatt sie dazu zu zwingen, mit Menschen zu plaudern, obwohl es ihnen doch so schwerfällt?

Vorschlag: Ja, wir sollten introvertierte Kinder genauso lassen, wie sie sind; wir sollten alle Kinder genauso lassen, wie sie sind. Doch es gibt kein Kind, das *gern* starr vor Angst ist, wenn es mit anderen interagieren soll.

Diese Frage ist nicht leicht zu beantworten, denn manche Kinder brauchen nur einen sanften Anstoß, während andere einfach nicht aus sich herauskommen können und auch nicht dazu getrieben werden sollten. Ich möchte keinesfalls vorschlagen, dass man beispielsweise ein Kind, das deutliche Anzeichen für Autismus zeigt, dafür ausschimpft, dass es nicht mit dem Verkäufer auf dem Markt geplaudert hat.

Haben Sie Vertrauen in sich selbst. Wenn Ihre Tochter wirklich unfähig ist, gesellschaftlichen Umgang zu pflegen, dann lassen Sie sie auf jeden Fall in Ruhe. Aber wenn sie einfach nur keine Erfahrung damit hat, ein Gespräch zu beginnen oder einen Kontakt zu knüpfen, können Sie ihr vielleicht dabei helfen, sich in solchen Situationen wohler zu fühlen.

Sollte ich meinen Mann bitten, sich zu entschuldigen?

Frage: Mein Mann und ich sind unterschiedlicher Meinung darüber, ob wir uns bei unseren Kindern entschuldigen sollten, wenn wir sie angeschrien haben. Ich fühle mich hinterher meistens furchtbar und sage ihnen, dass es mir leid tut. Aber mein Mann ist sehr stolz. Auch wenn er mir gegenüber einräumt, dass er sich schrecklich fühlt, wenn er die Kinder angeschrien hat, hält er es für ein Zeichen der Schwäche, sich bei ihnen zu entschuldigen.

Vorschlag: Mit jemandem verheiratet zu sein, ist keine Garantie dafür, dass man in allen Aspekten der Kindererziehung immer einer Meinung ist. Auch wenn wir denken, dass wir mit unserem Partner größtenteils einig waren, bevor wir Kinder bekamen, gibt es immer noch unzählige Gelegenheiten, verschiedener Ansicht zu sein.

Vermutlich orientiert sich Ihr Mann mit seinem Verhalten an dem seines Vaters oder einer anderen wichtigen Bezugsperson aus seiner Kindheit. Diese frühen Eindrücke sind sehr mächtig. Sie sollten ihn für seine Widerwilligkeit, sich bei Ihren Kindern zu entschuldigen, nicht zurechtweisen, ihm keinen Rat geben, ihn nicht beschimpfen oder kritisieren. Wenn Sie sich wie seine zeternde Mutter aufführen, werden Sie nur seinen Widerstand wecken.

Wenn Ihr Mann sieht, dass Sie sich Ihren Kindern gegenüber integer verhalten – also die Verantwortung für Ihr Handeln übernehmen –, und infolgedessen beobachtet, dass Ihre Kinder Ihnen gegenüber ebenfalls respektvoll und kooperativ sind, wird er vielleicht eines Tages daraus schließen, dass eine Entschuldigung ein Zeichen von Stärke und nicht von Schwäche ist. Aber das müssen Sie ihn selbst herausfinden lassen. Wenn Sie ihn verurteilen, wird er sein Handeln nur noch standhafter verteidigen.

KAPITEL 7

Auf Worte müssen Taten folgen

Ehrenhaft in dieser Welt zu leben,
heißt zu sein, was wir zu sein scheinen.

Sokrates

Ich habe einmal etwas über einen Stamm in Afrika gelesen, dessen Mitglieder etwas ganz Außergewöhnliches tun, wenn jemand etwas falsch gemacht hat. Sie glauben, dass jeder Mensch auf die Welt kommt und nur Liebe und Frieden möchte, aber dass Menschen manchmal auch Fehler machen. Der Stamm versammelt sich dann zwei Tage lang um den Gestrauchelten und zählt ihm all die guten Dinge auf, die er in seinem Leben vollbracht hat. Für sie ist der Fehltritt dieses Mannes ein Hilferuf, also kommen sie zusammen, um ihn wieder aufzubauen und daran zu erinnern, wer er ist, bis er sich seines eigenen guten Kerns entsinnt, von dem er vorübergehend getrennt war.

Stellen Sie sich vor, was geschehen würde, wenn wir *das* mit Kindern täten, die ein Problem haben oder leiden. Stellen Sie sich vor, wir würden sie mitfühlend daran erinnern, dass sie in ihrem Kern gut sind, anstatt mit ihnen zu schimpfen, wenn sie einen Fehler machen. Wenn wir wissen, dass wir geliebt werden, auch wenn wir vom Weg abgekommen sind, fällt es uns viel leichter, unsere

> **Wenn wir wissen, dass wir geliebt werden, auch wenn wir vom Weg abgekommen sind, fällt es uns viel leichter, unsere Fehler einzugestehen und nach Möglichkeiten zu suchen, wie wir sie wiedergutmachen können, um so das Vertrauen derer, die uns wichtig sind, zurückzugewinnen.**

Fehler einzugestehen und nach Möglichkeiten zu suchen, wie wir sie wiedergutmachen können, um so das Vertrauen derer, die uns wichtig sind, zurückzugewinnen.

Konsequentes Verhalten vorleben

So, wie man das eine macht, so macht man alles. Dies war schon immer ein fundamental wichtiges Leitbild in meinem Leben, eines, das mich sowohl persönlich als auch beruflich geprägt hat.

Als mein Sohn zehn Jahre alt war, fragte er mich, weshalb ich unfreundlich zu einem Telefonverkäufer gewesen war, der während des Abendessens angerufen hatte. „Hättest du dich genauso verhalten, wenn er vor dir gesessen hätte?“ fragte er. „Nein, Schatz … natürlich nicht.“

Wenn es heißt, dass unsere Kinder immer die höchsten Ansprüche an uns stellen, dann ist das kein Witz. Sie erleben uns, wenn wir das Beste und das Schlechteste von uns zeigen; alles, was wir tun, hinterlässt einen Eindruck. Unsere Kinder merken sich ganz genau, wie wir mit einem Telefonverkäufer sprechen oder ob wir uns an unser Versprechen halten, ihnen bei einem Wissenschaftsprojekt zu helfen. Vielleicht vergessen wir unsere Manieren oder stellen fest, dass wir doch keine Zeit haben, wie versprochen bei dem Projekt zu helfen. Das ist okay, wir sind auch nur Menschen und können nicht immer so sein, wie wir am liebsten wären.

Aber wenn unser Verhalten nicht mit dem übereinstimmt, was wir unseren Kindern predigen, müssen wir die Verantwortung dafür übernehmen. „Ich wollte dir wirklich mit deinem Projekt helfen und weiß, dass ich dich gerade im Stich lasse.“ Oder wie im Falle des Telefonats mit dem Verkäufer, das mein Sohn mit angehört hatte: „Ich könnte jetzt eine Ausrede erfinden, weshalb ich mit dem Mann so unfreundlich war, aber du hast Recht. Ich fühle mich nicht besonders wohl damit, wie ich ihn behandelt habe.“

Es kann eine ziemliche Last sein, sich immer daran zu halten, dass man, so wie man das eine macht, alles macht. Wir müssen bereit sein, uns selbst zu vergeben – und zwar recht oft. Doch indem wir charakterliche Beständigkeit demonstrieren, festigen wir unsere Position als verlässlicher Polarstern, von dem sich unsere Kinder jederzeit leiten lassen können, wenn sie in Würde und Integrität durch ihr Leben navigieren.

Verantwortungsbewusstsein zeigen

Wenn wir unseren Kindern beibringen, die Verantwortung dafür zu übernehmen, wie sie sich der Welt zeigen – an guten und auch an nicht so guten Tagen –, dann haben sie einen großen Vorteil im Leben. Wir alle fühlen uns zu Menschen hingezogen, denen wir vertrauen können – Menschen, die verbindlich sind und zu ihrem Wort stehen –, und wir vertrauen denen, die für ihr Handeln die Verantwortung übernehmen.

Der fünfzehnjährige Sean kam nach einem heftigen Streit mit seiner Mutter, während dessen er ein paar sehr hässliche Dinge zu ihr gesagt hatte, zu mir in die Praxis. Ich bat ihn, mir zu erzählen, wie es dazu gekommen war, dass er jetzt einen Monat Hausarrest hatte. Seine Geschichte hörte sich in etwa so an: „Sie hat mich echt wütend gemacht, also sagte ich #$%*. Dann hat sie gesagt, ich hätte eine Woche Hausarrest! Das hat mich noch wütender gemacht und da hab ich ihr gesagt, sie sei ein @^&*!. Und *dann* hat sie gesagt, ich hätte *noch* eine Woche Hausarrest und da sagte ich *#$%."

Als ich Sean fragte, wie er sich danach gefühlt habe, sagte er, er habe sich ziemlich schäbig gefühlt, aber er sei auch empört darüber gewesen, dass er Hausarrest bekommen habe.

Ich fragte ihn, ob ich ihm meine Meinung zu dem, was er mir gerade erzählt hatte, sagen dürfe. „Ich habe den Eindruck, dass du dich gewissermaßen gezwungen gefühlt hast, verletzende Dinge zu sagen, weil du dich so über deine Mutter geärgert hast. Kommt das in etwa hin?"

Er stimmte mir zu. Aber er lächelte auch ein wenig; er kannte mich gut genug, um zu wissen, dass ich ihn wahrscheinlich dazu anregen würde, seine Version der Ereignisse zurückzustellen und sich das Ganze aus einer anderen Perspektive anzusehen.

Ich sagte: „Sean, kannst du mir die Geschichte bitte noch einmal erzählen, nur dieses Mal so, dass du, bevor du beschreibst, was du gesagt oder getan hast, die Worte *Ich habe mich entschieden* oder *Ich habe beschlossen* benutzt?“

Er wand sich ein wenig, aber er war kein Spielverderber. „Meine Mutter hat mich echt wütend gemacht, als sie wegen dieser Sache auf mich losging, also *entschied ich mich* #$%* zu ihr zu sagen. Da ist sie richtig sauer geworden und hat gesagt, ich hätte eine Woche Hausarrest. Das hat mich noch wütender gemacht, also *beschloss ich*, ihr zu sagen, sie sei ein @^&*!. Da ist sie supersauer geworden und hat gesagt, ich hätte nun zwei Wochen Hausarrest, also *entschied ich mich*, *#$% zu sagen.“

Als er geendet hatte, fragte ich ihn, wie es sich angefühlt habe, die zweite Version der Geschichte zu erzählen. Der arme Kerl – es war so viel leichter gewesen, seiner Mutter die Schuld zu geben, als die Verantwortung für seinen Anteil an dem Problem zu übernehmen. Es ist ihm jedoch hoch anzurechnen, dass er zugab, ein paar ziemlich schlechte Entscheidungen getroffen zu haben, die ihn letztlich in seine Misere gebracht hatten. Ich sagte ihm, dass wir alle Fehler machen würden, dass wir die Dinge aber wieder in Ordnung bringen könnten, wenn wir die Verantwortung übernehmen und Wiedergutmachung leisten würden.

Nichts hilft Kindern besser dabei, die Folgen schlechter Entscheidungen zu begreifen, als die Geschichten von Menschen, die ein neues Leben beginnen, nachdem sie auf die schiefe Bahn geraten waren.

Es ist gut und schön, wenn wir unseren Kindern in der Hoffnung, dass sie einmal wohlüberlegte und umsichtige Entscheidungen treffen werden, erklären, wie wichtig es ist, die Konsequenzen schlechter Entscheidungen zu tragen. Doch nichts hilft ihnen besser dabei, die Folgen schlechter Entscheidungen zu begreifen, als die Geschichten von Menschen, die ein neues Leben beginnen, nachdem sie auf die schiefe Bahn geraten waren.

Einer meiner Klienten kauft mit seinen Kindern den Weihnachtsbaum immer an einem Stand, der von den Bewohnern eines stationären Rehabilitierungsprogramms namens Delancey Street betreut wird. Dieser Vater erzählte mir: „Wir sind immer sehr inspiriert von den Begegnungen mit den Bewohnern von Delancey Street. Da berichtet zum Beispiel ein Mann, der uns dabei hilft, unseren Baum auszusuchen, von seinen Kindern, die er seit zwei Jahren nicht gesehen hat. Und er sagt: ‚Aber das ist es wert, denn wenn ich dieses Programm durchziehe, werde ich endlich der Vater sein können, den sie verdienen.' Ein anderes Mal erfahren wir, dass der Mann, der uns dabei hilft, den Baum auf dem Autodach zu befestigen, den Großteil seines Lebens im Gefängnis verbracht hat. Er spricht über die Fehler, die er gemacht hat, und darüber, wie dankbar er ist, überhaupt noch am Leben zu sein und noch mal von vorn anfangen zu können." Mein Klient geht schon seit Jahren mit seinen Kindern zu Delancey Street, um dort den Weihnachtsbaum zu kaufen, was u. a. daran liegt, dass er sieht, welch positive Wirkung es auf seine Kinder hat, auf Menschen zu treffen, die die Verantwortung für ihre Fehler übernommen haben und ihr Leben von Grund auf ändern.

Die meisten von uns versuchen verständlicherweise, ihre Kinder von Menschen mit Suchtproblemen oder krimineller Vergangenheit fernzuhalten. Doch wenn Sie vertrauenswürdige Freunde haben, die das andere Ende eines schwierigen Lebensabschnitts erreicht haben und denen es jetzt gut geht, kann es sehr wertvoll für Ihre Kinder sein, sich ihren hart erkämpften Rat anzuhören. Ob vor tausenden von Jahren am Lagerfeuer oder an einem Verkaufsstand für Weihnachtsbäume in der Vorstadt, wir Menschen lernen immer noch am meisten aus den Geschichten anderer. Unsere Kinder mit der Weisheit und Einsicht von Menschen in Berührung zu bringen, die erst vom Weg abkamen und ihn dann wiederfanden, indem sie Verantwortung für ihre Fehler übernahmen, kann große Auswirkungen auf ihr Leben haben.

Kinder ermutigen, die Wahrheit zu sagen

Alle Kinder schwindeln; in einem gewissen Alter ist das entwicklungstechnisch durchaus angemessen. Tatsächlich gehört das Verdrehen der Wahrheit sogar zum Prozess, zwischen Fantasie und Realität, Tatsache und Fiktion unterscheiden zu lernen. Und natürlich verbergen Kinder die Wahrheit, damit sie keinen Ärger kriegen. Das schlechte Gefühl, eine Täuschung aufrechtzuerhalten, ist in der Regel leichter zu ertragen, als die Folgen einer unangenehmen Wahrheit zu spüren, auch wenn man dabei riskiert, später doch noch erwischt zu werden. Später ist später und jetzt ist jetzt.

Anstatt auf Angst und Schuld zu setzen, um unsere Kinder zu ermutigen, zu ihren Fehlern zu stehen, ist ihnen besser damit gedient, wenn wir betonen (und natürlich vorleben), wie viel besser es sich anfühlt, die Wahrheit zu sagen, auch wenn es manchmal schwierig ist.

Eine Studie der University of Toronto aus dem Jahr 2010 untersuchte die Faktoren, die Kinder dazu motivieren, ehrlich zu sein. Kinder im Alter von drei bis sieben Jahren wurden in einem Raum allein gelassen, nachdem man ihnen gesagt hatte, dort liege ein geheimnisvolles Spielzeug, das sie nicht ansehen dürften. Kurz darauf kamen die Forscher zurück in den Raum und lasen den Kindern eine Geschichte vor – *Pinocchio*, *Der Hirtenjunge und der Wolf* oder *George Washington und der Kirschbaum*. Danach fragten sie die Kinder, ob sie sich das versteckte Spielzeug angesehen hätten.

Dabei wurde den Kindern, die gerade eine Geschichte mit negativen Folgen für Unehrlichkeit gehört hatten, gesagt: „Ich möchte nicht, dass du dich wie Pinocchio oder wie der Hirtenjunge verhältst; also sag mir die Wahrheit!“ Die Kinder, die gerade die Geschichte über George Washington gehört hatten, der zugab, den Kirschbaum tatsächlich gefällt zu haben, wurden gebeten, sich wie er zu verhalten. Diese Kinder gaben dreimal so oft zu, dass sie einen Blick auf das Spielzeug geworfen hatten, wie diejenigen, denen man die negativen Folgen des Lügens – Pinocchios wachsende Nase oder das schlimme Schicksal des Hirtenjungen, der gefressen wurde – vor Augen geführt hatte.

Bei einer interessanten Abwandlung der Geschichte von George Washington, in der er seinem Vater nicht gesteht, dass er den Kirschbaum gefällt hat, sondern lügt und sagt, dass er es nicht getan habe, waren die Kinder, die diese Version der Geschichte gehört hatten, ebenso wenig bereit, zuzugeben, dass sie das geheimnisvolle Spielzeug angeschaut hatten, wie diejenigen, denen Geschichten vorgelesen wurden, in denen Unehrlichkeit negative Folgen hat.

> Kinder geben eher einen Fehler zu, wenn Ehrlichkeit eine positive Eigenschaft für sie ist, als wenn sie Unehrlichkeit als etwas ansehen, das zu unangenehmen Konsequenzen führt.

Die Ergebnisse deuten darauf hin, dass Kinder eher einen Fehler zugeben, wenn Ehrlichkeit eine positive Eigenschaft für sie ist, als wenn sie Unehrlichkeit als etwas ansehen, das zu unangenehmen Konsequenzen führt. Mit anderen Worten: Die Angst vor Bestrafung ist eine schwächere Motivation als die Aussicht auf Lob und Anerkennung.

Sich entschuldigen

Erst als Mutter erkannte ich, dass ich zwar nicht immer perfekt sein musste, dass ich jedoch zu lernen hatte, die Verantwortung dafür zu übernehmen, wenn ich einmal die Beherrschung verlor und Dinge sagte oder tat, die unter meiner Würde waren. Ich musste lernen, mich zu *entschuldigen*.

Das war ein schwieriger Prozess, denn mein Ego hatte eine Menge Strategien entwickelt, zu leugnen, dass ich Unrecht hatte. Ich war in einer Welt aufgewachsen, in der es viel wichtiger war, Recht zu haben, als die eigenen Unzulänglichkeiten einzugestehen, und entsprechend gut ausgebildet in der Kunst der Selbstverteidigung. Ich besaß quasi ein Diplom im Rechtfertigen, Rationalisieren und Anderen-die-Schuld-Geben.

Sie erinnern sich sicher, dass ich bereits sagte, Kinder könnten unsere besten Lehrer sein? Es war mein Sohn, der mir die Gelegenheit gab, zu erkennen, dass ich mich angesichts der seligen Erfahrung meiner Unvollkommenheit entspannen konnte. Ich konnte zu meinen Fehlern stehen. Es dauerte seine Zeit, aber was war es doch für eine *Erleichterung*! Und ich profitierte auch auf anderer Ebene davon: Ich zog einen jungen Mann groß, der sich bereitwillig entschuldigte, wenn er Mist gebaut hatte, und damit zeigte, dass ihm Liebe mehr galt als einen Streit zu gewinnen oder Recht zu haben.

All das habe ich über Entschuldigungen gelernt. Sie müssen aufrichtig sein; ich bin nicht daran interessiert, Kinder dazu zu zwingen, widerwillig „Es tut mir leid" zu murmeln, wenn sie jemanden emotional oder körperlich verletzt haben. Genau genommen, führt eine unaufrichtige Entschuldigung dazu, dass Kinder lernen, dass es okay ist, *sich wie ein Idiot* (im klinischen Sinne!) *zu benehmen*, solange sie am Ende diese vier kleinen Worte murmeln. Es ist sehr wichtig, dass sich unsere Kinder nur dann entschuldigen, wenn sie echte Reue empfinden.

Das funktioniert nicht, wenn Scham im Spiel ist. Wenn wir unsere Kinder demütigen, wenn sie einen Fehler machen, springt ihr Verteidigungsmechanismus an und es fällt ihnen nur noch schwerer, einen Fehltritt zuzugeben. Vielmehr müssen wir unseren Kindern auf sanfte Weise helfen, die Verletzung des anderen anzuschauen, damit sie die Auswirkungen ihres unfreundlichen Verhaltens erfassen können. Nur so können sie am Ende ein echtes „Es tut mir leid" hervorbringen oder eine Geste der Wiedergutmachung zeigen.

Wir müssen unseren Kindern auf sanfte Weise helfen, die Verletzung des anderen anzuschauen, damit sie die Auswirkungen ihres unfreundlichen Verhaltens erfassen können.

Der erste Schritt beim Entschuldigen besteht darin, ein aufrichtiges „Es tut mir leid" zu äußern, ohne das eigene Verhalten zu rechtfertigen. „Es tut mir leid, aber ich bin nur deshalb auf Ihren Fuß getreten, weil er mir im Weg war" ist keine Entschuldigung. Viele Leute sind gut darin, eine oberflächliche Entschuldigung hervorzubringen, aber sie neutralisieren ihre Wirkung sogleich, indem sie erklären, warum sie sich so und so verhalten haben. „Es tut mir leid, dass ich wütend geworden bin, als du zu spät kamst, aber ich war krank vor Sorge! Und ich bin so müde … und jetzt ist das Gemüse zerkocht … und der Hund hat die Rosen zertrampelt …" ist nicht dasselbe wie „Es tut mir sehr leid, dass ich so wütend geworden bin, als du zu spät kamst". Punkt. Erkennen Sie den Unterschied? Irgendwann kann man dann darüber sprechen, was passiert ist, so dass auch der andere erkennen kann, wie er möglicherweise zu der Situation beigetragen hat. Doch als erstes geht es darum, die Schärfe aus *Ihrem* Verhalten zu nehmen.

Zweitens müssen wir *ausdrücklich* anerkennen, wie sich unser Verhalten auf die andere Person ausgewirkt hat. „Das muss wirklich sehr wehgetan haben, als ich Ihnen auf den Fuß getreten bin." Oder: „Dass ich dich sofort angeschrien habe, als du zur Tür hereinkamst, hat dich bestimmt völlig unvorbereitet getroffen, vor allem nachdem du gerade eine Stunde im Stau gestanden hattest." So weiß die verletzte Person, dass wir nicht nur leere Worte von uns geben, sondern uns auch in ihre Lage versetzen und uns vorstellen können, wie wir sie mit unserem Verhalten verletzt haben.

Drittens sagen wir, wie wir uns nach unserem Fehltritt gefühlt haben, und zeigen unsere Absicht, es künftig besser zu machen. „Ich habe mich hinterher furchtbar gefühlt – es war mir sehr unangenehm, dass ich so die Beherrschung verloren habe. Ich möchte, dass du weißt, dass ich ernsthaft daran arbeite. Ich liebe dich und will nicht, dass du, wenn du dich verspätest, damit rechnen musst, dass ich wie eine Furie auf dich losgehe." An dieser Stelle können Sie vielleicht noch erklären, was Sie dagegen tun wollen, dass dieses Verhalten sich wiederholt – zum Beispiel den Raum verlassen, sobald Sie merken, dass Sie wütend werden, bis zehn zählen, Tagebuch schreiben, mit einem Therapeuten arbeiten oder mehr schlafen.

Schließlich fragen wir den anderen, was wir tun können, damit er uns verzeiht und es ihm besser geht. „Kann ich irgendetwas für dich tun?" Dadurch geben Sie ihm die Gelegenheit, Ihnen zu sagen, dass er für Ihre Entschuldigung dankbar und alles wieder in Ordnung ist, oder aber Ihnen mitzuteilen, was er jetzt von Ihnen braucht. Das könnte zum Beispiel so klingen: „Ich möchte dir gern verzeihen, aber ich will, dass du mir versicherst, dass du dir das nächste Mal, wenn ich zu spät komme und mit dem Handy keinen Empfang habe, anhörst, was passiert ist, bevor du deinem Ärger freien Lauf lässt."

Einmal erzählte mir jemand, dass in der Vorschule ihres Kindes die Kleinen besonders dazu angehalten würden, eben nicht „Es tut mir leid" zu sagen, wenn sie jemandem wehgetan haben, sondern denjenigen zu fragen, ob es ihm gut geht, und ihre Anteilnahme auszudrücken, in dem sie ihm einen Becher Wasser und ein feuchtes Papiertuch (für sein Wehwehchen) bringen. Auch alle, die den Unfall mit angesehen haben, werden ermutigt, dem verletzten Kind ein feuchtes Papiertuch zu bringen. Immer wenn in dieser Vorschule ein Kind verletzt wird, bringt man ihm also einen Becher Wasser und einen Stapel feuchter Papiertücher! Mir gefällt die Vorstellung eines kleinen Kindes, das sich inmitten einer Gruppe anderer kleiner Kinder, die es trösten, die Tränen abwischt. Diese Kinder lernen schon sehr früh auf praktische Weise, wie man einen Fehler, den man gemacht hat, wiedergutmachen kann, anstatt einfach nur ein unaufrichtiges „Tut mir leid…" zu murmeln.

Um das Ganze noch einmal zusammenzufassen, hier die vier Schritte einer Entschuldigung:

1. Ein von Herzen kommendes „Es tut mir leid" ohne jegliche Erklärungen, die als Versuch der Rechtfertigung oder Verteidigung aufgefasst werden könnten.
2. „Ich kann mir vorstellen, dass du dich … gefühlt hast." Diese Aussage zeigt, dass Sie sich einfühlsam und anteilnehmend in die Lage des anderen versetzt haben.
3. „In Zukunft …". Hier zeigen Sie Ihre Absicht, es in Zukunft besser zu machen, und stellen klar, dass Sie Ihr verletzendes Verhalten nicht wiederholen möchten.
4. „Kann ich irgendetwas für dich tun?" Sie geben der anderen Person die Gelegenheit, Ihnen zu sagen, weshalb sie Ihnen vielleicht noch nicht verzeihen kann und was sie braucht, damit die Sache aus der Welt geschafft werden kann.

Wenn wir anfangen, zu unseren Fehlern zu stehen, anstatt uns zu verteidigen oder anderen die Schuld zu geben, wenn wir die Beherrschung verlieren, erfahren wir ein ungeheures Freiheitsgefühl. Wenn wir nicht mehr mit dem Ungleichgewicht zwischen der reiferen Person, die wir gerne wären, und der stets unvollkommenen Person, als die wir uns hin und wieder präsentieren, zu kämpfen haben, können wir uns selbst mit viel mehr Mitgefühl so annehmen, wie wir sind. Entschuldigungen gehen uns dann leichter von den Lippen, und ironischerweise können wir uns aufrichtiger einfühlen, wenn wir uns nicht zu verteidigen versuchen.

Die Elternschaft hilft uns dabei, uns unsere Schwächen einzugestehen und die Verantwortung für unser Handeln zu übernehmen, anstatt uns von Stolz und Ego leiten zu lassen. Auf diese Weise können wir Kinder erziehen, die Verantwortung für ihr Verhalten tragen und verstehen, wie wichtig es ist, ein rechtschaffenes Leben zu führen.

Jetzt sind Sie dran

Bevor wir anfangen, möchte ich klarstellen, dass der Zweck der folgenden Übung nicht darin besteht, alte Gefühle der Scham oder Reue wiederzubeleben, sondern vielmehr darin, zu erkennen, dass es oft schmerzhafter und aufwändiger ist, einen Fehler zu verbergen, als ihn zuzugeben und wiedergutzumachen.

Denken Sie an einen Fehler, den Sie gemacht und durch den Sie eine wichtige Lektion gelernt haben.

Beschreiben Sie die Situation in Ihrem Tagebuch.

Wurde jemand verletzt? Wenn ja, wie?

Haben Sie die Folgen Ihres Fehlers sofort angesprochen oder haben Sie ihn erst einmal geleugnet und gehofft, dass keiner merkt, was Sie getan haben?

Wenn Sie Ihren Fehler nicht gleich angesprochen haben, welchen Preis haben Sie dafür gezahlt, dass Sie die Wahrheit zurückgehalten haben?

Wie haben Sie Ihren Fehler bei der/den betroffenen Person/en wiedergutgemacht?

Wenn es Ihnen passend erscheint und niemand daran Schaden nimmt, erzählen Sie diese Geschichte Ihrem Kind und helfen Sie ihm, die Lektion, die Sie aus diesem Fehler gelernt haben, zu verstehen.

Halten Sie alle Gedanken und Betrachtungen aus dieser Übung in Ihrem Tagebuch fest.

Praktische Umsetzung

Bewusste Elternschaft im echten Leben

Sollte man Kinder nicht bestrafen, wenn sie sich schlecht benehmen?

Frage: Diese Geschichte über den Stamm in Afrika ist herzerwärmend, aber ich verstehe nicht, wie wir Kindern beibringen sollen, sich anständig zu benehmen, wenn wir sie nicht dafür bestrafen, wenn sie böse waren. Ist das nicht verwirrend für sie? Sollte ein Kind nicht die negativen Folgen seines Fehlverhaltens zu spüren bekommen, anstatt zu hören, dass es ein guter Mensch ist?

Vorschlag: Wenn wir ein Kind mit seinem Ungehorsam gleichsetzen, tun wir ihm absolut keinen Gefallen. Wir Menschen tun Dinge aus zwei Gründen: entweder zum Vergnügen oder um Schmerz zu vermeiden. Eine Person, die lügt, stiehlt oder anderen Schaden zufügt, tut dies entweder, weil sie glaubt, dass sie sich dadurch besser fühlen wird – mächtiger, respektierter oder bestätigt – oder weil sie glaubt, sich dadurch irgendeinem Schmerz entziehen zu können.

Kinder, die für ihre Fehler immer wieder verurteilt, ausgeschimpft, gedemütigt oder geschlagen werden, fühlen sich nicht motiviert, sich zu bessern. Oft geben sie einfach auf und rechtfertigen ihre Vergehen, weil ihre Herzen bereits verhärtet sind. (Psychologen nennen das das *Trockene-Augen-Syndrom.*) Indem wir ein Kind daran erinnern, dass es ein gutes Wesen hat, und eine klare Vorstellung dessen aufrechterhalten, wer es in seinem Innersten ist, helfen wir ihm, sein Selbstvertrauen wiederherzustellen. Wenn wir Kinder darin unterstützen wollen, den Mut aufzubringen, das Richtige zu tun, ist dieses Vorgehen wesentlich effektiver, als ihnen mit Strafe zu drohen.

Das soll nicht heißen, dass es für die Fehler oder das Fehlverhalten eines Kindes niemals Konsequenzen geben darf. Wenn Eliza im ganzen Haus randaliert und alle in Aufruhr versetzt, weil sie den Pullover ihrer Schwester nicht anziehen darf, dann dürfen Sie ruhig beschließen, heute nicht mit ihr in den Park zu gehen. Aber wie Sie inzwischen sicher festgestellt haben, ist meine Herangehensweise an das Fehlverhalten eines Kindes eher, die dahinter liegenden Ursachen zu betrachten, als über Strafen (oder Belohnungen) nachzudenken. Ich halte Notlösungen nicht für effektiv; vielmehr möchte ich verstehen, welchen ganz eigenen Sinn das Fehlverhalten eines Kindes hat – und dann das Problem an der Wurzel packen –, anstatt willkürlich Strafen zu verhängen, wenn sich ein Kind schlecht benimmt.

Ist es normal, dass Kinder lügen?

Frage: Mein Zehnjähriger ist ein notorischer Lügner, der sich Geschichten ausdenkt, damit er keinen Ärger bekommt. Ich weiß nie, ob er gerade die Wahrheit sagt oder flunkert, darum muss ich davon ausgehen, dass er lügt, und ihn entsprechend bestrafen. Das macht ihn natürlich sehr wütend, wenn er gerade mal ehrlich war. Wie kann ich den Unterschied erkennen?

Vorschlag: Wenn sich ein Kind schlecht benimmt, schlüpfe ich in die Rolle eines Detektivs und stelle eine der folgenden Fragen: Inwiefern macht sein Verhalten Sinn? Was müsste für ihn zutreffen, damit er sich für eine Lüge entscheidet? Strebt er nach Annehmlichkeiten oder versucht er, Schmerz zu vermeiden? Wie macht sich seine Schwindelei für ihn bezahlt? Vermutlich versucht er, sich dem Schmerz zu entziehen, Ärger zu bekommen. Das macht doch Sinn, oder?

Ich sage oft: Durch unsere Reaktionen auf Dinge, die wir nicht hören wollen, bringen wir unseren Kindern *selbst* bei, wie ehrlich sie mit uns sein können. Was passiert denn, wenn Ihr Sohn Ihnen *wirklich* die Wahrheit sagt? Werden Sie wütend? Zeigen Sie ihm, wie enttäuscht Sie von ihm sind? Schämt er sich, ist er verlegen? Fühlt er sich gedemütigt? Ich will damit nicht sagen, dass es Ihre „Schuld" sei, dass Ihr Sohn unaufrichtig ist, oder dass er für seine Täuschungen nicht zur Rechenschaft gezogen werden sollte. Aber wenn ich mit einem unehrlichen Kind arbeite, gehe ich erst einmal davon aus, dass es sich für die angenehmere von zwei unangenehmen Vorgehensweisen entscheidet.

Es schmerzt Kinder, wenn sie ihre Lieben belügen, denn damit erschüttern sie eben jene Nähe und Verbundenheit, die für sie so fundamental wichtig ist. Doch wenn Ihr Sohn glaubt, dass er Sie mit der Wahrheit enttäuscht, und sich das für ihn noch schlimmer anfühlt (oder er sich vor Ihrem Zorn oder einer Strafe fürchtet), dann wird er seine Lügen wahrscheinlich weiterhin für das kleinere Übel halten.

Je mehr Sie daran arbeiten, der Kapitän des Schiffes zu werden, der imstande ist, sich von seinem Sohn auch schwierige Wahrheiten anzuhören, desto weniger wird er versuchen, Sie (und sich selbst) durch seine Lügen zu schützen.

Es könnte auch hilfreich für Sie sein, etwas dazu zu lesen, wie Sie die Bindung zwischen Ihnen beiden stärken können. Wenn Kinder das Gefühl haben, dass wir sie mögen, wahrnehmen und genießen, wird dadurch ihr natürlicher Instinkt geweckt, mit uns zu kooperieren und sich mit uns zu verbinden, und es fällt ihnen wesentlich schwerer, das Unbehagen, das entsteht, wenn sie unehrlich sind, zu ertragen.

Frage: Mein Vater hat sich mit uns Kindern wirklich viel Mühe gegeben (meine Mutter war nicht da), aber ich war ein zorniger und widerspenstiger Teenager; ich hing mit den harten Kids rum und habe ein paar Dinge getan, auf die ich nicht stolz bin, wie zum Beispiel Briefkästen sprengen und Graffitis sprühen. Ich habe mein Leben inzwischen gründlich verändert und wünsche mir, dass meine Kinder – neun und elf – zu ihrem Vater aufschauen. Sollte ich ihnen sagen, was ich getan habe?

Vorschlag: Die meisten von uns haben schon einmal Dinge getan, in denen sich der vorübergehende Verlust unseres moralischen Kompasses spiegelt. Auch wenn es nicht leicht ist, diesen schrecklichen Knoten im Bauch loszuwerden, den wir immer dann spüren, wenn wir uns an unsere Missetaten erinnern, so kommt es doch darauf an, wo Sie heute stehen. Es hört sich so an, als seien Sie fest entschlossen, ein Leben zu führen, wie es der Mann tun würde, der Sie gern sein wollen – und das ist es, was zählt.

Es liegt mir fern, für Sie zu entscheiden, was Sie Ihren Kindern erzählen sollten und wann. Auf Ihre Frage gibt es keine richtige Antwort, jedenfalls nicht aus meinem Blickwinkel. Ich kann Ihnen nur raten, Ihrem Instinkt zu vertrauen, wenn es darum geht, ob Sie Ihren Kindern anvertrauen sollten, welchen Preis Sie für die Entscheidungen in Ihrer Jugend gezahlt haben. Es kann durchaus förderlich sein, wenn Sie ihnen den Schmerz zeigen, den Sie empfinden, wenn Sie an die Dinge denken, die Sie als Teenager getan haben. Sie sollten sich nur sicher sein, dass es wirklich zu ihrem Besten ist, die Details zu erfahren, und dass Sie damit nicht versuchen, Ihre Schuldgefühle zu tilgen. Machen Sie Ihre Kinder nicht zu Ihren Beichtvätern.

Und wenn Sie sich entschließen, Ihren Kindern nichts von Ihren Jugendsünden zu erzählen, dann machen Sie sich klar, ob Sie diese Entscheidung aus den richtigen Gründen getroffen haben – nämlich weil Sie glauben, dass sie noch nicht bereit sind, diese ältere Version ihres Vaters mit der aktuellen in Übereinstimmung zu bringen.

Wenn Sie ein Unrecht wiedergutmachen müssen – ein Entschuldigungsschreiben schicken, Entschädigung leisten, eine Schuld begleichen –, dann tun Sie das; es ist nie zu spät für eine Wiedergutmachung. Ich hoffe, dass Sie nicht nur die Verantwortung für Ihre Entscheidungen übernehmen, sondern dass Sie sich auch selbst vergeben. Wie Maya Angelou schon sagte: „Wenn wir es besser wissen, machen wir es auch besser.“ Für mich klingt es, als wüssten Sie es inzwischen besser und könnten Kinder erziehen, die bessere Entscheidungen treffen.

KAPITEL 8

Empathie, Verletzlichkeit und Mitgefühl kultivieren

Unser menschliches Mitgefühl verbindet uns miteinander –
nicht in Mitleid oder Gönnerhaftigkeit,
sondern als menschliche Wesen,
die gelernt haben, ihr gemeinsames Leid
in Hoffnung auf die Zukunft zu verwandeln.

Nelson Mandela

Auf den ersten Blick sind wir eine vielseitige Spezies. Auf der Welt gibt es heute rund 6.500 gesprochene Sprachen. Das ist eine Menge Spielraum für Variationen, wie wir unsere Hoffnungen, Bedürfnisse, Ängste und Träume in Worte fassen.

Aber was ist mit den Hoffnungen, Bedürfnissen, Ängsten und Träumen selbst? Sie sind doch im Wesentlichen gleich. Wir sind eine Spezies, die über diesen sich drehenden Planeten stolpert und versucht, zu überleben, ihre Kinder am Leben zu erhalten und ihr Leben so bedeutungsvoll wie möglich zu gestalten.

Manchmal stelle ich mir die gesamte Menschheit als Samen des Lebens vor, die über den Globus verstreut sind. Wir mögen ja unterschiedliche Nahrung zu uns nehmen und unsere Haut weist unterschiedliche Schattierungen auf, doch wir alle sind Mitglieder desselben Stammes. Wenn wir als Spezies überleben wollen, müssen unsere Kinder lernen, dass wir alle auf der zellularen, der ursprünglichsten Ebene miteinander verbunden sind. Die Welt befindet sich in einem fragilen Zustand; wenn wir fortbestehen wollen, spielt unsere Fähigkeit, unseren Mitmenschen gegenüber Fürsorge und Mitgefühl zu zeigen, eine zentrale Rolle.

Vor über zwanzig Jahren entdeckten die italienischen Forscher Giacomo Rizzolatti und Vittorio Gallese beim Untersuchen von Affengehirnen die sogenannten „Spiegelneuronen“. Ihnen fiel auf, dass bestimmte Gehirnzellen aktiviert wurden, wenn ein Affe nach einer Erdnuss griff, und dass die gleiche Reihe motorischer Zellen aktiviert wurde, wenn dieser Affe zusah, wie ein *anderer* Affe nach einer Erdnuss griff. Mit anderen Worten: Obwohl der Affe nicht selbst an der Aktion beteiligt war, reagierte sein Gehirn so, als wäre dies der Fall gewesen.

> Wenn wir als Spezies überleben wollen, müssen unsere Kinder lernen, dass wir alle auf der zellularen, der ursprünglichsten Ebene miteinander verbunden sind.

Die wissenschaftliche Forschung vertritt inzwischen die Meinung, dass, wenn eine andere Person traurig, wütend oder glücklich ist, in unserem Gehirn Spiegelneuronen aktiviert werden, die uns helfen, zu fühlen, was die andere Person fühlt, so als fühlten wir es selbst. Inzwischen hält man die Spiegelneuronen für einen entscheidenden Faktor in der menschlichen Empathie, der es uns ermöglicht, unseren Mitmenschen mit Zärtlichkeit zu begegnen – zu fühlen, was sie fühlen. Mit anderen Worten: Wir sind dazu veranlagt, empathisch zu sein. Wir können also Dinge tun, die entweder die Fähigkeit unserer Kinder, sich in andere Menschen und deren Gefühle hineinzuversetzen, fördern, oder aber die Tendenz mancher Kinder, sich zu isolieren, verstärken.

Den Geschichten anderer Menschen lauschen

Vor Kurzem hat mein Sohn ein Projekt und eine Website namens *Briefe an unser früheres Ich* ins Leben gerufen, auf der er Menschen dazu einlädt, Briefe an die jüngeren Versionen ihrer selbst zu schreiben und ihnen, basierend auf den Erfahrungen, die sie inzwischen im Leben gesammelt haben, Rat zu geben oder Trost zu spenden. Der Gedanke dahinter war, die Gespräche am Lagerfeuer aus alter

Zeit, die Menschen seit Jahrtausenden geführt haben, wieder aufleben zu lassen. Ursprünglich wollte er einfach nur einen Raum schaffen, in dem die Weisheiten vieler sich gegenseitig befruchten und in dem er und seine Altersgenossen etwas von ihren Ältesten lernen können – und diese Ältesten vielleicht auch das eine oder andere von den Jüngeren. Während er Briefe von Menschen aller möglichen Altersstufen und Kulturen zusammentrug, beobachtete ich, wie sich in ihm eine stille Verwandlung vollzog. Er wurde immer offenherziger.

Ich habe meinem Sohn immer Geschichten über Leute erzählt, die weniger privilegiert waren als wir, und habe ihn, so oft es ging, mit Menschen zusammengebracht, die viel gereist waren und ihm von der Welt jenseits unseres Gartens berichten konnten. Er war gerade mal drei Jahre alt, als wir das erste Mal mit ihm nach Indien reisten; als wir das nächste Mal fuhren, war er sieben, und dann fuhren wir noch einmal als er zehn war. Als er fünfzehn war, nahm ich ihn mit auf eine zweieinhalbmonatige Reise durch Uganda, Tansania, Australien und Neuseeland, damit er diese Länder erkunden, lernen und ehrenamtlich dort arbeiten konnte. Auf dem College verbrachte er ein Semester bei einer Familie im Senegal. Ich weiß, dass diese Erfahrungen ihm dabei geholfen haben, ein mitfühlender junger Mann zu werden, der für Menschen mit den unterschiedlichsten Lebenswegen offen ist.

Doch Briefe von solch ungeschützter Verletzlichkeit zu lesen, hat wie nichts anderes zuvor seine eigene Verletzlichkeit geweckt. Er beendet Gespräche jetzt viel öfter mit „Ich liebe dich". Manchmal ruft er mich an, um mir zu danken, dass ich etwas mit ihm besprochen oder weil ich so ein tolles Abendessen gezaubert habe. Und ich beobachte, wie er sich bemüht, auch seine anderen wichtigen Beziehungen stärker zu schätzen und zu nähren.

Vor allem ein spezieller Brief hat etwas in Ari bewegt. Er stammte von einem jungen Mann – einem chinesischen Einwanderer – und war an dessen jüngeres Ich gerichtet.

Lieber Z,

hör auf, deine Lunchbox anzustarren. Da drin ist nichts, wofür man sich schämen müsste. Pak Choi, Reis und Kurzgebratenes; deine Mutter ist früh aufgestanden, um es für dich zuzubereiten. Sie hat die Zutaten im Laden gekauft, sie gekocht, gebraten und sie feinsäuberlich in diese Box getan. Das hat sie nicht gemacht, um dich zu ärgern, und auch nicht, weil sie eine sture Chinesin ist, die sich nicht anpassen will. Sie hat es getan, weil sie dir eine selbstgekochte Mahlzeit mitgeben wollte, denn sie sieht sehr wohl jeden Morgen diesen Ausdruck von Einsamkeit in deinem Gesicht, wenn sie dich vor der Schule absetzt.

Hör auf, deine Essstäbchen zu verstecken, es überzeugt niemanden, wenn du mit der Gabel isst. Das Kind neben dir wird nicht aufhören, mit dem Bleistift nach dir zu werfen, wenn du versuchst, ein bisschen amerikanischer zu sein. Sie werden nicht aufhören, dich jeden Tag, wenn du zur Tür hereinkommst, zu beschimpfen, und sie werden auch nicht aufhören, dich zu hassen, wenn du so tust, als wärst du wie sie.

Eines Tages wirst du verstehen, dass sie dich gar nicht hassen. Sie hassen sich selbst, ihr Leben, und sie hassen das grausame Schicksal, das es so gefügt hat, dass sie in Armut geboren wurden. Sie sind nur noch nicht reif genug, um es besser zu wissen, darum nehmen sie ihren Hass, ihre giftige Selbstverachtung und lassen sie an dir aus. Sie lassen sie an dir aus, weil sie sehen, wie verletzlich, wie unsicher und verwirrt du bist, weil du in dieses seltsame Land ziehen musstest.

Sei stark, Z. Nimm deine Essstäbchen und iss dein Mittagessen. Iss es mit Stolz, iss es mit geradem Rücken und erhobenem Kopf. Denn eines Tages wirst du Speisen essen, die von Sterneköchen zubereitet wurden, Speisen, die eines Königs würdig wären, und Speisen in exotischen Ländern. Doch keine dieser Speisen wird je so süß schmecken wie

> das Mittagessen, das du an jenem Tag in deiner Lunchbox hattest, an dem du gelernt hast, stolz auf dich zu sein.

Briefe wie diese gestatten uns einen Blick auf die ganz privaten Erfolge und Misserfolge anderer Menschen. Sie erinnern uns daran, dass wir immer die Wahl haben, dass wir unsere Meinung ändern, andere Entscheidungen treffen und uns ein Leben erschaffen können, das mit unserem Herzen und unserer Seele in Einklang ist.

Mitgefühl entwickeln

Mitgefühl und Verletzlichkeit gehen Hand in Hand. Wir können unsere Kinder nicht zur Freundlichkeit zwingen und ebenso wenig sollten wir sie dafür bestrafen, wenn sie anderen gegenüber keine Empathie zeigen. Wenn ihre Herzen weich werden sollen, müssen sie auch einige Zeit außerhalb der Seifenblase verbringen dürfen, die wir manchmal so sorgsam aufbauen und bewachen. Und wir müssen ihnen vorleben, was es heißt, mitfühlend zu sein.

Wenn wir nach Möglichkeiten suchen, die Welt für unsere Kinder kleiner zu machen, hilft ihnen das dabei, sich selbst als Weltbürger zu fühlen, die für das Wohl ihrer Mitmenschen verantwortlich sind, anstatt sich immer nur um sich selbst zu kümmern.

Wenn wir nach Möglichkeiten suchen, die Welt für unsere Kinder kleiner zu machen, hilft ihnen das dabei, sich selbst als Weltbürger zu fühlen, die für das Wohl ihrer Mitmenschen verantwortlich sind, anstatt sich immer nur um sich selbst zu kümmern.

Meine Freundin Glennon Melton hat auf ihrer Website *Momastry* ein wunderbares Netzwerk ins Leben gerufen. Dort veröffentlichte sie auch einen Brief an ihren Sohn, den sie ihm schrieb, als dieser in die dritte Klasse kam. Dieser Brief wurde schon hunderttausende Male geteilt. Hier ein Auszug daraus:

> Chase, es interessiert uns nicht, ob du der klügste oder schnellste oder coolste oder witzigste Junge bist. In der Schule wird es viele Wettbewerbe geben und uns interessiert es nicht, ob du auch nur einen davon gewinnst. Es

> interessiert uns nicht, ob du lauter Einsen heimbringst. Es interessiert uns nicht, ob die Mädchen dich süß finden oder ob du beim Fußball in der Pause als Erster oder als Letzter in die Mannschaft gewählt wirst. Es interessiert uns nicht, ob du der Liebling deiner Lehrer bist oder nicht. Es interessiert uns nicht, ob du die besten Klamotten oder die meisten Pokémon-Karten oder die coolsten Geräte besitzt. Es interessiert uns einfach nicht.
>
> Wir schicken dich nicht zur Schule, damit du in allem der Beste wirst. Wir lieben dich schon jetzt so sehr, wie wir nur können. Du musst dir unsere Liebe und unseren Stolz nicht verdienen und du kannst sie auch nicht verlieren. Niemals.
>
> Wir schicken dich zur Schule, damit du üben kannst, tapfer und freundlich zu sein.

Wie deutlich sie ihrem Sohn ihre Hoffnung zeigt, er möge erkennen, dass es unser aller Verantwortung ist, Mitgefühl zu zeigen! Indem sie ihm sagt, dass sie und ihr Mann sich mehr dafür interessieren, wie er sich als menschliches Wesen verhält, als dafür, ob er irgendwelche Wettbewerbe gewinnt, gibt sie ihm die Grundlage dafür, eine Art Selbstwertgefühl zu entwickeln, das ihm keine Leistung im Außen und keine Lobhudelei je geben könnte.

Die meisten von uns fühlen sich von Menschen angezogen, die uns ähnlich sind, doch dadurch verpassen wir die Gelegenheit, Menschen zu begegnen, die unser Leben enorm bereichern könnten.

Wir wissen ja, dass Reisen den Horizont erweitert, aber Sie müssen nicht gleich in ein Flugzeug steigen, um Ihren Kindern verstehen zu helfen, dass sie Bürger einer Welt sind, die von einer unglaublichen Bandbreite unterschiedlichster Menschen bevölkert ist. Brechen Sie Ihr Brot mit Menschen aus dem Ausland oder erkunden Sie die Viertel in Ihrer Stadt, in denen Menschen aus anderen Kulturen leben. Unterhalten Sie sich mit dem Taxifahrer. Fragen Sie Ihren Autoschlosser, wie er sein Handwerk gelernt hat.

Das Leben eines jeden Menschen kann faszinierend sein, wenn wir uns nur die Zeit nehmen, zuzuhören. Jeder hat eine Geschichte zu erzählen. Und nichts fördert Mitgefühl und Großzügigkeit so sehr wie der echte Kontakt zu anderen Menschen.

Unsere Ältesten ehren

Vor noch gar nicht allzu langer Zeit wuchsen Kinder unter Menschen jeden Alters auf, vom Säugling bis zu alten und gebrechlichen Leuten. Geburt und Tod gehörten ganz natürlich zum Leben dazu. Die Ältesten wurden verehrt. Es verstand sich von selbst, dass man die, die älter waren als man selbst, respektierte, ihre Geschichten anhörte und ihren Rat und ihre Weisheit suchte.

Heute leben Familienmitglieder oft weit verstreut und unsere Gesellschaft verbannt die Alten in Einrichtungen, in denen sie hauptsächlich von Fremden betreut werden.

Ich finde das beklagenswert. Unsere Gesellschaft lässt ihre Alten zurück und zahlt dafür einen unermesslich hohen Preis. Kinder sollten zu Füßen ihrer Ältesten sitzen können. Natürlich gibt es auch alte Leute, denen es so schlecht geht, dass sie andere kaum beflügeln oder führen können. Doch die meisten sind wahre Goldgruben an Weisheit, Einsicht und Inspiration.

Begegnungen mit Menschen, die ein langes Leben hatten und viel Erfahrung besitzen, sind unbezahlbar. In Altersheimen leben bemerkenswerte Menschen, die vielleicht körperliche Beschwerden haben mögen, deren Verstand aber immer noch scharf ist. Wir müssen unseren Kindern erzählen, dass ihre Ältesten auch einmal jung waren, genau wie sie. Auch sie haben getanzt, gefeiert, sich verliebt und ihnen wurde das Herz gebrochen. Sie haben ganz wunderbare Geschichten zu erzählen.

Ich habe eine Menge Freunde um die achtzig und neunzig, die mein Leben enorm bereichert haben. Genauso wie man von einem Hubschrauber aus einen größeren Teil der Landschaft sehen kann, geben ältere Menschen ihre Weisheit aus einem viel weiteren Blickwinkel heraus weiter, als ich ihn habe, einfach deshalb, weil sie schon länger auf Erden weilen. Die Liebe und Unterstützung meiner Ältesten-Freunde ist unbezahlbar.

Verbringen Sie Zeit mit den Großeltern oder adoptieren Sie einen oder zwei Ältere, wenn Sie keine eigenen haben. Ja, Ihre Kinder werden sich vermutlich beklagen oder die Augen verdrehen, wenn sie sich eine Geschichte anhören müssen, die sie schon zehnmal gehört haben. Doch in einer Kultur, die die Jugend verehrt und das Alter fürchtet, hilft die Wertschätzung unserer Ältesten unseren Kindern sehr dabei, zu erkennen, dass Altwerden Teil des Lebens ist und nichts, wovon wir uns abwenden sollten.

In einer Kultur, die die Jugend verehrt und das Alter fürchtet, hilft die Wertschätzung unserer Ältesten unseren Kindern sehr dabei, zu erkennen, dass Altwerden Teil des Lebens ist und nichts, wovon wir uns abwenden sollten.

Während wir unseren Kindern dabei helfen, Menschen außerhalb ihres unmittelbaren Umkreises kennenzulernen, beginnen sie ganz von selbst, zu verstehen, wie sehr wir alle voneinander abhängig sind, sowohl, was die Menschen nebenan betrifft als auch jene auf der anderen Seite der Erdkugel.

Wie wir unseren Kindern helfen, etwas zu bewegen

Von früh bis spät hören unsere Kinder, was sie alles dürfen und nicht dürfen, und dadurch fühlen sie sich ziemlich machtlos. Wenn Kinder zu bewussten, selbstsicheren, liebevollen Erwachsenen heranwachsen sollen, müssen sie wissen, dass sie durchaus etwas verändern und einen positiven Einfluss auf das Leben eines anderen Menschen nehmen können. Ich berichte an dieser Stelle von zwei Kindern, die, als sie vom tragischen Schicksal von Kindern gleichen Alters auf der anderen Seite der Erde hörten, beschlossen, etwas zu unternehmen. Ich erzähle diese Geschichte nicht deshalb, weil wir jetzt alle versuchen sollten, Kinder zu erziehen, die humanitäre Bewegungen ins Leben rufen. Ich erzähle sie, weil ich Sie dazu bewegen möchte, Ihre Vorstellungskraft zu erweitern, wenn es darum geht, wie Sie Ihren Kindern dabei helfen können, sich mit Dingen zu beschäftigen, die sie bewegen, so dass sie sich zu den einzigartigen Menschen entwickeln können, die sie sein sollen.

> **Wenn Kinder zu bewussten, selbstsicheren, liebevollen Erwachsenen heranwachsen sollen, müssen sie wissen, dass sie durchaus etwas verändern und einen positiven Einfluss auf das Leben eines anderen Menschen nehmen können.**

Beim Anblick eines Fotos von zwei kleinen Jungen, die in Sklaverei leben, fühlte sich die achtjährige Vivienne Harr veranlasst, etwas zu unternehmen. Sie beschloss, mit einem Limonadenstand, den sie 365 Tage lang auch bei Wind und Wetter geöffnet lassen wollte, Geld zu sammeln. Ihr Ziel war es, 100.000 Dollar zusammenzutragen, die dafür eingesetzt werden sollten, der Kindersklaverei ein Ende zu setzen. An Tag 52 veröffentlichte Nicholas Kristof von der *New York Times* einen Artikel über Vivienne und aus ihrer Idee wurde eine ganze Bewegung. Sie erreichte ihr Ziel und spendete 101.320 Dollar an „Not For Sale“, eine führende Organisation im Kampf gegen die Sklaverei.

Als ihre Eltern zu ihr sagten: „Du hast es geschafft, Schatz. Du bist am Ziel“, fragte Vivienne: „Ist die Sklaverei abgeschafft?“ Sie schüttelten die Köpfe. „Dann bin ich auch noch nicht am Ziel.“ Vivienne, inzwischen zehn Jahre alt, hat durch die Gründung von „Make a Stand“, einer Organisation für soziale Veränderung, die die Vision ihrer zehnjährigen Gründerin von einer Welt, in der alle 18 Millionen versklavten Kinder frei und in Sicherheit sind, unterstützt, eine ganze Bewegung in Gang gesetzt. Als man sie fragte: „Was würdest du Kindern raten, die ähnliche Träume haben wie du, aber nicht sicher sind, ob sie ihr Ziel erreichen können?“, antwortete Vivienne: „Wenn du mit dem Herzen dabei bist, kannst du es auch schaffen. Ich kann dir versprechen: Man muss nicht groß oder mächtig sein, um die Welt zu verändern. Man kann einfach so sein wie ich.“

Viviennes Eltern hätten auch zu ihr sagen können, dass ihr Gedanke zwar ganz wunderbar, Kindersklaverei aber eine komplizierte Sache sei, die man lieber den Erwachsenen überlasse. Aber das haben sie nicht. Sie zogen ihre Tochter in einer Umgebung groß, in der Güte und Anteilnahme am Leben anderer großgeschrieben wurden. (Viviennes Mission nahm überhaupt erst ihren Anfang, weil ihre Mutter von den Fotografien versklavter Kinder bei einer Ausstellungseröffnung tief berührt war.) Sie unterstützten einfach den Wunsch ihrer Tochter, etwas zu bewegen.

„Free the Children" ist eine internationale Wohltätigkeitsorganisation, die über zwei Millionen junge Menschen dazu bewegt hat, ganz praktische Schritte zu unternehmen, um die Welt zu einem besseren Ort zu machen. Alles begann 1995, als Craig Kielburger auf einen Artikel über einen Jungen aus Südostasien stieß, der mit vier Jahren in die Sklaverei verkauft worden war und daraufhin sechs Jahre lang an einen Teppichwebstuhl gekettet wurde. Ein Bericht über Iqbals Geschichte erreichte auch jene, die Iqbal zum Schweigen bringen wollten, und so verlor er mit zwölf Jahren sein Leben, weil er sich für die Rechte von Kindern eingesetzt hatte. Als Craig von Iqbals Schicksal las, versammelte er ein paar Klassenkameraden und gemeinsam gründeten sie „Free the Children". Damals war er zwölf Jahre alt und die Mitgründer waren seine Kameraden aus der siebten Klasse.

Für den „We Day"[24], ein anregendes ganztägiges Event für Teenager, das von „Free the Children" initiiert wurde und inzwischen in vierzehn Städten stattfindet, können sich Kinder keine Eintrittskarte kaufen, vielmehr verdienen sie sich den Eintritt durch ihren Dienst am Nächsten. So machen es zehntausende Jugendliche und Unterstützer Jahr für Jahr. Unter den Rednern finden sich Namen wie Erzbischof Desmond Tutu, Dr. Jane Goodall, Jennifer Hudson und Magic Johnson. Kinder und Jugendliche, die sich für „We Act" engagieren, haben 14,6 Millionen Stunden ehrenamtlicher Arbeit geleistet. Langzeitstudien haben ergeben, dass 80% der Teilnehmer an diesen Programmen mehr als 150 Stunden jährlich ehrenamtlich arbeiten, 83% spenden an Wohltätigkeitsorganisationen und unglaubliche 79% (im Vergleich zu 58% Gesamtbeteiligung) nahmen an den kanadischen Wahlen auf Bundesebene teil.

Ich hoffe, diese Geschichten inspirieren Sie dazu, nach Möglichkeiten zu suchen, wie Sie Ihre Kinder an kinderfreundliche Gruppen wie „We Day“ und „Make a Stand“ heranführen können. Ein Großteil unserer Kinder leidet unter einem Gefühl der Ziellosigkeit. Sie brauchen Eltern, die ihnen bei der Teilnahme an Aktivitäten helfen, die sie dazu inspirieren, aus ihrer Komfortzone herauszutreten und einen Sinn im Leben zu finden, während sie gleichzeitig mit Gleichaltrigen Spaß haben können. Jedes Kind wird als mitfühlendes Wesen in diese Welt geboren. Ehrenamtliche Arbeit bietet ihm die Möglichkeit, einen Sinn darin zu finden, für andere Menschen da zu sein.

Leben Sie Ihren Kindern vor, wie man mit vollen Händen gibt, ohne dafür etwas zu erwarten. Kochen Sie mit ihnen zusammen eine Mahlzeit für den kranken Nachbarn und lassen Sie sie das Essen hinüberbringen. Helfen Sie beim Hundebaden im Tierheim. Machen Sie bei der Parkreinigung mit. Helfen Sie beim Unkrautjäten im Schulgarten. Nehmen Sie an einem Wohltätigkeitslauf teil, auch wenn Sie nur vom Straßenrand aus den Läufern zujubeln. Maria Shriver betitelte einen ihrer Blog Posts[25] mit „Wir brauchen eine Bewegung für soziale Freundlichkeit.“ Ihr Motto? *Verbreitet Freundlichkeit.* Bitte tun Sie das.

---------•---------

Kurzmeldung: Kindererziehung ist wirklich schwer.

Während der Arbeit an diesen Kapiteln, in denen ich einige der Eigenschaften beschreibe, von denen ich glaube, dass sie unverzichtbar sind, um ein Kind zu einem selbstsicheren, mitfühlenden Erwachsenen zu erziehen, hatte ich eine kleine Glaubenskrise. War ich eigentlich verrückt geworden, vorzuschlagen, Eltern könnten ihren Kindern all diese Tugenden vorleben, geschweige denn sie ihnen beibringen? Wer ist denn schon aufrichtig *und* verantwortungsbewusst *und* tolerant *und* empathisch *und* respektvoll? Eltern haben es auch so schon schwer genug; gab ich ihnen mit meinen Gedanken nur das Gefühl, Versager zu sein?

Tatsache ist, Kindererziehung ist irrwitzig schwierig, denn sie fordert von uns, all diese Qualitäten, die wir vielleicht noch nicht einmal besitzen, in uns selbst zu entwickeln. Sie verlangt ein Maß an Geduld, das wir möglicherweise nicht immer aufbringen können, vor allem dann nicht, wenn wir ohnehin schon auf dem Zahnfleisch gehen. Wie in den Filmen, in denen ein Kind sich plötzlich im Körper eines Erwachsenen wiederfindet (*Big*), sind auch wir meistens völlig unvorbereitet darauf, das Verantwortungsbewusstsein, die Reife und die Selbstlosigkeit aufzubringen, die wir unseren Kindern vorleben wollen.

Ich habe diese Krise folgendermaßen gelöst: Ich habe erkannt, dass es ungeheuren Mut erfordert, Eltern zu sein. Jeden Tag wachen wir auf und müssen auf einen eventuellen Super-GAU wegen der Wahl der Schuhe oder schiefe Blicke von aufmüpfigen Teenagern gefasst sein. Eltern zu sein erfordert Mut und es gibt weder einen Zaubertrank noch eine magische Pille, die uns die nötige Tapferkeit verleiht. Wir müssen einfach einen Fuß vor den anderen setzen und unser Bestes geben.

Ich hoffe sehr, dass Sie, während Sie diese Kapitel lesen, es einfach nur zulassen, dass sich die Gedanken, die ich hier teile, wie Samen in Ihr Bewusstsein säen. Das Letzte, was ich will, ist, dass Sie sich unzulänglich fühlen, weil Sie glauben, Sie seien nicht ehrlich oder verantwortungsbewusst oder mitfühlend genug.

Geben Sie einfach Ihr Bestes. Seien Sie freundlich. Machen Sie Fehler. Fallen Sie hin. Stehen Sie wieder auf. Finden Sie Mut. Und wenn Sie keinen finden, beten Sie oder bitten Sie einen Freund, Sie aufzubauen. Es geht immer nur einen Tag nach dem anderen. Seien Sie freundlich zu sich selbst.

Jetzt Sind Sie dran

Die meisten Menschen besitzen ein angeborenes Mitgefühl; wir fühlen mit denen, die es schwer haben, und wünschten, wir könnten ihr Leid mildern. Aber es ist eine Sache, einen Moment der Anteilnahme am Elend derer, mit denen es das Schicksal nicht so gut gemeint hat, zu erleben, und eine ganz andere, tatsächlich aktiv zu werden.

Immer haben wir alle so viel zu tun; fügt man dem durchschnittlichen Tag als Mutter oder Vater die Kinder hinzu, bleibt kaum noch Zeit, sich zu einer anständigen Mahlzeit hinzusetzen, geschweige denn eine wohltätige Aktion mit unseren Kindern zu planen.

Aber wenn wir unsere Vorstellungskraft nur ein wenig ausweiten, finden sich oft Möglichkeiten, gemeinsam mit unseren Kindern an Projekten mitzuwirken, die uns das Gefühl geben, einen bedeutungsvollen Beitrag zum Leben anderer Menschen geleistet zu haben.

Überlegen Sie sich, wozu Sie sich motiviert fühlen. Es gibt so vielfältige Themen wie Tiere, Kunst, Behinderte, Senioren, Politik, Veteranen, Bildung, Umweltschutz, Obdachlose oder Hunger. Überlegen Sie, zu welchen Themen sich Ihre Kinder ganz natürlich hingezogen fühlen könnten. Oder überlegen Sie, wodurch *Ihr* Feuer entfacht wird. Kinder fühlen sich oft zu ehrenamtlichen Aufgaben hingezogen, weil ihre Eltern sich enthusiastisch um ein bestimmtes Thema kümmern.

Halten Sie in Ihrem Tagebuch eine oder zwei Möglichkeiten fest, wie Sie und Ihre Kinder ein wenig Zeit mit dem Dienst am Nächsten verbringen könnten. Vielleicht mögen Sie Weihnachtspäckchen für bedürftige Familien zusammenstellen oder Briefe an Soldaten in Übersee schreiben. Vielleicht möchten Sie auch mit Ihrem Hund ein Heim für betreutes Wohnen besuchen oder Kindern mit Leseschwäche Nachhilfeunterricht geben. Ihrer Fantasie sind keine Grenzen gesetzt; manchmal ist es auch einfach der ältere Nachbar, der sich freut, wenn man ihm etwas vorliest.

Praktische Umsetzung

Bewusste Elternschaft im echten Leben

Sollte mein äußerst sensibler Sohn ehrenamtlich arbeiten?

Frage: Mein Sohn empfindet das Leiden anderer immer sehr stark. Er macht sich auch ständig Sorgen. Ich übernehme gern mit ihm gemeinsam ehrenamtliche Aufgaben, aber hinterher fällt er immer völlig in sich zusammen. Als wir während der Feiertage in der Suppenküche für Obdachlose aushalfen, machte er sich danach Sorgen, *unsere* Familie könnte irgendwann obdachlos sein. Als wir auf ein paar Kinder aus seiner Schule aufpassten, deren Mutter gerade eine Chemotherapie durchmachte, war er krank vor Sorge, *seine* Mutter könnte auch Krebs bekommen. Ich glaube, es macht ihm wirklich Freude, anderen zu helfen, aber er ist immer völlig überwältigt vom Leid anderer Menschen.

Vorschlag: Ach, diese lieben, sensiblen Kinder! Ihre Filter sind so durchlässig, dass für sie jedes Geräusch lauter, alle Lichter heller und die Gefühle viel intensiver sind.

Ich habe mit vielen hochsensiblen Kindern gearbeitet und immer wieder festgestellt, dass sich für diese Kinder ehrenamtliche Aufgaben, die nicht so viel mit Schmerz und Tragödie zu tun haben, am besten eignen. Überlegen Sie, ob Ihr Sohn nicht einer gebrechlichen Nachbarin helfen kann, indem er im Garten das Unkraut jätet oder ihren Hund ausführt. Vielleicht würde er auch gern mit den Kleinen in einer Kinderkrippe spielen. Wenn Ihr Sohn die Natur liebt, würde er vielleicht gern bei der Wegpflege im Park um die Ecke mithelfen.

Wir können unsere Kinder nicht in einer Seifenblase aufziehen, das wäre auch gar nicht gut für sie. Stück für Stück müssen wir sie auch den komplizierteren und schwierigeren Tatsachen des Lebens vieler unserer Mitmenschen aussetzen. Aber wir dürfen ruhig auf die erhöhte Sensibilität eines Kindes Rücksicht nehmen und vermeiden, dass es von Kummer und Angst überwältigt wird.

Vielleicht kann Ihnen Elaine Arons Buch *Das hochsensible Kind*[26] weiterhelfen. Dr. Aron sagt darin, dass in jeder Population – bei Menschen und Tieren – etwa 15-20 % eher zu den impulsiven und 15-20 % eher zu den hochsensiblen Wesen gehören. Beide Typen sind wichtig für das Überleben des Stammes. Die Impulsiven treiben den Clan an, neue Gebiete zu erkunden, während die sensiblen Seelen auf mögliche Gefahren hinweisen, die man sonst vielleicht übersehen würde, wie zum Beispiel die fast unsichtbaren Kratzspuren an einem Baum, die darauf hindeuten könnten, dass in der Nähe ein Bär herumläuft. Geben Sie nicht auf und suchen Sie weiter nach Möglichkeiten, wie Ihr Kleiner seinen Beitrag leisten kann, aber gehen Sie sensibel mit seiner Sensibilität um.

Was, wenn die Noten unseres Sohnes uns doch wichtig sind?

Frage: Mir gefällt der Brief an Chase, aus dem Sie zitiert haben, aber meiner Frau und mir ist schon wichtig, ob unser Sohn in der Schule Einsen bekommt oder einen Preis bei *Jugend forscht* gewinnt. Finden Sie nicht, dass es wichtig ist, unsere Kinder dazu zu ermutigen, sich von anderen abzuheben?

Vorschlag: Absolut! Wir fühlen uns schließlich alle toll, wenn wir wissen, dass wir unser Bestes gegeben haben. Das Problem beginnt erst dann, wenn ein Kind so erzogen wird, dass es immer nur nach Bestätigung von außen strebt, denn dann büßt es die Zufriedenheit ein, die sich einstellt, wenn es im Grunde seines Herzens weiß, dass es sein Bestes gegeben hat – auch wenn das niemand sonst bemerkt haben sollte.

Unsere Kultur legt viel Wert auf den äußeren Anschein und ist sehr leistungsorientiert. Ja, wir leben in einer Wettbewerbsgesellschaft und Kinder, die die nötige Tatkraft und Ausdauer besitzen, sind erfolgreicher als diejenigen, die unmotiviert sind. Aber wenn Kinder glauben, dass wir uns am meisten für ihre Einsen oder Urkunden interessieren, verlieren sie all die anderen Leistungen, die nicht so leicht messbar sind oder gewürdigt werden, aus den Augen.

Ich habe festgestellt, dass selbstreferentielle Kinder – also Kinder, die in sich gehen und sich bewusst machen, wie es ihnen mit einer Sache geht, anstatt reflexartig nach außen zu schauen, um herauszufinden, ob sie es gut gemacht haben – in ihrem Kern viel stärker sind. Diese Kinder sind klarer in ihren Überzeugungen, weniger empfänglich für den Einfluss durch Gleichaltrige und eher bereit, das Richtige zu tun, auch wenn es unbeliebt ist.

Helfen Sie Ihren Kindern, die Freuden harter Arbeit zu entdecken – unbedingt! Aber sorgen Sie auch dafür, dass sie wissen, dass es auch ohne Preise, Sternchen oder Trophäen genügt, immer sein Bestes zu geben *und zu sein*. Das ist Lohn genug.

Kann man Kindern beibringen, ehrenamtliche Arbeit zu mögen?

Frage: Meine Kinder scheinen sich für ehrenamtliche Arbeit oder dafür, anderen zu helfen, kaum zu interessieren. In der Schule müssen sie gemeinnützige Arbeit machen, aber meine Kinder suchen sich immer das Schnellste und Einfachste aus. Es sind keine schlechten Kinder, aber sie sind sehr ich-bezogen und finden es unfair, dass sie jedes Halbjahr ein paar Stunden gemeinnütziger Arbeit leisten sollen. Kann man Kindern wirklich beibringen, mit anderen mitzufühlen, wenn sie diese Eigenschaft nicht von selbst entwickeln?

Vorschlag: Ich stehe Programmen für gemeinnützige Arbeit mit gemischten Gefühlen gegenüber. Im Großen und Ganzen denke ich, dass es besser ist als gar nichts, aber ich stimme Ihnen zu, dass man niemanden dazu zwingen kann, freundlich zu sein oder anderen gegenüber Wohlwollen zu zeigen. Dabei handelt es sich um einen inneren Bewusstseinszustand, der nur entstehen kann, wenn wir verstehen, dass wir alle Passagiere im selben Boot sind.

Überlegen Sie, was Sie als Familie tun können – etwas, zu dem sich Ihre Kinder von selbst hingezogen fühlen. Viele Kinder mögen Tiere oder sind stolz, wenn sie in einer Gruppe kleiner Kinder das große Kind sein dürfen. Sie könnten ehrenamtlich in einem Garten mithelfen, der seine Erzeugnisse an Obdachlosenheime spendet, oder Spendengelder sammeln. Je mehr Sie als Familie helfen – vielleicht ein paar Stunden jeden Monat –, desto weniger werden Ihre Kinder darüber meckern.

Evan, ein siebzehnjähriger Highschool-Schüler aus Malibu, bat mich um eine Sitzung. Ich hatte im Laufe der Jahre immer wieder mit ihm gearbeitet, darum fiel es ihm leicht, sich auf das Sofa fallen zu lassen und mir ehrlich von seinen Problemen zu berichten. Er erzählte mir, dass er, obwohl er ein wunderbares Leben führe und mehr oder weniger alles habe, was er sich wünsche, deprimiert sei. Er meinte, er bekomme beeindruckende Noten, habe eine grandiose Freundin, sei ein Leichtathletik-Star und dürfe frei über die Kreditkarte seines Vaters verfügen. Und trotzdem sei er deprimiert.

Evan erzählte mir, dass er in einer seiner Unterrichtsstunden die Aufgabe bekommen hatte, die Gesamtausgaben der letzten Woche zusammenzurechnen. Er stellte höchst erstaunt fest, dass er in nur sieben Tagen mehr als tausend Dollar ausgegeben hatte. „Ich erkannte, dass mein Leben nur daraus bestand, Dinge zu kaufen oder mit Freunden rumzuhängen oder am Telefon zu kleben, damit ich bloß nichts Cooles verpasse. Es geht immer nur um mich." Ich fragte ihn, was er tue, das ihm das Gefühl gebe, dass sein Leben einen Sinn habe. Er saß eine Weile stumm da, dann sagte er: „Nichts."

Wir redeten über eine Vielzahl an Möglichkeiten, wie wir mit seiner Depression umgehen könnten, aber am meisten interessierte ihn, wie er seinem Leben mehr Sinn verleihen konnte. Am Ende unserer gemeinsamen Zeit hatte sich seine Stimmung schon erheblich gebessert. Evan freute sich darauf, Wege zu finden, damit sein Leben sich nicht mehr nur um ihn selbst drehte, und beschloss für den Anfang, sich mehr in das Familienleben einzubringen, anstatt immer nur von der Freigiebigkeit seiner Eltern zu profitieren.

Ich hoffe, dass Sie es schaffen, einen Weg zu finden, wie Sie regelmäßig als Familie etwas geben und dabei Freude und Befriedigung empfinden können. Für Kinder ist es wirklich wichtig, zu wissen, dass sie wichtig sind.

KAPITEL 9

Wie wir unseren Kindern helfen, mit Stress umzugehen

An einem herrlichen Nachmittag mit einem Hund auf einem Hügel zu sitzen, bedeutet wieder im Paradies zu sein, wo Nichtstun nicht Langeweile war – sondern Frieden.

Milan Kundera

Für einige von uns ist die Kindheit mit einem unbeschwerten Gefühl von in den Tag hineinleben verbunden. Die Tage vergingen mit dem Erkunden von Wäldern und Feldern, Fahrradfahren ohne bestimmtes Ziel und Spielen im Freien, bis die Dunkelheit hereinbrach. Wir haben ganze Städte aus Steinen und Dreck gebaut oder Kühlboxen in Schlösser und Raumschiffe umfunktioniert. Natürlich waren manchmal leider auch Missbrauch und Vernachlässigung ein trauriger und geheimer Bestandteil eines scheinbar idyllischen Lebens. Doch vor gar nicht allzu langer Zeit haben Kinder ihre Zeit ganz anders verbracht als heute. Wir hatten alle keine besondere Eile.

Die Kinder von heute tragen die Last der ganzen Welt auf ihren Schultern. Sie sollen in der Schule glänzen, in ihren außerschulischen Aktivitäten Eindruck machen, komplizierte Beziehungen pflegen (sowohl echte als auch virtuelle) und darauf hinarbeiten, an einer guten Uni zu studieren oder eine anständige Arbeit zu finden.

2012 wurde öffentlich, dass 125 Harvard Studenten in einen Betrugsskandal verwickelt waren. Forschungen der University of Michigan ergaben, dass 10 % der Zehntklässler und fast einer von acht Zwölftklässlern zugaben, illegal beschaffte, verschreibungspflichtige Medikamente („Lerndrogen") zu nehmen, um ihr Arbeitspensum bewältigen zu können.[27] Und laut dem *Journal of Adolescent Health* bekommen die meisten Teenager zwei Stunden weniger Schlaf, als für ihr Alter gesund wäre.

In einer Studie mit dem Titel „Stress in America"[28], die von der American Psychological Association durchgeführt wurde, heißt es, dass 30 % der Teenager angaben, sich stressbedingt überfordert, deprimiert oder traurig zu fühlen. Fast 25 % gaben an, dass sie stressbedingt Mahlzeiten ausließen. Und fast ein Drittel der Teenager sagte aus, dass sie wegen Stress oft den Tränen nah seien. In den vergangenen sechzig Jahren hat sich die Selbstmordrate bei den fünfzehn- bis vierundzwanzigjährigen Jungen vervierfacht und bei Mädchen im gleichen Alter verdoppelt. Die Selbstmordrate bei den Zehn- bis Vierzehnjährigen ist zwischen 1981 und 2006 um mehr als 50 % angestiegen. (Zahlen aus den USA, Anm. der Red.).

Die American Academy of Pediatrics veröffentlichte eine Studie[29], aus der hervorging, dass Stresshormone wie Cortisol und Adrenalin eine signifikante Langzeitwirkung auf den Körper eines Jugendlichen haben und vermutlich für Herz-Kreislauferkrankungen, Asthma, Virushepatitis und Autoimmunerkrankungen im Erwachsenenalter verantwortlich sind. Stress kann Chemikalien freisetzen, die sowohl die Entstehung neuronaler Netzwerke im Gehirn eines Heranwachsenden behindern als auch die Entwicklung neuer Nervenzellen im wachsenden Gehirn verhindern.

Der Beweis für diese Statistiken kommt regelmäßig in meine Praxis. Achtjährige, die von ihren Eltern zu mir gebracht werden, weil sie gesagt haben, sie wollten sich umbringen. Vierzehnjährige, die sich ritzen, um dadurch ihre Angst und ihre Traurigkeit zu lindern. Kinder, die nicht schlafen oder nicht essen können, die zurückgezogen oder weinerlich sind oder Angst vorm Alleinsein haben. Ich begegne den Tyrannisierten ebenso wie den Tyrannen, Kindern, die bei Klassenarbeiten schummeln, und Kindern, die sich regelmäßig betrinken, um den Schmerz und den Druck in ihrem Leben zu betäuben. Es ist herzzerreißend. Die Kindheit ist so kurz. Während dieses engen Zeitfensters sollten unsere Kinder die Welt erkunden, herausfinden, wie man am besten mit anderen klarkommt, ihre Begabungen entdecken, klettern, tanzen, musizieren … und Spaß haben.

Als Eltern haben wir einen ungeheuren Einfluss auf die Überzeugungen unserer Kinder, worauf es im Leben ankommt. Wenn wir ihnen beibringen, dass die Errungenschaften im Außen für uns das Wichtigste sind, werden sie natürlich Abkürzungen suchen, um schneller ans Ziel zu kommen – sie werden bei Tests schummeln oder eben weniger schlafen. Wir müssen ihnen zeigen, dass wir uns wünschen, dass sie voller Neugier, Freude und Enthusiasmus durchs Leben gehen, und dass wir auf Erden sind, um das Leben zu *genießen* und nicht, um uns mit Ellenbogen unseren Weg zu bahnen.

Wir müssen unseren Kindern zeigen, dass wir uns wünschen, dass sie voller Neugier, Freude und Enthusiasmus durchs Leben gehen, und dass wir auf Erden sind, um das Leben zu genießen und nicht, um uns mit Ellenbogen unseren Weg zu bahnen.

Als die Schriftstellerin Geneen Roth Interviews mit Finanzberatern führte, berichteten diese ihr, dass jeder Klient, für den sie gearbeitet hatten und der sein ursprüngliches finanzielles Ziel erreicht hatte, danach ausnahmslos die Messlatte höher gelegt und noch mehr gewollt habe. Was auch immer ihre Kunden angestrebt hatten, sobald sie es besaßen, genügte es ihnen nicht mehr. Am Ende wollten sie alle mehr.

Sich im echten Leben verbinden

Stress wird durch Isolation oder Trennung signifikant unterstützt. Michael Price schreibt in einem Interview mit Sherry Turkle, der Autorin von *Verloren unter 100 Freunden*: „Heutzutage sind die Menschen dank internetbasierter sozialer Netzwerke und der Möglichkeit des Nachrichtensendens mehr als je zuvor in der Menschheitsgeschichte miteinander verbunden. Aber sie sind in ihrem realen Leben auch viel einsamer und weiter voneinander entfernt als je zuvor. Das beeinflusst nicht nur unsere Art und Weise, online zu kommunizieren, sondern es belastet auch unsere persönlichen Beziehungen." Turkle sagt zu Price: „Wenn Jugendliche zu mir sagen, dass sie lieber Textnachrichten schicken, als zu reden, zeigt sich darin ein weiterer Aspekt der neuen psychologischen Affordanzen, die mit den aktuellen Technologien einhergehen – nämlich die Möglichkeit, uns voreinander zu verstecken. Sie sagen zu mir, in einem Telefonat würde man zu viel preisgeben und in einem echten Gespräch hätten sie nicht genügend Kontrolle darüber, was sie sagen wollen."[30]

Kinder kommen aus der Schule und treffen auf Eltern, die auf ihr Smartphone starren. Jungs, die früher in den Pausen beim Sport Schauen mit ihren Vätern plauderten, müssen jetzt warten, bis diese ihre E-Mails gecheckt haben. Babys werden gestillt oder bekommen ihr Fläschchen, während Mama SMS schreibt und dadurch den emotionalen Austausch während dieses ursprünglichen, intimen Kontakts verwässert. Dazu kommt, dass, wenn Mama eine SMS bekommt, die ihr Sorgen bereitet, ihre Anspannung direkt an das Baby weitergegeben wird, das diese nicht als Einfluss von außen, sondern als Stress in seiner Beziehung zu Mama empfindet.

In ihrem Buch *Die Neuerfindung des Erfolgs* erzählt Arianna Huffington folgende Geschichte: „Das letzte Mal, als meine Mutter mich ausschimpfte, bevor sie starb, hatte sie mich dabei erwischt, wie ich gleichzeitig E-Mails beantwortete und mit meinen Kindern sprach. ‚Ich verachte Multitasking', sagte sie mit einem griechischen Akzent, vor dem sich sogar meiner verstecken muss. Mit anderen Worten: Wenn wir uns oberflächlich mit der ganzen Welt verbinden, verhindert das eine tiefe Verbindung mit denen, die uns nahestehen – auch mit uns selbst und damit unserer Weisheit."[31]

Verbundenheit hilft, Stress zu vermeiden. Nichts stärkt ein Kind mehr als eine echte Verbindung zu einem geliebten Menschen. In meinem ersten Buch bin ich detailliert auf die sechs Bindungsstufen, wie von Dr. Gordon Neufeld beschrieben, eingegangen, die Kinder während der ersten sechs Lebensjahre durchlaufen. Mit diesen sechs Ansätzen können wir die Bindung zu unseren Kindern ein Leben lang vertiefen und ihnen gleichzeitig eines der effektivsten Antistressmittel mit auf den Weg geben: eine gesunde Beziehung.

Das Neugeborene beginnt seine Reise durch die Bindungsstufen mit *physischer Nähe*, es verbindet sich durch Geruch, Berührung und den Klang unserer Stimme mit uns. Mit etwa zwei Jahren will das Kind genauso sein wie wir – diese Stufe nennen wir *Gleichsein* und sie ist wichtig für das Erlernen von Sprache. Die nächste Stufe ist die *Zugehörigkeit* oder *Loyalität*, hier schubst die Dreijährige ihr Geschwisterchen von Mamas Schoß und verkündet besitzergreifend: „*Meine* Mami!" Wenn unser Kind etwa vier Jahre alt ist, stärken wir die Bindung zu ihm, indem wir seine Einzigartigkeit wertschätzen und feiern. Diese Phase nennt man *Signifikanz*. Im Alter von fünf Jahren vertieft sich die Bindung noch einmal in der Phase der *Liebe*, in der uns unsere Kinder ihre kleinen Herzen schenken. Und wenn alles gut gegangen ist, können wir ab etwa dem sechsten Lebensjahr in der Phase des *Sich-Anvertrauens* die Bindung auf einer soliden Grundlage weiter aufbauen. Wir signalisieren dem Kind, dass wir imstande sind, uns seine Wahrheit anzuhören, und unterstützen es als ruhiger Kapitän des Schiffes, egal, welcher Sturm da draußen auch wütet.

Kinder mit dauerhaften, verlässlichen Bindungen zu gesunden nahestehenden Menschen können viel besser mit Stress umgehen.

Kinder mit dauerhaften, verlässlichen Bindungen zu gesunden nahestehenden Menschen können viel besser mit Stress umgehen. Der Autor Johann Hari zitiert aus Forschungen, die darauf hindeuten, dass Sucht eine Folge von Trennung, von Nicht-verbunden-Sein ist und nicht nur reine Chemie. „Wenn wir uns nicht miteinander verbinden können, verbinden wir uns eben mit irgendetwas anderem – zum Beispiel mit dem Summen eines Roulettespiels oder der Nadel einer

Spritze.“ Er zitiert Professor Peter Cohen, der sagt: „Wir sollten aufhören, von ‚Sucht‘ zu sprechen und es stattdessen ‚Bindung‘ nennen. Eine Heroinsüchtige hat sich mit Heroin verbunden, weil sie sich mit nichts anderem richtig verbinden konnte.“ Hari fährt fort, indem er sagt: „Das Gegenteil von Sucht ist nicht Abstinenz. Es ist menschliche Verbundenheit.“[32]

Es wird immer wieder Kinder und Jugendliche geben, die eine enge Beziehung zu ihren Eltern pflegen und trotzdem mit Problemen zu kämpfen haben, doch im Allgemeinen kann man sagen, dass die Bindung zu einem liebevollen Elternteil oder Betreuer Kindern einen ungeheuren Vorteil verschafft, wenn es darum geht, mit Stress umzugehen.

Mit Veränderungen und Ungewissheit umgehen

Das Einzige, was im Leben gewiss ist, ist die Ungewissheit. Je mehr wir uns mit der Tatsache anfreunden können, dass manche Dinge jenseits unserer Kontrolle liegen, desto besser werden wir auch damit zurechtkommen, wenn das Leben einmal nicht nach Plan verläuft. Wenn wir zeigen, dass wir in unerwarteten Situationen flexibel sein können, hilft das unseren Kindern dabei, zu lernen, dass auch sie in der Lage sind, Ungewissheit zu ertragen.

> Wenn wir zeigen, dass wir in unerwarteten Situationen flexibel sein können, hilft das unseren Kindern dabei, zu lernen, dass auch sie in der Lage sind, Ungewissheit zu ertragen.

Ich weiß noch, wie ich einmal mit meinem fünfzehnjährigen Sohn auf dem Flughafen in Nairobi saß. Es war Mitternacht und wir hatten gerade erfahren, dass wir unseren Flug nach Australien nicht antreten durften, weil die Airline unsere elektronischen Visa nicht anerkannte. Ari wurde nervös; wir kannten niemanden in Nairobi, waren inzwischen seit fast vierundzwanzig Stunden unterwegs, da wir aus Tansania kamen, und die Abflugzeit rückte immer näher. Natürlich war ich besorgt, aber ich versuchte, locker zu bleiben, denn ich wusste, dass die Art, wie ich jetzt mit dieser Situation umging, Einfluss darauf haben würde, wie mein Sohn später mit ähnlichen Situationen verfuhr.

Ich machte also den Vorschlag, uns mit dem schlimmsten möglichen Fall vertraut zu machen. Wir sprachen darüber, was wir tun könnten, sollten wir überfallen werden, und sagten uns, dass wir, selbst wenn wir ein oder zwei Tage in Nairobi bleiben und auf traditionelle Visa warten müssten, heil aus der Sache herauskommen würden.

Wenige Augenblicke, bevor der Flug startete, erhielt die Airline ein Fax vom australischen Konsulat und wir durften doch noch an Bord gehen. Doch inzwischen waren wir uns sicher, dass wir, wenn wir den Flug nicht nehmen könnten, einfach, anders als geplant, noch ein paar Tage in Nairobi verbringen würden, und dass wir das schaffen würden.

Doch wir helfen unseren Kindern nicht nur damit, dass wir sie lehren, wie sie mit Schwierigkeiten umgehen können. Es geht auch darum, ihre Tage mit Freude zu erfüllen.

Spaß haben

Es heißt, ein durchschnittlicher Vierjähriger lacht dreihundertmal am Tag; ein Vierzigjähriger nur viermal. In seinem bahnbrechenden Werk *Der Arzt in uns selbst* beschreibt Norman Cousins, wie das zehnminütige Anschauen von Marx Brothers Filmen den durch seine Arthritis verursachten Schmerz und die Entzündung linderte und er daraufhin mehrere Stunden schmerzfrei schlafen konnte.

Lachen baut Stresshormone ab, steigert die Ausschüttung von Endorphinen, begünstigt den Blutfluss zum Herzen hin, erhöht die Anzahl der natürlichen Viruskillerzellen und macht uns widerstandsfähiger gegen Krankheiten. Es hebt die Stimmung und verändert die Einstellung, und es stärkt die Bande zwischen Menschen.

Lachen und Spaß sind wunderbare Antistressmittel. Anne Lamott sagt: „Lachen ist Heiligkeit mit Sprudel drin." Auch Musik ist ein fantastisches Mittel, um raus aus dem Kopf und rein ins Gefühl zu kommen. Versuchen Sie mal „Oh What a Beautiful Morning" zu spielen, wenn Sie morgens die Kinder wecken, oder Pharrell Williams' „Happy", wenn Sie abends alle zusammen zum Esstisch tanzen. Schon eine kleine Veränderung in der Befindlichkeit kann riesige Auswirkungen haben. In Kapitel 11 finden Sie weitere Ideen, wie Sie mehr Spaß und Lachen in Ihren Alltag bringen können.

Unsere Lebenseinstellung kann den Stress unserer Kinder entweder aus- oder auflösen. Es ist nicht immer einfach, zu entscheiden, wann wir sie dazu ermutigen sollten, Hindernisse zu überwinden, und wann es gilt, sie zu lehren, dass es in Ordnung ist, etwas loszulassen und die Sache als eine Lektion für das Leben anzusehen. Doch wie bei allen anderen Aspekten der Kindererziehung kommt es auch hier darauf an, wie wir mit den Höhen und Tiefen in *unserem* Leben umgehen, denn das ist es, was unsere Kinder letztlich am nachhaltigsten beeinflusst.

Hartnäckigkeit

Es ist unschätzbar wichtig, dass wir unsere Kinder motivieren, an einer Sache dranzubleiben, auch wenn der Erfolg auf sich warten lässt. Es ist lebensnotwendig, dass sie die inneren Ressourcen entwickeln, über die Steine auf dem Weg hinwegzuklettern, auch wenn es gerade einfacher wäre, das Handtuch zu werfen. Doch es liegt ein feiner Unterschied darin, ob man leidenschaftlich und freudvoll daran arbeitet, seine Träume zu verwirklichen, oder ob man etwas erzwingen will, das einfach nicht sein soll. Unsere Kinder müssen verstehen, dass sie, wenn sie ein ersehntes Ziel nicht erreicht haben, es noch einmal versuchen, das Unterfangen erst einmal auf Eis legen oder es ganz loslassen können. Wenn sich ein bestimmtes Ergebnis nicht verwirklichen lässt, ist das nicht gleich ein Scheitern, und selbst wenn: Scheitern ist menschlich.

Straucheln, Stolpern und Hinfallen sind oft der Weg, auf dem wir ans Ziel kommen.

Straucheln, Stolpern und Hinfallen sind oft der Weg, auf dem wir ans Ziel kommen.

Helfen wir unseren Kindern, zu verstehen, dass wir, auch wenn wir möglicherweise Vorlieben haben, dennoch mit uns selbst in Frieden sein können, wenn das Leben einmal anders verläuft als geplant. Wie erlebt Ihr Kind Sie, wenn Sie erfahren, dass Sie Ihren Flug verpasst haben? Suchen Sie einen Schuldigen? Was sehen sie Sie tun, wenn Sie erfahren, dass eine größere Autoreparatur nötig ist? Fluchen Sie dann und stampfen mit dem Fuß auf? Machen Sie deutlich, dass Sie damit zurechtkommen, wenn etwas Unerwartetes geschieht. Lassen Sie Ihre Kinder hören, wie Sie fragen: „Wird das noch in fünf Jahren ein Problem sein – oder in zwei Tagen?“ Indem Sie Ihre Kinder miterleben lassen, wie Sie diese Stolpersteine auf Ihrem Weg in einen größeren Kontext bringen, werden sie es Ihnen wahrscheinlich gleichtun. Doch wenn Sie glauben, eine Situation sei nur dann in Ordnung, wenn sie sich genauso entwickelt, wie Sie es für richtig halten, dann werden Sie sich machtlos fühlen. Und Machtlosigkeit verursacht Stress.

Es gibt Leute, die finden, dass wir unsere Kinder viel zu sehr verwöhnen und sie dadurch, dass wir alles für sie tun, vom unvermeidlichen Auf und Ab des Lebens fernhalten. Vor einigen Jahren machte die Geschichte einer College-Studentin die Runde, die, als sie in ihrem Wohnheim ein Feuer entdeckte, nicht die Feuerwehr anrief, sondern ihre Mutter und sie fragte, was sie tun solle. Und es gäbe auch viel über die Helikopter-Eltern zu sagen, die ständig furchtsam über ihrem Kind schweben, um dafür zu sorgen, dass jede Antwort bei den Mathe-Hausaufgaben richtig ist, oder die die Mutter einer Freundin anrufen und sie bitten, das „Versehen zu berichtigen“, dass ihre Tochter nicht zur Geburtstagsfeier eingeladen wurde. Doch es gibt einen Unterschied zwischen Verwöhnen und Nähren. Verwöhnen ist eine Manifestation unserer eigenen Angst; in der Hoffnung, unsere Kinder nicht unglücklich oder unzufrieden sehen zu müssen, planen wir all ihre Erfahrungen minutiös voraus. Nähren dagegen ist ein Akt der Liebe – es bedeutet Verbundenheit und sich liebevoll in unsere Kinder einzufühlen.

Der Druck, den die Kinder heutzutage spüren, ist ungewöhnlich hoch, und da der Stresslevel noch weiter steigen wird, müssen wir unseren Kleinen dabei helfen, gute Bewältigungsstrategien zu entwickeln.

Den Stress unserer Kinder im Auge behalten

Wenn Ihr Kind anhaltende Anzeichen für Stress oder einen seiner Verwandten – Angst oder Depression – zeigt, schauen Sie bitte nicht weg. Sorgen Sie dafür, dass Ihre Kinder wissen, dass sie Ihnen die Wahrheit sagen können, *egal*, was sie gerade durchmachen. In meinen Online-Kursen und Trainings verwende ich sehr viel Zeit darauf, mit Eltern daran zu arbeiten, dass sie ihren Kindern keine Doppelbotschaften senden: „Du kannst mir alles sagen. Moment Mal – was hast du getan? Jetzt hast du dir aber großen Ärger eingehandelt!"

Unsere Kinder werden uns prüfen, ob wir es wirklich ernst meinen, wenn wir ihnen sagen, sie könnten immer zu uns kommen, wenn sie sich Sorgen machen oder gestresst sind. Sie werden mit kleinen Wehwehchen an uns herantreten, um herauszufinden, ob wir wirklich in der Lage sind, uns anzuhören, was mit ihnen los ist. Werden wir dieser selbstsichere, ruhige Kapitän des Schiffes bleiben oder werden wir über Bord springen, wenn uns unsere Kinder etwas anvertrauen, das ihnen Sorgen macht?

Wenn wir unseren Kindern dabei helfen wollen, mit Stress zurechtzukommen und ihr Gleichgewicht wiederzufinden, wenn das Leben einmal hart ist, müssen wir unsere eigenen Angelegenheiten regeln, damit wir ihnen ehrlich sagen können: „Was immer du gerade durchmachst, Schatz, ich bin da und werde dir helfen, das durchzustehen."

Achtsamkeit üben

„Als meine Schwester meinen Lieblingspullover anhatte, hab ich ihre Hausaufgaben zerrissen. Ich war *so wütend*!" – Caroline

„Mein Verstand sagt mir Dinge, die mich beunruhigen, wie zum Beispiel dass ich mein Referat versauen werde und mich dann alle auslachen. Ich kann diese Gedanken nicht aufhalten." – David

„Im Internet hab ich ein Bild von meinen Freunden bei einer Pyjamaparty gesehen, zu der ich nicht eingeladen war. Da hab ich mir ins Bein geritzt, ich hab mich so ausgegrenzt gefühlt und so traurig." – Tiffany

„Ich hab mich total schlecht gefühlt, als ich in meiner Klasse nicht das beste Ergebnis hatte. Als ich zu meiner Mutter ins Auto gestiegen bin, hab ich sie angeschrien und dann hab ich geweint." – Henry

Inzwischen dürfte klar sein, dass Erwachsene nicht die Einzigen sind, die chronischen und ernst zu nehmenden Stress empfinden. Teenager und selbst kleine Kinder profitieren sehr davon, wenn sie Strategien erlernen, die ihnen helfen, damit umzugehen, wenn das Leben einmal nicht so läuft, wie sie es gern hätten. Angefangen bei der Emotionsregulierung bis hin zur Kontrolle von Impulsivität – wenn wir unseren Kindern beibringen, wie sie innehalten und sich wieder mit dem gegenwärtigen Moment verbinden können, geben wir ihnen einen enormen Vorteil mit auf den Weg, wenn es darum geht, ein glücklicheres Leben zu führen, sowohl jetzt als auch im Erwachsenenalter.

Margaret war Lehrerin an einer Schule, in der es ein Programm gab, das jedem Schüler ermöglichte, Achtsamkeitsübungen zu erlernen. Als sie sah, wie positiv sich das auf ihre Drittklässler auswirkte, beschloss sie, die Übungen auch mit ihrem sieben Jahre alten Sohn zu machen, bei dem erst vor kurzem ADHS diagnostiziert worden war. „Ich kaufte eine Meditationsglocke, und vor dem Zubettgehen schlossen wir gemeinsam unsere Augen, ließen die Glocke ertönen und hörten zu, wie ihr Klang abebbte. Dabei stellten wir uns vor, wir würden auf einer Wolke schweben.

Manchmal, wenn er richtig wütend auf seinen Bruder ist, höre ich ihn oben die Glocke schlagen, um sich zu beruhigen!" Sie berichtete weiter, dass ihr Sohn, genauso wie ihre Schüler, jetzt viel konzentrierter und weniger zappelig sei. „Achtsamkeitsübungen dauern nur ein paar Minuten und haben wirklich große Auswirkungen auf diese Kinder."

Der Begriff „Achtsamkeit" hat eine Zugkraft, die jenseits von Zeit, Geschlecht und Demografien liegt. Einfach ausgedrückt, geht es darum, dass wir unsere Aufmerksamkeit voller Neugier und ohne Wertung auf das richten, was im gegenwärtigen Moment geschieht. Eckhart Tolle bevorzugt den Begriff „*Gegenwärtigkeit*": „Achtsam [Englisch: *mindful*] legt nahe, dass der Geist voll sei [*the mind is full*], wenn doch eigentlich das Gegenteil der Fall ist."[33] Andere verwenden Begriffe wie „*herz-voll*" oder „*erhöhtes Bewusstsein*". Im Rahmen dieses Buches verwende ich das Wort „*achtsam*" im Sinne eines stillen, nicht denkenden Bewusstseins, das uns erlaubt, tief unter der Oberfläche äußerer Ereignisse, die uns Unruhe oder Stress bescheren, zu ruhen. Während dieser Übungen nutzen wir unsere Sinne – Geräusche, Gefühle, Atem – um uns im gegenwärtigen Moment zu verankern, anstatt uns in Gedanken über Vergangenheit und Zukunft zu verlieren.

Achtsamkeit bedeutet, unsere Aufmerksamkeit voller Neugier und ohne Wertung auf das zu richten, was im gegenwärtigen Moment geschieht.

Achtsamkeit hilft Kindern, innezuhalten, bevor sie auf eine stressige Situation reagieren, und flexibler an Probleme heranzugehen. Sie ermächtigt Kinder dazu, nicht mehr so sehr auf ihre eigenen Gedanken zu reagieren, und lehrt sie, dass Gedanken einfach nur Gedanken sind, und dass, so wie der Himmel sich in seiner unendlichen Weite nicht durch Wolken beeindrucken lässt, auch wir uns nicht von jeder Gedankenwolke, die durch unser Bewusstsein schwebt, herunterziehen lassen müssen. Gedanken kommen, bleiben eine Weile, und dann zerstreuen sie sich.

Ein schönes Mittel, das Achtsamkeitslehrer verwenden, um Kindern diese Idee begreifbar zu machen, ist, ein Glas mit Wasser und Sand oder Natron zu füllen, den Deckel darauf zu schrauben und dann die Kinder das Glas schütteln zu lassen und den „Sturm" zu beobachten. Wenn die Inhaltsstoffe sich wieder gesetzt haben, sehen sie, dass der Sand oder das Natron sich am Boden abgesetzt hat und das Wasser wieder klar ist. Genau das spielt sich auch in unserem Geist ab. Wenn wir für einige Momente ganz still sind, legt sich der Sturm unserer Gedanken und wir können bewusster denken und handeln.

In Familien und Schulen, in denen Achtsamkeit unterrichtet wird, können Kinder viel besser mit Enttäuschungen umgehen. Außerdem sind sie tendenziell mitfühlender, kooperativer und geduldiger. Rastlose Kinder lernen, sich in ihrer Haut wohler zu fühlen. Von Angst geplagte Kinder stellen fest, dass im gegenwärtigen Moment trotz ihrer Neigung, sich über echte oder eingebildete Gefahren Sorgen zu machen, keinerlei Gefahr droht. Und das hilft ihnen, ihr emotionales Gleichgewicht wiederherzustellen, das sie ansonsten rasch verlieren würden.

Achtsamkeit wird in allen möglichen Bereichen mit ungeheurem Erfolg eingesetzt. Der frühere Basketballtrainer der LA Lakers, Phil Jackson, gewann elf NBA-Championships und führte diesen Erfolg zum Teil auf die Anwendung von Achtsamkeitsübungen zurück. Er ließ seine Spieler in Stille sitzen, damit sie mentale Stärke aufbauen konnten, und verordnete sogar Schweigetage, an denen kein Wort gesprochen werden durfte. Wenn ein Spieler auf dem Spielfeld nicht in Form war, konnte er sich auf der Bank mit einer Achtsamkeitsübung sammeln. Der Kongressabgeordnete Tim Ryan und andere führten Achtsamkeitsprogramme für Veteranen ein, was zu einer erheblichen Reduzierung von PTBS-Symptomen führte. In Gefängnissen wird Achtsamkeit praktiziert, um das Leben der Gefangenen zu heilen und zu transformieren, Verbrechen zu vermeiden und Rückfälle zu minimieren.

Mehr als sechstausend Angestellte, dreitausend Eltern und vierzigtausend Schüler haben Linda Lantieris Programm für innere Widerstandskraft [Inner Resilience] absolviert. Sie hatte dieses Programm, das unter anderem Meditation, Yoga und Zeit für innere

Arbeit und Reflektion beinhaltet, entwickelt, um Lehrern in New York City nach dem 9. September 2011 dabei zu helfen, mit Traumata und Burnout fertig zu werden. „Alles, was wir unternehmen, um äußerlich gewappnet zu sein, kann verlorengehen. Doch was wir in uns tragen, bricht nicht so schnell zusammen. Wir haben es immer in uns, egal, was geschieht."[34]

Ich hatte großen Erfolg damit, Kindern und ihren Eltern einfache Achtsamkeitsübungen beizubringen. Ein netter Nebeneffekt ist, dass die Menschen dadurch herzzentrierter werden.

Einmal erlebte ich eine besonders schwierige Sitzung mit einer Mutter und ihrer fünfzehnjährigen Tochter. Die Mutter versuchte, bei ihrer Tochter auf Biegen und Brechen eine Regel durchzusetzen, die diese verletzt hatte, und die Tochter kochte vor Wut und Boshaftigkeit. Ich fragte die beiden: „Haben Sie etwas dagegen, wenn wir dieses Gespräch unterbrechen und auf die Reset-Taste drücken?" Beide waren einverstanden; die Luft im Raum war zum Schneiden dick, und wir brauchten alle eine Pause.

Ich lud sie ein, ihre Augen zu schließen, und führte sie durch eine kurze Achtsamkeitsübung. Als erstes bat ich sie, ihre Aufmerksamkeit auf ihren Atem zu richten und zu beobachten, wo sie ihn spüren konnten – an den Nasenlöchern vielleicht, während die Luft ein- und ausströmte, oder im Hals oder im Heben und Senken ihrer Brust oder ihres Bauches. Nach einer Weile bat ich sie, ihre Aufmerksamkeit auf die Geräusche im Raum zu lenken. „Vielleicht hören Sie den Wind in den Bäumen oder ein Auto, das die Straße entlangfährt. Sie hören vielleicht das Ticken der Uhr oder einfach nur den Klang Ihres Atems. Falls Ihre Aufmerksamkeit nachlässt, holen Sie sie sanft zurück zu den Geräuschen, die Sie um sich herum wahrnehmen."

Wir machten diese Übung vielleicht drei Minuten lang. Als wir fertig waren, schlug ich vor, dass sie noch einen Augenblick mit geschlossenen Augen sitzen blieben und sie erst öffneten, wenn sie dazu bereit waren.

Sobald wir einander ansahen, war mir klar, dass sich etwas verändert hatte. Beide berichteten, dass sie sich viel zentrierter und ruhiger fühlten – was ziemlich überraschend war nach nur wenigen Minuten. Die emotionale Temperatur im Raum hatte sich merklich abgekühlt. Als wir unser Gespräch wieder aufnahmen, waren beide Parteien viel offener und nicht mehr so unnachgiebig.

Ich habe diese Übung mit Sechsjährigen und mit Sechzigjährigen gemacht und immer wieder festgestellt, dass allein das Innehalten und die Konzentration auf Geräusche oder Empfindungen oder den Atem uns auf eine Weise zu uns selbst führt, wie es anders kaum möglich wäre. Menschen einfach nur zu sagen, sie sollten sich entspannen oder beruhigen, ist jedenfalls nicht so effektiv.

Wenn du jeden Tag mit deinen Kindern eine Übung machst – idealerweise immer am selben Ort und zur selben Zeit –, kann daraus ein Ritual werden, von dem die ganze Familie profitiert. Die meisten Achtsamkeitsübungen sind kinderfreundlich und ganz leicht umzusetzen. Einige meiner liebsten führe ich in Kapitel 11 auf.

Verbindung, Verbindung, Verbindung

In *Das wiedergefundene Licht* beschreibt Jacques Lusseyran die Herausforderungen in seinem Leben, angefangen bei der plötzlichen Erblindung in der Kindheit über den Aufbau einer französischen Widerstandsgruppe bis hin zum Überleben eines Konzentrationslagers. „Meine Eltern – das war Schutz, Vertrauen, Wärme. Wenn ich an meine Kindheit denke, spüre ich noch heute das Gefühl der Wärme über mir, hinter mir und um mich [...] Ich lief zwischen Gefahren und Schrecknissen hindurch, wie Licht durch einen Spiegel dringt. Das ist es, was ich als Glück meiner Kindheit bezeichne, diese magische Rüstung, die – ist sie einem erst einmal umgelegt – Schutz gewährt für das ganze Leben.“[35]

Die liebevolle Bindung, die wir mit unseren Kindern haben, kann ihnen tatsächlich für den Rest ihres Lebens einen solchen Schutz gewähren.

Jetzt sind Sie dran

Können Ihre Kinder Ihnen die Wahrheit sagen? Die meisten von uns möchten gern glauben, dass ihre Kinder zu ihnen kommen werden, wenn sie in Schwierigkeiten sind. Doch wir machen es unseren Nachkommen oft nicht leicht, ihre Sorgen bei uns abzuladen, denn wir zeigen ihnen durch unsere Reaktionen, dass es nicht sicher ist, uns die Wahrheit über das, was sie gerade durchmachen, zu sagen.

Wenn ein Kind uns erzählt, dass man es beim Schummeln während einer Klassenarbeit erwischt hat, oder unsere Vierzehnjährige verkündet, dass sie darüber nachdenkt, mit ihrem Freund zu schlafen, ertappen wir uns möglicherweise dabei, wie wir brüllen, drohen oder Ratschläge erteilen und damit demonstrieren, dass wir eigentlich *nicht* mit der Wahrheit über einige Dinge, mit denen sich unsere Kinder herumschlagen, umgehen können.

Denken Sie einmal darüber nach, wie Sie reagieren, wenn Ihr Kind Ihnen etwas erzählt, das Sie nicht hören wollen. Bleiben Sie ruhig und vorurteilsfrei? Werden Sie wütend oder fangen Sie an, Ratschläge zu erteilen? Versuchen Sie, die Dinge wieder in Ordnung zu bringen, anstatt Ihrem Kind einfach nur die Möglichkeit zu geben, sein Herz auszuschütten? Bestrafen Sie Ihr Kind oder schüchtern Sie es ein? Oder beenden Sie gar das Gespräch und geben Ihrem Kind damit das Gefühl, dass es sich das nächste Mal, wenn es Stress hat, lieber an seine Freunde wenden sollte als an Sie?

Es ist nicht immer einfach, aber indem wir unseren Kindern beweisen, dass wir immer für sie da sind, helfen wir ihnen dabei, auch künftig jeden Sturm zu durchsegeln, der Stress in ihrem Leben verursacht.

Halten Sie in Ihrem Tagebuch fest, ob es für Ihr Kind wirklich sicher ist, sich an Sie zu wenden, wenn es wegen irgendetwas im Stress ist. Je bewusster Sie sich diese Dinge machen und je fester Sie entschlossen sind, der ruhige Kapitän zu bleiben, desto besser werden Sie auch für Ihr Kind da sein können, wenn Stress zum Problem wird.

Praktische Umsetzung

Bewusste Elternschaft im echten Leben

Wie kann ich meinem Teenager-Sohn helfen, wenn er uns ausschließt?

Frage: Seit seine erste Freundin ihn verlassen hat, zieht sich mein sechzehnjähriger Sohn immer mehr aus der Familie zurück. Ich wusste, dass er am Boden zerstört war, und versuchte ihm zu sagen, dass es so das Beste sei und er jemand anderen finden würde, aber er hat mich völlig ausgeschlossen. Ich fühle mich furchtbar, wenn ich Sie darüber reden höre, wie wichtig Bindung ist, wenn wir unseren Kindern durch schwierige Zeiten hindurch helfen wollen, denn wir sind so gar nicht verbunden. Wie kann ich ihm helfen, wenn er sich doch völlig von uns zurückgezogen hat?

Vorschlag: Wie ich bereits sagte, lernen Kinder anhand unserer Reaktionen auf ihre Offenheit, ob es sicher ist, sich uns anzuvertrauen. Wenn wir damit reagieren, dass wir ihnen Ratschläge geben, oder über ihr Unglück selbst todunglücklich sind, lernen sie daraus, dass sie ihre Geheimnisse besser für sich behalten, wenn sie nicht wollen, dass sie zusätzlich zu ihrem eigenen Stress auch noch mit dem Druck *unserer* Betroffenheit aufgrund *ihrer* Probleme fertig werden müssen.

Eine Bindung wiederherzustellen, braucht Geduld und Zeit, aber es ist machbar. Auch wenn Ihr Sechzehnjähriger jetzt in einem Alter ist, in dem sich Kinder von ihren Eltern abgrenzen, heißt das nicht, dass er Sie nicht braucht. Wenn Sie ihm aber mit einer Aura der Bedürftigkeit begegnen – unbedingt Details aus seinem Leben erfahren wollen oder sich schier überschlagen bei dem Versuch, sein Glück wiederherzustellen –, wird er sich instinktiv zurückziehen.

Suchen Sie nach kleinen, weniger aufdringlichen Möglichkeiten, sich miteinander zu verbinden. Vielleicht hat Ihr Sohn ja Lust, Ihnen beim Zubereiten eines neuen Desserts zu helfen. Oder Sie fragen ihn, ob er Lust hat, Ihnen die großartige Musik vorzuspielen, die er neuerdings hört. Falls er Ihnen etwas über ein Problem, das ihn gerade beschäftigt, anvertraut – egal, wie klein oder harmlos es auch sein mag –, versuchen Sie, Interesse zu zeigen, ohne ihm gleich mit tausend Fragen oder Ratschlägen zu kommen.

Was kann ich unternehmen, wenn meine Tochter sich darüber aufregt, was in ihrer Onlinewelt vor sich geht?

Frage: Meine Tochter ist vierzehn und stresst sich sehr mit Dingen, die zwischen ihren Freunden online ablaufen. Wenn ich versuche, sie davon zu überzeugen, sich aus diesen aufwühlenden Streitigkeiten herauszuhalten, sagt sie mir, ich würde das nicht verstehen. Am Ende kann sie dann wegen der verletzenden Posts, die entweder an sie selbst oder an eine ihrer Freundinnen gerichtet sind, nicht schlafen.

Vorschlag: Es ist für Kinder fast unmöglich, die soziale Vielschichtigkeit ihrer Online-Welt zu bewältigen. Gewissermaßen ist das auch für die Eltern unerforschtes Gebiet. Wie setzen wir Grenzen oder finden das richtige Maß an Kontrolle, damit unsere Kinder in ihrem Online-Dorf Spaß haben und nicht etwa verwirrt, verletzt oder sogar gequält werden?

Lassen Sie Ihre Tochter wissen, dass Sie ihr zustimmen – dass Sie nicht wissen, wie viel für sie auf dem Spiel steht, wenn es um ihre Online-Freundschaften geht, aber dass Sie ihr gern helfen möchten, sich nicht mehr so sehr darüber aufzuregen, wenn es hässlich wird. Anstatt ihr Ratschläge zu erteilen, um die sie nicht gebeten hat (ich bezeichne das auch gern als *die Party stören*), fragen Sie sie lieber, wie Sie ihr am besten helfen können; lassen Sie sich von ihr erklären, was Sie tun können, wenn sie Probleme mit einer Sache hat. Wenn sie Ihnen nur ihr Herz ausschütten will, lassen Sie sie genau das tun. Wenn sie mitbekommt, dass Sie ihr zuhören können, ohne ihr Vorträge zu halten, ist die Wahrscheinlichkeit, dass sie Sie um Rat fragt, größer.

Wenn es Ihnen gelingt, genug Vertrauen aufzubauen, dass sie ihre Verteidigung sinken lässt, bleiben Sie unbedingt weiter vorsichtig. Zeigen Sie Neugier. „Du scheinst immer sehr wütend zu sein, wenn sich Leute über etwas, das du gepostet hast, lustig machen. Kannst du mir helfen zu verstehen, warum du immer wieder auf deine Seite schaust, wenn du dir doch ziemlich sicher bist, dass dort nur verletzende Kommentare auf dich warten?" Oder: „Schatz, ich frage mich, ob es Cassie hilft, wenn du sie zu verteidigen versuchst, indem du über Kinder, die sie angreifen, gemeine Dinge postest, oder ob es vielleicht besser für sie wäre, wenn du den Computer ausschalten und sie einfach mal anrufen und fragen würdest, wie es ihr geht."

Ich glaube, wenn Eltern ihren Kindern dabei helfen wollen, sich in der digitalen Welt zurechtzufinden, können sie sich immer nur auf ihr Bauchgefühl verlassen. Zunächst einmal braucht es Sensibilität. Wenn Ihre Tochter sich irgendwo in der Stadt mit anderen treffen würde und ständig mit Schrammen und weinend nach Hause käme, würden Sie auch das Problem an der Wurzel packen wollen und ihr nicht einfach nur verbieten, aus dem Haus zu gehen. Helfen Sie ihr, zu erkennen, dass Sie ihre Verbündete sind und nicht nur eine kontrollierende Macht, die ihr verbieten will, Spaß zu haben.

Wie kann ich meinem perfektionistischen Sohn helfen?

Frage: Wie hilft man Kindern zu erkennen, wann sie vollen Einsatz zeigen und wann sie einfach loslassen sollten? So froh ich darüber bin, dass mein zwölfjähriger Sohn immer sein Bestes gibt, so wünschte ich doch manchmal, er würde seine Aufgaben nicht immer perfekt machen wollen. Er ist völlig detailbesessen. Meine Frau und ich machen uns Sorgen darüber, wie er die Highschool schaffen will, wenn er sich schon mit den Hausaufgaben der sechsten Klasse so einen Stress macht.

Vorschlag: Manche Kinder scheinen als Perfektionisten auf die Welt gekommen zu sein. So sehr wir uns auch bemühen, es ist schwer, sie davon zu überzeugen, Dinge, die ihnen etwas bedeuten, leichter zu nehmen. Allerdings versuchen viele Kinder nur, es ihren perfektionistischen Eltern gleichzutun. Sie sind überzeugt davon, dass gut hervorragend und hervorragend grandios sein muss.

Sagen Sie Ihrem Sohn, dass Sie gern verstehen würden, wie es sich anfühlt, wenn die Stimme in seinem Kopf ihn auch dann noch antreibt, wenn er eigentlich schon müde und ausgelaugt ist. „Wie ist das für dich, wenn du weißt, dass du deine Sache großartig gemacht hast und trotzdem noch unzufrieden bist?" Wenn Sie ihm zeigen, dass Sie gern seinen Planeten besuchen und ein besseres Gefühl dafür bekommen würden, womit er sich so plagt – ohne ihn dabei zu verurteilen oder zu kritisieren –, wird er sich vielleicht mehr öffnen und letztendlich auch für Ihren Rat empfänglicher sein.

Es könnte auch sein, dass Ihr Sohn so etwas wie ein „Anerkennungsjunkie" ist, der nach der Aufmerksamkeit oder dem Lob seiner Lehrer giert. Sollte das der Fall sein, finden Sie heraus, ob er nicht auch anderweitig Anerkennung bekommen kann, die ihn befriedigt. Es ist nichts falsch daran, einen Lehrer mit einer hervorragend gelösten Aufgabe beeindrucken zu wollen. Wenn es allerdings unangemessenen Stress verursacht, sollte man das zugrundeliegende Bedürfnis lieber auf anderem Wege befriedigen.

Wenn Sie den Eindruck haben, Ihr Sohn habe sich seinen Perfektionismus von Ihnen oder Ihrer Frau abgeschaut, arbeiten Sie daran, ausgeglichener zu werden. Wenn Sie zum Beispiel an einem Projekt arbeiten, lassen Sie ihn mit ansehen, wie Sie sich damit zufrieden geben, dass gut genug eben gut genug ist, auch wenn Sie es wahrscheinlich noch besser hätten machen können. Machen Sie Pause, machen Sie Feierabend und lassen Sie los. Wenn alles gut geht, versteht er die Botschaft: Auch wenn es lobenswert ist, seine Sache gut zu machen, gibt es nichts, das es wert wäre, dass wir unsere Gesundheit oder unser Wohlbefinden dafür opfern.

KAPITEL 10

Zufriedenheit gibt es nur im Inneren

Ferkel bemerkte, dass, auch wenn es nur
ein sehr kleines Herz hatte,
doch eine ziemlich große Menge Dankbarkeit
darin Platz fand.

A. A. Milne

Als Teenager in den 1970ern schlenderte ich eines Tages in Kansas City in einen New-Age-Buchladen und nahm ein kleines blaues Buch mit dem Titel *Discourses of Meher Baba* in die Hand. Ich wusste damals nicht, was ein Diskurs ist, aber die erste Zeile in diesem Buch prägte sich mir für den Rest meines Lebens ein: „Sage ‚Ich will nichts' und sei glücklich." Jung und unerfahren wie ich war, hallte dieser Gedanke bis tief in meine Knochen in mir wider; ich wusste, dass dieser Satz wahr war, auch wenn ich nicht ganz sicher war, ob ich ihn richtig verstanden hatte und wie ich ihm eine konkrete Form geben sollte.

Wenn wir mit dem Leben, so wie es ist, in Frieden sind, schenken wir uns selbst die Freiheit, wahre Freude zu erleben.

Unzählige weise Menschen haben das Gleiche gesagt – der Schlüssel zum Glück liegt in der Freiheit vom Begehren. Wenn wir mit dem Leben, so wie es ist, in Frieden sind, schenken wir uns selbst die Freiheit, wahre Freude zu erleben. Davon bin ich von ganzem Herzen überzeugt.

Das soll natürlich nicht heißen, dass wir unsere Kinder dazu erziehen sollten, durchs Leben zu gehen, ohne je dem Drang und den Sehnsüchten ihrer Seele zu folgen. Die Sehnsucht ist oft die Sprache unseres tiefsten Selbst und treibt uns an, unsere einzigartigen Talente und Begabungen auszubauen. Vielmehr geht es darum, ein Gleichgewicht zwischen dem, was Eckhart Tolle als *Sein* und *Werden* bezeichnet, herzustellen. In seinen Vorträgen erklärt er, dass wir, wenn wir zu sehr auf das *Werden* konzentriert sind, die Fähigkeit verlieren, den gegenwärtigen Moment zu genießen, und in alte Muster von Stress, Angst und Unerfülltsein zurückfallen. Verharren wir jedoch im Zustand des Seins, bewirken wir in der Welt nicht viel. Er nennt das *unter die Gedanken* tauchen und erklärt, dass wir, wenn wir alles Streben ablegen, unsere Wachheit einbüßen können, die jedoch zur Gegenwärtigkeit dazugehört. Wir müssen also ein Gleichgewicht zwischen Sein und Tun schaffen, damit unser Leben freudvoll und fruchtbar bleibt.

In einer Kultur, in der wir ständig mit Dingen konfrontiert werden, die uns *echtes* Glück verheißen, ist es leichter gesagt als getan, dieses Gleichgewicht zu halten. Geschweige denn, Kinder zu erziehen, die nicht unbedingt ständig das eine oder andere haben wollen. Unsere Kinder werden schier bombardiert mit dem Versprechen von Popularität, Anerkennung, Status oder Vergnügen, wenn sie nur etwas erlangen können, das für gewöhnlich außerhalb ihrer Reichweite liegt. „Wenn ich in diesem Test nur eine Eins bekäme … Wenn Cameron nur sagen würde, dass er mich *wirklich* mag … Wenn ihr mir nur ein iPad mit einer besseren Kamera kaufen würdet …“

Das erinnert mich an eine Umfrage des Pew Research Centers, in der man Personen befragte, wonach sie im Leben strebten.[36] 81% der Achtzehn- bis Vierundzwanzigjährigen antworteten darauf, dass sie vor allen Dingen reich werden wollten. Es ist nicht einfach, der Macht der Werbung entgegenzuwirken, die uns glauben machen will, dass das Leben ohne x, y oder z nicht lebenswert sei.

Doch Glück kann man nicht kaufen. In meiner psychotherapeutischen Praxis erlebe ich, dass einige meiner niedergeschlagensten Klienten die Cover von Zeitschriften zieren, in der ganzen Welt Häuser besitzen und ein scheinbar idyllisches Leben führen, dokumentiert durch zahlreiche Fotos, auf denen sie mit ihren bildschönen Ehegatten und -gattinnen und den Bilderbuchkindern am Strand von Malibu herumtollen. Wer denkt da schon daran, dass sie Tag für Tag mit Depression und Verzweiflung kämpfen oder versuchen, ihr Unglück mit Drogen oder Alkohol zu betäuben? Von außen sieht alles toll aus – ein glänzender roter Apfel –, aber im Inneren sitzt ein Wurm und frisst die Seele auf.

Als ich neulich eine Ausgabe des *Architectural Digest* durchblätterte, in dem makellos designte Häuser – mit Traumküchen, Bilderbuch-Wohnzimmern, handgefertigten Möbeln und perfekt arrangierten Kissen – vorgestellt wurden, fing ich an, über die Familien nachzudenken, die in diesen Häusern leben mochten. Einige ihrer Bewohner schlendern sicherlich voll Dankbarkeit und Freude durch diese opulenten Räume. Doch ich habe Menschen kennengelernt, die Jahre darauf verwendeten, sich ihr Traumhaus zu bauen, und am Ende die schmerzliche Wahrheit erkennen mussten, dass man Glück eben nicht kaufen kann; ihr Kummer ließ sich einfach nicht aussperren. Vielleicht versammelt sich die Familie am Abend *eben nicht* zum gemeinsamen Lachen und Spielen um den massiven Steinkamin im kirchhohen Wohnzimmer mit der Decke aus importierter Eiche. Vielleicht hocken die Kids ja den ganzen Tag schmollend in ihren Designerschlafzimmern und versinken kläglich darin, ihre Freunde in der Online-Welt zu beeindrucken. Das Haus mag ja beneidenswert sein, nicht aber das Leben, das sich hinter diesen vier Wänden abspielt.

Es ist nichts falsch daran, die schönen Dinge des Lebens zu genießen, und viele wohlhabende Menschen leben ein zufriedenes Leben voller Liebe, Freude und Sinnhaftigkeit. Ich möchte nur deutlich machen, dass weltlicher Erfolg und Glück mitnichten Hand in Hand gehen. Das, was ein Leben erfüllt und lebenswert macht, kann man mit Geld nicht kaufen.

Zufrieden sein, auch wenn wir nicht alles bekommen, was wir wollen

Wenn wir verstanden haben, dass man Glück nicht kaufen kann, kommen wir auch besser damit zurecht, wenn sich unsere Kinder darüber beschweren, dass sie etwas nicht haben können, was sie gern hätten. Doch anstatt sie dafür zu kritisieren, dass sie nicht dankbar genug sind, sollten wir ihnen lieber helfen, mit ihrer Enttäuschung zurechtzukommen, indem wir ihre Gefühle anerkennen und sie zur Akzeptanz führen.

Ich erinnere mich noch gut an den schrecklichen Tag, als mein damals achtjähriger Sohn während des ganzen Nachhausewegs geweint hat, weil ich ihm diese dreißig Dollar teure Pokémon-Karte nicht kaufen wollte. Oh, wie er sich diese Karte doch wünschte! Es wäre ein Leichtes gewesen, mir sein Lächeln zu erkaufen. Aber wir hatten eine finanzielle Grenze gesetzt, und die Karte überstieg diese bei Weitem. Ich fühlte mich furchtbar. Er wollte sie doch so sehr. Was wäre so schlimm daran, wenn ich sie ihm doch kaufte?

Aber ich wollte, dass er wusste, dass ich an seine Fähigkeit glaubte, diesen Sturm zu überstehen, in dem er nicht haben konnte, was er wollte. Ich versuchte, freundlich und verständnisvoll zu sein: „Ich weiß, wie sehr du diese Karte haben willst, Schatz. Ich weiß auch, dass es dir unfair vorkommt.“ Und irgendwie schaffte ich es, standhaft zu bleiben. So schwer es auch war – ich denke, die Tatsache, dass er nicht bekam, was er wollte, half ihm, zu verstehen, dass sein Glück nicht davon abhing, dass Mama die Kreditkarte zückte.

Wie schon gesagt, etwas zu wollen ist an sich nichts Schlimmes. Begehren und Sehnsucht sind oft das Geflüster unserer Seele, das uns die Richtung weist, die wir im Leben einschlagen sollten. Warum sollte sich ein Athlet tagein, tagaus mit seinem Training aufreiben und seine Fähigkeiten perfektionieren, wenn er sich nicht wünschte, der Beste zu sein? Wie hätte ich Hindi lernen sollen, wenn ich meinen Wunsch danach ignoriert hätte? Problematisch wird es erst dann, wenn wir uns in der Hoffnung auf ein besseres

Morgen so sehr nach etwas verzehren, dass es uns heute die Luft zum Atmen nimmt.

Hilf deinen Kindern, den Unterschied zwischen den endlosen Forderungen des „Affengeistes" nach „Dingen" und den echten Sehnsüchten ihrer Seele erkennen zu lernen. Es ist eine Gabe, den Ruf des Herzens vernehmen zu können. Der Trick ist, nicht alle Eier in den Korb mit der Aufschrift „Eines Tages werde ich glücklich sein, aber nur dann, wenn ..." zu legen. Der Weg *ist* das Ziel, auch wenn wir nach Höherem streben. Wir sollen nicht nur nach den Sternen greifen, sondern auch die Reise dorthin genießen.

Wir sollen nicht nur nach den Sternen greifen, sondern auch die Reise dorthin genießen.

Wenn bei uns zu Hause eine Atmosphäre der Liebe und der Leichtigkeit herrscht, wenn wir in unseren Kindern ein Gefühl der Sinnhaftigkeit wecken, indem wir uns ehrenamtlich engagieren, und wenn wir ihnen dabei helfen, mit sich selbst und anderen liebevoll verbunden zu bleiben, ebnen wir unseren Kindern den Weg für ein außergewöhnlich gutes Leben.

Doch wollen wir unsere Kinder darin unterstützen, ein freudvolleres Leben zu führen, müssen wir ihnen auch deutlich machen, dass es wichtig ist, negative Gewohnheiten oder Denkmuster zu überwinden – zum Beispiel können wir den Sollwert unseres Glücks oder unsere voreingestellte Fähigkeit, Freude zu empfinden, verändern.

Den Sollwert des Glücks verändern

Forscher aus der Positiven Psychologie glauben, dass jeder von uns einen Sollwert [„set-point"] des Glücks besitzt – einen subjektiven Level des Wohlbefindens, der immer relativ konstant bleibt. Gewinnt jemand im Lotto, kehrt er schon bald zu seinem Glücks-Sollwert zurück, auch wenn er Millionen von Dollars gewonnen hat, und Gleiches trifft auch auf Menschen zu, die einen großen Verlust erlitten haben. Meine Freundin Marci Shimoff sagt, dieser Sollwert werde von drei Dingen bestimmt: von den Genen (50 %), von Gewohnheiten (40 %) und von den Lebensumständen (10 %).

Auf den ersten Blick sieht es so aus, als hätten diejenigen unter uns, die bei der Verteilung der Gene Pech gehabt und solche geerbt haben, die eher zum „halbleeren Glas" tendieren, schlechtere Karten und wären nun zu 50 % dazu verdammt, ein unglückliches Leben zu führen. Aber so ist es nicht. Die Epigenetik hat inzwischen herausgefunden, dass eine Änderung der Gewohnheiten auch die DNS verändern kann. Dr. David Rakel sagt dazu: „Epigenetik bezeichnet das, was sich ‚um das Gen herum' abspielt. Wenn man so will, bestimmen wir die Suppe, in der wir unsere Gene baden, durch unsere Entscheidungen selbst [...] Wir haben die Wahl, ob wir unsere Gene in Freude, Glück, Bewegung und guter Ernährung baden oder in Zorn, Hoffnungslosigkeit, Junk Food und sitzender Tätigkeit."[37] Mit anderen Worten: Egal, welche Gene wir besitzen oder wie unsere Lebensumstände gerade aussehen, Glück lässt sich kultivieren.

Es heißt, wir denken jeden Tag etwa sechzigtausend Gedanken. Es heißt auch, dass gut 80 % dieser Gedanken negativ sind. Und man geht außerdem davon aus, dass etwa 95 % der Gedanken, die wir heute denken, mehr oder weniger dieselben sind wie gestern, vorgestern und vorvorgestern. Das bedeutet, dass wir uns, wenn wir unser gewohnheitsmäßiges Denken nicht ändern, jeden Tag fünfundvierzigtausend negativen Gedanken aussetzen. Für unsere Gene ist das eine ziemlich negative Suppe!

Wenn wir unser gewohnheitsmäßiges Denken nicht ändern, setzen wir uns jeden Tag fünfundvierzigtausend negativen Gedanken aus.

Als Forscher der National Institutes of Health (NIH, eine Behörde des Ministeriums für Gesundheitspflege und Soziale Dienste der Vereinigten Staaten, Anm. d. Übers.) die Durchblutung und die Aktivitätsmuster des Gehirns untersuchten, stellten sie fest, dass negative Gedanken Bereiche stimulieren, die mit Angst und Depression in Verbindung stehen, und wie Gift auf unser System wirken.[38] Am besten helfen wir unseren Kindern dabei, gesunde und glücksfördernde Gewohnheiten zu entwickeln, indem wir dies selbst tun.

Müssen Ihre Kinder mit ansehen, wie Sie in eine negative „Was wäre, wenn"-Spirale verfallen, wenn das Leben Ihnen knifflige Karten in die Hand spielt, oder versuchen Sie eher, ein fröhliches Liedchen zu pfeifen, während Sie aus Zitronen Limonade machen? Natürlich wäre es Ihnen *lieber*, wenn das Getriebe im Auto nicht kaputt ginge oder der Regen noch vor Ihrer Gartenparty nachließe. Aber es gibt einen Unterschied zwischen Präferenzen und Bedürfnissen. Wenn wir etwas brauchen, geben wir uns der Machtlosigkeit preis und nähren damit Verzweiflung und ungesunde Verhaltensweisen, die entstehen, wenn wir ein bestimmtes Ergebnis zu erzwingen versuchen, weil wir uns nicht vorstellen können, mit einer Alternative zu leben.

Wenn unsere Kinder miterleben, dass wir zwar enttäuscht sind, aber nicht gleich im Unglück versinken, entwickeln sie eine Vorstellung davon, wie es aussieht, auch den Stolpersteinen im Leben mit Gegenwärtigkeit zu begegnen – eine Art, mit den Dingen umzugehen, an die sie sich erinnern werden, wenn sie einmal eigenen Herausforderungen gegenüberstehen.

Das Glück im Inneren

Wenn wir an Glück denken, stellen wir uns einen Quarterback vor, der nach dem Touchdown einen Glückstanz aufführt, oder eine Braut, die strahlend vor Glück zum Altar geht. Das sind in der Tat ganz besondere Momente, doch sie sind relativ selten und dünn gesät. Und sie sind von äußeren Umständen abhängig.

Wahres Glück ist still und tief. Es hängt nicht von den Umständen ab. Es ist nichts, das wir erlangen, weil ein lang ersehntes Ereignis eintritt oder wir etwas erreicht haben. Vielmehr ist es ein Zustand, der Momente unseres Lebens – gewöhnliche und außergewöhnliche gleichermaßen – mit tiefer Freude erfüllt.

Die Schriftstellerin Barbara de Angelis erzählt eine persönliche Geschichte, die mich sehr beeindruckt hat.[39] Ich möchte sie hier kurz mit eigenen Worten wiedergeben. Nach jahrelanger Suche begegnete sie einem Mann, den sie für ihren Seelengefährten hielt. Sie verliebten sich sehr, und sie konnte ihr Glück kaum fassen. Während sie Hand in Hand am Strand entlanggingen, quoll Barbaras Herz über vor Glück. Ihr Schatz schickte ihr leidenschaftliche Liebesbriefe. Jeder Tag war von einer romantischen Verzückung erfüllt, die sie bis dahin nicht gekannt hatte.

> **Wahres Glück ist still und tief. Es hängt nicht von den Umständen ab. Es ist nichts, das wir erlangen, weil ein lang ersehntes Ereignis eintritt oder wir etwas erreicht haben. Vielmehr ist es ein Zustand, der Momente unseres Lebens – gewöhnliche und außergewöhnliche gleichermaßen – mit tiefer Freude erfüllt.**

Einige Monate später fand sie heraus, dass dieser Mann sich noch mit einigen anderen Frauen traf. Was ihrer Verletzung noch die Krone aufsetzte, war, dass er ihnen dieselben Liebesbriefe geschrieben hatte wie ihr. Sie war am Boden zerstört. Wie konnte sie sich in dieser Liebe, die ihr so ehrlich und tief erschienen war, so getäuscht haben? Ihr Herz war gebrochen, sie zog sich von der Welt zurück und verkroch sich in ein tiefes, dunkles Loch.

Nachdem sie eine Weile in diesem trostlosen Zustand verbracht hatte, löste sich etwas in ihr und sie hatte eine Offenbarung. Wenn ihr ganzes Liebesempfinden doch auf einer Täuschung beruhte, warum war sie dann so glücklich gewesen? Sie begann zu verstehen, dass die Freude und die Liebe, die sie in der Gegenwart dieses Mannes und immer dann empfunden hatte, wenn sie an ihn dachte, die ganze Zeit *in ihr gewesen waren*. Er hatte ihr nicht jedes Mal, wenn sie zusammen waren, ein Stückchen Liebe gegeben. Und er hatte auch nicht die Schleusen ihres Herzens geöffnet. Stattdessen hatten seine Liebesbekundungen sie dazu bewegt, den Quell der Freude in ihrem eigenen Inneren zu aktivieren. *Sie selbst* hatte diesen Quell aktiviert, der sie diese großartige Liebe spüren ließ, nicht er oder etwas, das er getan hatte. In Wahrheit war ihr Freund nur der Vorwand für sie gewesen, sich selbst dieses Gefühl der Liebe, das immer schon in ihrem Herzen gewesen war, zu erlauben.

Ich liebe diese Geschichte, denn sie deckt ein Lüge auf, der die meisten von uns aufsitzen: dass unser Glück von etwas oder jemand anderem abhängt. Wenn Sie an Momente zurückdenken, in denen Sie unbändige Freude empfunden haben, werden Ihnen wahrscheinlich zuerst die äußeren Gegebenheiten einfallen; vielleicht waren alle Ihre Lieben um Sie versammelt oder Sie sind im Wald spazieren gegangen.

Doch auch wenn diese Umstände durchaus wichtig sind, so war doch das *Gefühl* des Glücks immer schon in Ihnen. Wahres Glück entsteht aus uns selbst heraus; es ist ein Gefühl, das wir anzapfen können, egal, was gerade im Außen geschieht. Was für ein wundervolles Geschenk würden wir unseren Kindern machen, wenn wir ihnen helfen könnten, zu verstehen, dass Glück tatsächlich nur im Inneren zu finden ist!

Wenn wir unser Herz öffnen und für alles, was der gegenwärtige Moment uns schenkt, dankbar sind, dann kann ein Stück Brot genauso ein Glücksgefühl in uns auslösen wie eine ganze Liste von Dingen, für die wir dankbar sind – eine wichtige Lektion, die wir unseren Kindern unbedingt beibringen sollten.

Wenn wir unser Herz öffnen und für alles, was der gegenwärtige Moment uns schenkt, dankbar sind, dann kann ein Stück Brot genauso ein Glücksgefühl in uns auslösen wie eine ganze Liste von Dingen, für die wir dankbar sind – eine wichtige Lektion, die wir unseren Kindern unbedingt beibringen sollten.

In uns fließt ein nie versiegender Fluss, in den wir jederzeit eintauchen können. Wahres Glück ist die Freude daran, am Leben zu sein.

Wertschätzung zeigen

Wertschätzung gehört zu den Dingen, die wir unsere Kinder nicht durch Worte lehren können, doch wenn wir es uns zur *Gewohnheit* machen, dankbar zu sein, können sie sich der Wirkung nicht entziehen. Regelmäßig Wertschätzung zu zeigen, hilft uns dabei, den Fokus von den Dingen zu nehmen, die verkehrt laufen, und ihn stattdessen auf das zu richten, was großartig ist.

John Gottman ist Professor für Psychologie und hat zahlreiche Bücher geschrieben, darunter *Die 7 Geheimnisse der glücklichen Ehe*. Während seiner Recherchen dazu, was einer Ehe Stabilität gibt, entwickelte er eine Technik, die nicht nur für Eheleute, sondern auch für andere Familienbeziehungen sehr nützlich ist: Überlegen Sie sich für jeden negativen Kommentar fünf Dinge, die Sie wertschätzen.

Er regt an, dass wir uns zur Neutralisierung einer jeden Beschwerde, die wir äußern, fünf positive Dinge überlegen, für die wir dankbar sind oder die wir wertschätzen. Harville Hendrix, der gemeinsam mit seiner Frau die *Imago Paartherapie* entwickelte, greift diese Idee ebenfalls auf und ermutigt Paare dazu, ihre Kommunikationsmuster so zu verändern, dass sie nicht mehr schädlich, sondern wohltuend sind. Ich konnte große Erfolge erzielen, wenn ich Familien dazu anregte, diesen Gedanken in ihr Familienleben zu integrieren; Kinder (und Eltern!) hören gern, was wir an ihnen mögen oder wertschätzen. Wenn Sie im Frust so etwas sagen wie: „Warum musst du immer so viele Geräusche machen, wenn du isst?“, können Sie für den Rest des Tages Kommentare äußern wie: „Mir hat gefallen, wie lieb du mit den Puppen gespielt hast, Schatz“ oder „Als ich heute von der Arbeit kam und dich draußen spielen sah, war ich so froh, dich zu sehen, und so glücklich, dass ich dein Papa bin!“. Den Menschen, die wir lieben, unsere Wertschätzung zu zeigen, ist, wie einen Motor zu ölen; es vermeidet Reibung, und das Familienleben läuft geschmeidiger.

Die großen Lebensfragen unserer Kinder beantworten

Die Wörter „spirituell“ und „Spiritualität“ haben zahlreiche Bedeutungen. Ich verwende sie in diesem Buch nicht in einem religiösen oder dogmatischen Sinne, sondern um unsere angeborene Sehnsucht danach, zu verstehen, wie es kommt, dass wir am Leben sind, welche Macht oder Kraft (so es denn eine gibt) das alles erschaffen hat und warum wir überhaupt hier sind, zu beschreiben. Wie es scheint, werden wir Menschen mit einer vorprogrammierten Sehnsucht geboren, das Mysterium des Lebens zu begreifen. Wir suchen jenseits rationaler Ansätze nach einer tieferen Erklärung dafür, wie das Universum und unser Platz ihn ihm zu verstehen sind.

Zu Ihrer persönlichen Spiritualität gehört vielleicht der Glaube an Gott oder an eine wohlwollende Macht, die über das Universum herrscht. Vielleicht gibt es dort Engel oder Führungswesen, oder Sie fühlen sich in den Traditionen indigener Völker, die schon seit langer Zeit auf dieser Erde leben, zu Hause. Vielleicht haben Sie Ihren Glauben von Ihren Eltern oder der Gemeinschaft, in der Sie aufgewachsen sind, übernommen. Vielleicht haben Sie deren Glauben aber auch abgelehnt und etwas anderes gefunden, das Ihnen und Ihrem Herzen näher ist.

Doch woran Sie auch glauben oder was Sie auch praktizieren, wir müssen uns überlegen, wie wir diese Dinge unseren Kindern vermitteln wollen. Wollen wir sie in die Sonntagsschule schicken? Gibt es bestimmte Rituale, die wir in ihren Tagesablauf einbauen wollen? Wollen wir, dass sie Bibeltexte lernen? Beten wir vor dem Essen oder Schlafengehen? Finden wir, dass sie eine Vielzahl an Religionen kennenlernen sollten, um eines Tages ihre eigene Wahl zu treffen? Sind wir Atheisten oder Agnostiker, entschlossen, unseren Kindern gar keinen bestimmten Glauben nahezubringen, damit sie ihren eigenen Weg finden können?

All dies sind sehr persönliche Entscheidungen, und ich gehe davon aus, dass Eltern sie allein treffen können. Allerdings sollten wir uns zumindest mit ein paar grundlegenden Antworten wappnen, wenn unsere Kinder anfangen, uns die großen Lebensfragen zu stellen, unter anderem was geschieht, wenn ein geliebter Mensch stirbt.

In dem Film *Cocoon* gibt es eine Szene, die mich zutiefst berührt. Darin entkleidet sich eine junge Frau in ihrer Hütte, doch anstatt nur ihre Kleider auszuziehen (worauf der junge Mann, der durch das Loch in der Wand linst, natürlich hofft), legt sie ihre Haut ab – vollständig, von Kopf bis Fuß. Darunter ist sie ein leuchtendes Wesen aus strahlendem Licht. Der Mann am Loch in der Wand ist wie vom Donner gerührt. Sie legt einfach ihre äußere Identität ab und wird zu dem, was sie wirklich ist – ein reines Lichtwesen.

Ich liebe dieses Bild, und manchmal fällt es mir im Laufe eines Tages einfach so ein. Wenn ich mit Menschen zu tun habe, stelle ich mir vor, dass sie – genau wie ich – unter ihrer äußeren Persönlichkeit einfach nur Manifestationen des Göttlichen sind, gegossen in das Gefäß eines Körpers, um eine Zeitlang hier auf Erden zu spielen und zu lernen. Manchmal stelle ich mir auch vor, jeder Mensch, dem ich begegne, sei Gott oder die göttliche Präsenz in Verkleidung – und wir beide wissen, dass wir nicht die Rolle sind, die wir spielen, und dennoch spielen wir sie und haben (hoffentlich) eine Menge Spaß dabei.

Vielleicht spricht Sie dieser Gedanke nicht an, doch einigen Kindern hilft es, wenn wir ihnen erklären, dass unsere Seele so etwas Ähnliches ist wie Licht, das in einen Körper gegossen wurde, und dass wir deshalb die Liebe und die Verbindung zu einem Menschen auch dann noch fühlen können, wenn er gestorben ist. Auch hier vertraue ich darauf, dass alle Eltern den für sie richtigen Weg finden werden, wie sie mit ihren Kindern über Leben und Tod sprechen wollen. Für einige heißt das vielleicht sogar, gar nichts zu sagen. Für sie zählt vielleicht nur, in aller Stille ein Leben voller Mitgefühl zu führen und ihre Kinder spüren zu lassen, was es heißt, einen spirituellen Weg zu gehen, indem sie ihn einfach gehen.

Andere Eltern sind in ihrer spirituellen Praxis dagegen möglicherweise sehr leidenschaftlich. Sie gehen fromm in die Kirche, meditieren täglich, gehen regelmäßig zu Vorträgen inspirierender spiritueller Lehrer, verneigen sich jeden Morgen vor dem Altar ihres Gurus, kommunizieren mit ihren Engeln oder Führungswesen oder nehmen an Retreats teil, um ihren Glauben zu vertiefen. *Manchmal* finden Kinder solch passionierter Anhänger eines Glaubens das spirituelle Streben ihrer Eltern absurd und wollen nichts damit zu tun haben. So wie die Figur von Michael J. Fox in *Familienbande* die liberale Einstellung ihrer Eltern strikt ablehnt und sich zu einem jugendlichen Republikaner in Schlips und Kragen entwickelt, kann es vorkommen, dass unsere Kinder unsere spirituellen Überzeugungen ablehnen und sie vielleicht sogar lächerlich finden oder verachten.

So enttäuschend es auch sein mag, ein Kind zu haben, das all Ihren Bemühungen zum Trotz Ihre Überzeugungen nicht teilen will, so kann es doch auch ein Segen sein. Wenn die Art, wie Sie Ihre Seele nähren, für Sie stimmig ist, müssen Sie sie vor niemandem rechtfertigen – auch nicht vor Ihren Kindern. Ich habe erlebt, wie Eltern auch noch das letzte Fünkchen Hoffnung darauf, dass ihre Kinder ihre spirituellen Praktiken eines Tages übernehmen werden, zerstörten, indem sie sie zwangen, daran teilzunehmen. So funktioniert das nicht.

Ja, lassen Sie Ihre Kinder ruhig an den Dingen teilhaben, die Ihre Seele nähren. Aber lassen Sie sie selbst ihre Begeisterung dafür entdecken, indem sie miterleben, wie Sie durch sie ruhiger oder liebevoller und großzügiger werden. Auch hier gilt wieder: Unsere Kinder können unsere größten Lehrer sein. Sie werden genau hinschauen und jede Scheinheiligkeit in uns aufdecken. Wenn wir versuchen, ihnen das aufzuzwingen, woran wir glauben, oder ihnen unsere Bedürftigkeit zeigen, wird sie das abstoßen. Wenn wir nach dem Meditieren aus unserem Zimmer kommen und gleich anfangen zu meckern, werden sie keinen Respekt vor unserer Praxis haben, egal, wie sehr wir auch versuchen, ihnen einzureden, was für tiefen inneren Frieden wir dadurch finden. Und wenn wir nach dem Kirchgang über die Leute schimpfen, denen wir dort begegnet sind … na, Sie verstehen, worauf ich hinauswill. Unsere Kinder verlangen von uns, dass wir authentisch sind.

Sie müssen nach Ihrer spirituellen Praxis nicht wie eine Heilige mit einem gütigen Lächeln auf den Lippen durch den Raum schweben und Ihre Kinder mit gedämpfter Stimme bitten, ihr Spielzeug wegzuräumen. Doch seien Sie sich stets bewusst, dass Kinder viel mehr aus dem lernen, was sie sehen, als aus dem, was wir ihnen sagen. Wenn Sie möchten, dass sie Ihnen auf Ihrem spirituellen Weg folgen – oder zumindest dafür offen sind, ihn kennenzulernen –, dann zwingen Sie ihnen nichts auf. Lassen Sie sie von selbst kommen, weil sie sich wie Sie damals durch einen inneren Drang dazu hingezogen fühlen, während Sie in ihrer Gegenwart einfach Ihre Spiritualität leben.

Jetzt sind Sie dran

Unten finden Sie eine Liste der Qualitäten, die ich in den vorangegangenen Kapiteln diskutiert habe. Ich habe viele Bereiche abgedeckt und zweifelsohne auch einige Dinge ausgelassen, die Sie für die Erziehung Ihres Kindes wichtig finden. Nehmen Sie sich einen Augenblick Zeit und überlegen Sie sich, welche Eigenschaften *Sie* für wichtig halten. Schreiben Sie ein oder zwei Zeilen in Ihr Tagebuch, welche Art von Veränderung Ihnen und Ihrem Kind dabei helfen könnte, diese Eigenschaften auszubauen.

Falls Sie sich zum Beispiel für „mehr Selbstachtung" entscheiden, könnten Sie daran arbeiten, sich Ihrem Kollegen gegenüber, der Sie immer wieder fragt, ob Sie ihn vertreten könnten, damit er eine längere Mittagspause machen kann, besser zu behaupten. Wenn Sie sich für „Verantwortungsbewusstsein" entscheiden, könnten Sie sich vornehmen, mit Ihren Kindern darüber zu sprechen, wie jeder von Ihnen damit umgehen will, wenn er einmal die Gefühle eines anderen verletzt oder einer Bitte nicht nachkommt. Wenn Sie sich für „ein sinnvolles, leidenschaftliches Leben" entscheiden, könnten Sie zum Beispiel ein bisschen recherchieren, wo Sie und Ihre Kinder sich ehrenamtlich engagieren können. Oder Sie belegen einen Kurs in kreativem Schreiben, um Ihren Kindern zu zeigen, wie es aussieht, wenn man der stillen Sehnsucht seines Herzens folgt.

Hier zur Erinnerung noch einmal alle Qualitäten, die wir besprochen haben:

- Achtsamkeit üben
- Andere respektieren
- Auf die eigene Intuition hören
- Bindung stärken
- Dankbarkeit üben
- Das Leben genießen
- Den Glücks-Sollwert neu definieren

- Die Ältesten ehren
- Die Wahrheit sagen
- Ehrlich sein
- Ein Leben mit Sinn und Leidenschaft führen
- Empathie entwickeln
- Etwas zurückgeben
- Für getroffene Entscheidungen die Verantwortung übernehmen
- Glücklich und zufrieden sein
- Gut kommunizieren
- Gute Manieren zeigen
- In Beziehungen Grenzen setzen
- Mit sich allein sein können
- Mit Stress umgehen
- Mit Unsicherheit umgehen
- Mit Wut umgehen
- Mitgefühl entwickeln
- Respektvoll zuhören
- Selbstachtung entwickeln
- Selbstliebe und Güte üben
- Sich entschuldigen
- Sich liebenswert finden
- Sich verbinden
- Spaß haben
- Spiritualität leben
- Ungesunde Beziehungen beenden
- Vereinbarungen einhalten
- Verletzlich sein

Praktische Umsetzung

Bewusste Elternschaft im echten Leben

Sollten wir unsere Kinder dazu bewegen, in die Kirche zu gehen?

Frage: Mein Mann und ich gehen sonntags immer in eine nicht konfessionsgebundene Kirche. Wir waren immer der Meinung, es sei wichtig, dass unsere Kinder uns begleiten, was sie auch bereitwillig getan haben, als sie noch jünger waren. Doch mein fünfzehnjähriger Sohn findet es inzwischen blöd, und mein Dreizehnjähriger möchte wie der große Bruder sein, also geht er auch nicht mehr mit. Was sollen wir machen?

Vorschlag: Ihre Frage lässt sich von zwei Standpunkten aus beantworten. Der erste Standpunkt erkennt die vielen Vorteile darin, sich einmal wöchentlich die Zeit für Gebete, Kontemplation, Anbetung und Danksagung zu nehmen. Er erkennt auch an, dass Kinder eher abgeneigt sind, sonntags früher aufzustehen, um irgendwohin zu gehen, wo „Spaß" nicht an erster Stelle steht, und vertritt die Meinung, dass Eltern konsequent sein sollten in ihrer Entschlossenheit, mit der Familie regelmäßig etwas zu tun, wodurch wichtige Qualitäten in uns genährt werden, auch wenn die Kinder sich darüber beschweren.

Der andere Standpunkt weist darauf hin, dass es wohl kaum das Interesse an Gott oder der Spiritualität weckt, wenn wir unsere Kinder in ein Gotteshaus zwingen. Denken wir das weiter, könnte eine erzwungene Teilnahme an den sonntäglichen Gottesdiensten sogar eine Abneigung gegen spirituelles Streben in unseren Kindern wecken, weil sie eine negative Assoziation entwickeln, wenn sie Ehrerbietung für etwas zeigen sollen, das sie gar nicht wirklich interessiert.

Ich persönlich finde, dass es, wenn Eltern bei der Ausübung jeder beliebigen Form von Spiritualität echten Enthusiasmus zeigen, nicht so eine große Rolle spielt, ob ihre Kinder dabei körperlich anwesend sind. Viel wichtiger ist, dass sie die Freude, den Frieden und die Hingabe ihrer Eltern unmittelbar miterleben können. Letztendlich ist es genau das, was ein Kind am ehesten dazu veranlassen wird, seine eigene Spiritualität zu erforschen. Aber das müssen alle Eltern selbst entscheiden. Manche werden – verständlicherweise – der Meinung sein, dass es besser ist, wenn die Kinder widerwillig mitkommen, als dass sie zu Hause lange schlafen oder fernsehen.

Wenn Ihr Fünfzehnjähriger eine Pause vom sonntäglichen Kirchgang machen möchte, dann wäre es vielleicht klug, ihn zu lassen. Wie heißt es so schön? Man kann ein Pferd zur Tränke führen, aber trinken muss es selbst. Sie können ihn natürlich *bitten* mitzukommen, weil es für Sie ein besonderes und wertvolles Familienritual ist, aber unter Umständen stehen die Chancen besser, dass er mitkommt, wenn Sie ihm die Wahl lassen, anstatt ihn zu zwingen. Wenn Sie der Meinung sind, dass Ihr Dreizehnjähriger eigentlich gern mit in die Kirche geht, versuchen Sie mit ihm darüber zu reden, dass es wichtig ist, dass er für sich selbst denkt und seine eigenen Entscheidungen trifft, anstatt seinem Bruder zu folgen, nur um dessen Anerkennung zu bekommen.

Habe ich meine Kinder verdorben?

Frage: Ich habe mir ein Bein ausgerissen, um meiner Familie ein gutes Leben zu ermöglichen, aber natürlich wissen meine Kinder die teuren Möbel oder das schicke Haus, in dem sie leben, nicht zu schätzen. Sie interessieren sich nur dafür, die neuesten technischen Geräte oder die coolsten Klamotten zu bekommen. Ist es schon zu spät, ihnen beizubringen, für das dankbar zu sein, was sie haben, anstatt sich über das zu beschweren, was sie nicht haben? Habe ich sie schon zu sehr verdorben?

Vorschlag: Ich verwende den Begriff „verdorben“ eigentlich nicht gern im Bezug auf Kinder. Milch kann verdorben sein. Aber Kinder nicht. Kinder wollen eben, was sie wollen – und das tun sie auch energisch kund! Doch wir sind es, von denen sie lernen, ob sie immer alles bekommen, was sie wollen. Wir müssen in der Lage sein, darauf zu vertrauen, dass sie mit der Enttäuschung umgehen können, wenn nicht alle ihre Wünsche erfüllt werden.

Wenn wir uns über den Undank unserer Kinder ärgern, weil wir plötzlich beschlossen haben, ihnen nicht mehr alles zu kaufen, was sie haben wollen, ist das ein bisschen ungerecht. Wenn es in Ihrer Familie gang und gäbe war, immer das Neueste vom Neuen zu haben, ist es unangemessen, von Ihren Kindern zu erwarten, dass sie plötzlich in einen Zustand fortwährender Dankbarkeit verfallen.

Sie können jedoch etwas daran ändern, wie Ihre Kinder Vaterliebe erleben. Fangen Sie an, ihnen etwas zu schenken, das man mit Geld nicht kaufen kann, das sie aber zutiefst befriedigt: eine lange Fahrradtour, stundenlange Monopoly-Spiele, Erkundungstouren in Stadtteile, in denen Sie noch nie gewesen sind, oder Filmabende mit der ganzen Familie. Lassen Sie sie daran teilhaben, wie *Sie* die nicht greifbaren Dinge im Leben genießen – ein gutes Buch oder die Freude darüber, wie etwas, das Sie im Garten gepflanzt haben, endlich Früchte trägt. Wenn Sie Ihre eigenen Werte ändern, stehen die Chancen besser, dass Ihre Kinder nicht immer noch mehr wollen, sondern für das, was sie bereits haben, dankbar sind.

Es kann eine Zeit lang dauern, bis sich Ihre Kinder von dem ständigen „Habenwollen“ befreit haben. Werfen Sie ihnen nicht vor, sie seien undankbar. Wenn sie Sie um etwas bitten, schlagen Sie ihnen vor, es auf eine spezielle Eines-Tages-Wunschliste zu setzen. Helfen Sie Ihren Kindern, zu entdecken, wie gut es sich anfühlt, wenn man arbeitet und auf etwas spart, das man unbedingt haben möchte. Begegnen Sie ihrer Enttäuschung und ihrem Frust, wenn sie etwas nicht haben können, mit Verständnis. (Vielleicht mögen Sie hierzu auch in Kapitel 5 den Abschnitt zu *Kindererziehung 1. Akt* oder *Parenting Without Power Struggles* lesen.)

Kann man sich von einem negativen in einen positiven Menschen verwandeln?

Frage: In meinem Stammbaum findet man überall Depressionen. Ist es wirklich möglich, sich von einem Menschen, der gewohnheitsmäßig negativ denkt, zu einem positiven und hoffnungsfrohen Menschen zu entwickeln?

Vorschlag: Das ist das Wunder unseres Lebens: dass wir in Lebensumstände hineingeboren werden, die unseren Lebensweg schon vorzuzeichnen scheinen, und uns dennoch befreien und etwas völlig Neues erschaffen können.

Ja, es wird ein hartes Stück Arbeit für Sie, wenn Sie die hartnäckigen negativen Denkmuster auflösen wollen. Es sind gewohnheitsmäßige Muster, und Gewohnheiten lassen sich nur schwer ändern. Dazu braucht es Entschlossenheit und Bewusstheit, um zu vermeiden, dass Sie immer wieder in die altvertrauten Muster zurückfallen, unangenehme Ereignisse als unvermeidlich zu empfinden und das Gute wegzustoßen, weil Sie es für nicht real halten.

Aber Sie *können* sich von den Fesseln Ihres Stammbaums befreien. Sie besitzen einen freien Willen. Sie können sich entscheiden, wie Sie über den Tanz des Lebens denken, ob Sie schwierige Momente als Wachstumsmöglichkeiten und schöne Augenblicke als Geschenke eines wohlwollenden Universums betrachten wollen oder nicht.

Das soll nicht heißen, dass Sie keine Hilfe annehmen sollten, wenn Sie sie brauchen; das können Medikamente, eine Therapie oder eine Änderung Ihrer Lebensgewohnheiten sein, einschließlich Ernährung, Schlaf, Bewegung, Meditation oder Spiel. Aber seien Sie ein Wegbereiter, durchbrechen Sie die alten Familienmuster und zerschlagen Sie die gläsernen Wände, die die Fähigkeit Ihrer Familie, Freude zu empfinden, einschränken!

KAPITEL 11

Hilfsmittel, Tipps und Strategien

Das einzige, was letztendlich an deiner Reise wirklich ist,
ist der Schritt, den du in diesem Moment machst.
Das ist alles.

Eckhart Tolle

Vieles von dem, was ich darüber geschrieben habe, wie man bewusste, selbstsichere und liebevolle Kinder erzieht, wird Ihnen bereits bekannt sein. Wir wissen, wie wichtig es ist, eine Haltung der Dankbarkeit zu pflegen, und dass es klug wäre, im gegenwärtigen Moment zu leben. Womit manche von uns jedoch Schwierigkeiten haben, ist die praktische Umsetzung. Es ist gut und schön zu *wissen*, dass wir mit unseren Kindern mehr Präsenz üben oder voll Dankbarkeit leben sollten. Doch es ist etwas völlig anderes, dieses Wissen in unseren Alltag zu integrieren.

Viele von uns möchten die Welt zu einem besseren Ort machen und verwenden viel Zeit und Energie auf humanitäre Bestrebungen. Doch eine Möglichkeit, die Welt positiv zu beeinflussen, liegt unmittelbar vor uns. Die Elternschaft bietet uns eine praktische Gelegenheit, eine bessere Welt zu erschaffen, indem wir unsere Kinder zu bewussten, liebevollen Erwachsenen erziehen.

In diesem Kapitel möchte ich Ihnen eine Vielzahl an Aktivitäten vorstellen, die Sie in Ihren Alltag einbauen können. Einige meiner Ideen werden Sie ansprechen, andere vielleicht nicht. Aber ich möchte wirklich dringend empfehlen, dass Sie wenigstens einige dieser Übungen in Ihr Leben integrieren. Zwar würde ich mich freuen, wenn Sie sie mit Ihren Kindern machen würden, doch Sie können jede dieser Übungen auch allein durchführen.

Übungen zur Entwicklung von Achtsamkeit, Bewusstsein und Bewusstheit

„Mama, hörst du mir überhaupt zu?“

„Papa, ich hab dich schon zweimal gefragt, ob du mich fahren kannst.“

„Du hast gesagt, du willst nur kurz deine E-Mails von der Arbeit checken, und das ist schon ewig her.“

Wie ich es nun schon mehrmals betont habe: Unsere Kinder können unsere besten Lehrer sein und bieten uns unzählige Gelegenheiten, zu wachsen. So halten sie uns beispielsweise im Zaum, indem sie darauf hinweisen, wenn wir *nicht bei der Sache* sind.

Wie bereits erwähnt, sind Achtsamkeitsübungen längst nicht mehr nur in Meditationszentren zu finden, sondern inzwischen auch in Schulen, Gefängnissen und Krankenhäusern. Wie schön wäre es doch, wenn sie schon ganz früh Teil des Lebens eines Kindes sein könnten! Stellen Sie sich eine Welt vor, in der Kinder damit großwerden, sich ihrer Gefühle bewusst zu sein, nicht so sehr von belastenden Gedanken geplagt zu werden und ein stetes Gefühl der Dankbarkeit als Grundton ihres Lebens zu spüren.

Hier nun also einige Ideen, wie Sie Achtsamkeitsübungen in Ihr Familienleben integrieren können. Am besten gehen Sie mit gutem Beispiel voran. Wenn Sie also noch nie zuvor Achtsamkeitsübungen oder Meditationen gemacht haben, schlage ich vor, dass Sie sich wenigstens einen Monat lang selbst darin üben, bevor Sie anfangen, sie Ihren Kindern beizubringen.

Einen Platz vorbereiten

Wie genau Sie Ihr Kind mit Achtsamkeit und Meditation vertraut machen, hängt von seinem Alter und Entwicklungsstand ab, doch im Wesentlichen könnten Sie in etwa Folgendes sagen: „Vielleicht ist dir schon einmal aufgefallen, dass ich morgens (nachmittags, abends) manchmal still dasitze und einfach nur eine Weile lang ruhig bin. Wenn ich das mache, fühlt sich das in mir drin ganz wunderbar und friedlich an und hilft mir dabei, den Tag gut zu meistern. Ich würde dir gern beibringen, wie das geht. Würde dir das gefallen?“ (Es ist hilfreich, wenn wir das Interesse unserer Kinder wecken, anstatt einfach zu entscheiden, dass sie Achtsamkeitsübungen machen sollen. Die meisten Kinder sind dafür offen, trotzdem ist es sinnvoll, sie zuerst zu fragen.)

„Achtsamkeit ist ganz einfach. Du beobachtest nur, was in diesem Moment geschieht, ohne über die Vergangenheit oder die Zukunft nachzudenken. Mir gefällt daran, dass ich mich danach ruhiger und zufriedener fühle. Als erstes bereiten wir einen besonderen Platz für uns vor, an dem wir jeden Tag ein paar Minuten lang üben können. Ich dachte, wir könnten uns vielleicht hier einrichten (zeigen Sie Ihrem Kind den Bereich bei Ihnen zu Hause). Hilfst du mir dabei?“ (Laden Sie Ihre Kinder ein, mit Ihnen gemeinsam ein gemütliches Plätzchen zu schaffen. Benutzen Sie Kissen, Blumen oder Zimmerpflanzen oder kleine Schmuckstücke, die für jeden von Ihnen eine besondere Bedeutung haben. Wenn Sie mögen, zünden Sie eine Duftkerze oder ein Räucherstäbchen an; manchen fällt es durch den Duft leichter, sich in der Gegenwart zu verankern.)

Sobald Sie Ihren Achtsamkeitsbereich eingerichtet haben, können Sie mit der ersten Übung beginnen.

Die Übung beginnen

„Jetzt machen wir es uns bequem. Lasse alle Festigkeit und Anspannung los, angefangen an deinem Scheitel, und stelle dir eine warme Lichtkugel vor, die alle Muskeln in deinem Gesicht und Kiefer entspannt, sich dann zu deinem Nacken und deinen Schultern bewegt und allen Muskeln hilft, weich und locker zu werden, während du jedes Gefühl von Festigkeit und Anspannung loslässt.“ Führen Sie das Kind weiter durch die Entspannung, von Kopf bis Fuß.

Am leichtesten fällt es Kindern, Achtsamkeit zu üben, wenn wir eine Meditationsglocke oder eine tibetische Klangschale zu

Hilfe nehmen. Nachdem Sie den Ton erzeugt haben, bitten Sie Ihr Kind, ganz aufmerksam zuzuhören, wie der Ton immer leiser und leiser wird. Sie können vorschlagen, dass es die Hand hebt, sobald es den Ton nicht mehr hört. Dadurch konzentriert sich seine Aufmerksamkeit ausschließlich auf den Ton und auf nichts anderes.

Eine andere Aktivität, die Kindern Spaß macht, ist eine, die ich bereits in Kapitel 9 erwähnt habe. Laden Sie Ihre Kinder ein, auf alle sie umgebenden Geräusche zu achten – drinnen wie draußen. Sagen Sie ihnen, dass sie ihren Geist, wenn sie merken, dass er abdriftet – und das wird er –, sanft zu dem Geräusch, das gerade ihre Aufmerksamkeit auf sich zieht, zurückbringen sollen – das kann ein vorbeifahrendes Auto, ihr knurrender Magen oder ein bellender Hund sein. Was immer es ist, ermuntern Sie sie, die Geräusche um sie herum ganz entspannt und mühelos wahrzunehmen.

Dem Atem folgen

Zu den am meisten verbreiteten Achtsamkeitsübungen gehört das Verfolgen des Atems. Sagen Sie zu Ihrem Kind: „Wenn du einatmest, achte auf den Atem, der in dich hineinströmt. Wie fühlt sich die Luft an, die durch deine Nasenlöcher fließt? Ist sie warm oder kalt? Folge ihr durch deinen Hals bis hinab in deine Lungen. Achte eine Weile lang nur auf deinen Atem, wie er sich in deiner Nase oder im Hals anfühlt oder wie dein Bauch sich ausdehnt und zusammenzieht, während du ein- und ausatmest. Oder höre auf das Geräusch, das entsteht, wenn du ein- und ausatmest. Wenn deine Gedanken sich entfernen – und das machen sie manchmal –, lenke deine Aufmerksamkeit einfach wieder auf deinen Atem.“ Seien Sie ein paar Atemzüge lang still, damit Ihr Kind Ihren Anweisungen folgen kann.

Sie können ihm auch sagen, dass es die Atemzüge zählen kann, damit der Geist beschäftigt ist, während es auf der Welle des ein- und ausströmenden Atems reitet. Sagen Sie Ihrem Kind: „Entspanne deinen Körper. Wenn du bereit bist, hole Luft und zähle beim Einatmen ‚eins, eins, eins, eins, eins, eins, eins'. Wenn du ausatmest, zähle ‚eins, eins, eins, eins', bis deine Lunge leer ist. Warte auf den nächsten Atemzug, es gibt keine Eile. Dann atme ein und zähle ‚zwei, zwei, zwei' und beim Ausatmen auch ‚zwei, zwei, zwei, zwei', bis keine Luft mehr da ist. Wenn es dir lieber ist, zähle nur beim Einatmen oder beim Ausatmen; beides ist in Ordnung. Das machst du jetzt zehn Atemzüge lang. Dann beobachte, wie es sich anfühlt, noch ein paar Male ohne Zählen zu atmen."

Die Hände auf Brust und Bauch legen

Wenn wir uns anstrengen oder in Stress geraten, neigen wir dazu, in die Brust zu atmen, und die Atemzüge werden schneller und flacher. Wenn wir entspannt sind, atmen wir langsamer und in den Bauch. Eine einfache, aber wirkungsvolle Methode, wieder in den gegenwärtigen Moment zurückzukehren, ist, unsere Kinder dazu einzuladen, die eine Hand auf die Brust und die andere auf den Bauch zu legen. „Beobachte beim Ein- und Ausatmen, welche Hand sich hebt und welche sich senkt. Versuche nicht, die Bewegungen deiner Hände zu verändern; achte nur darauf, welche Hand sich mehr bewegt." Nachdem Ihr Kind eine Weile lang seinen Atem und seine Hände beobachtet hat, können Sie es dazu anregen, in den Bauch zu atmen. Hinterher können Sie es fragen, ob es einen Unterschied gefühlt hat, als es in den Bauch statt in die Brust geatmet hat. Wenn es sagt, es habe sich ruhiger gefühlt, können Sie ihm vorschlagen, dass es diese kleine Übung machen kann, wenn es sich einmal aufregt, sich Sorgen macht oder sich besonders zappelig fühlt.

Viele Kinder sprechen nach einer Achtsamkeitsübung gern darüber, wie es sich für sie angefühlt hat – sowohl darüber, dass es ihnen vielleicht schwer gefallen ist, konzentriert zu bleiben, als auch über die Ruhe, die sie empfunden haben mögen. Vielleicht würde Ihr Kind auch gern hören, wie es für Sie gewesen ist. Hören Sie ihm aufgeschlossen zu und lassen Sie es wissen, wie sehr Sie diese besondere gemeinsame Zeit genossen haben.

Emotionen beobachten

Achtsamkeit hilft Kindern dabei, zu verstehen, was sie empfinden. So sind sie den Stürmen heftiger Gefühle, die sich, wenn sie unbemerkt bleiben, rasch in einen Tsunami verwandeln können, nicht so sehr ausgeliefert.

Laden Sie Ihr Kind ein, sich still hinzusetzen oder hinzulegen, die Augen zu schließen und zu beobachten, was gerade in ihm vorgeht. „Nimm wahr, wie du dich fühlst: aufgeregt, wütend, traurig, besorgt, zufrieden, neugierig. Vielleicht fühlst du verschiedene Dinge gleichzeitig – aufgeregt *und* ein bisschen besorgt. Versuche nicht, etwas zu verändern – beobachte nur, was du fühlst." Wenn wir unseren Kindern dabei helfen, ihre Gefühle ohne Widerstand anzunehmen, fällt es ihnen auch leichter, mit großen Gefühlen umzugehen.

In ihrem Buch mit Achtsamkeitsübungen für Kinder, *Stillsitzen wie ein Frosch*, lässt Eline Snel Kinder ihre Gefühle mit Hilfe ihres persönlichen Wetterberichts beschreiben. Fragen Sie Ihr Kind: „Ist es bei dir sonnig, stürmisch, windig, windstill, regnerisch oder stehst du mitten in einem Unwetter?" Indem sie sich auf das, was sie empfinden, einlassen und es benennen, können sie eine Distanz zwischen sich und ihren Emotionen schaffen. Wie Snel es beschreibt, können Kinder dann erkennen: „Ich bin nicht der Regenschauer, aber ich merke, dass es regnet; ich bin kein Angsthase, aber ich merke, dass da manchmal ein starkes Angstgefühl ist, hier an meiner Kehle."[40]

Gedanken werden zu vorüberziehenden Wolken

Diese Übung ist für Kinder sehr gut geeignet, besonders für solche, die sich viele Sorgen machen. Laden Sie Ihr Kind ein, sich bequem hinzusetzen, die Augen zu schließen und wie bereits besprochen seinen Atem zu beobachten. „Während du still dasitzt, bemerkst oder hörst du vielleicht, wie Gedanken durch deinen Geist ziehen.

Versuche nicht, diese Gedanken zu vertreiben – das ist unmöglich –, beobachte sie einfach nur. Stelle dir vor, du wärst der blaue Himmel – so groß, dass ein paar Wolken keine Rolle spielen, denn es ist ganz viel Platz. Stelle dir vor, du wärst genauso groß und weit wie der Himmel, und die Gedanken, die dir durch den Kopf gehen, sind kleine Wolken, die vorüberziehen. Versuche nicht, nach den Gedankenwolken zu greifen oder sie herbeizuholen oder wegzuschicken. Beobachte sie nur. Du kannst ihnen auch Namen geben: ‚Da ist ein Gedanke über das Abendessen. Da ist eine Sorge wegen der Hausaufgaben. Da ist ein Gedanke, wann das hier wohl vorbei ist. Und jetzt ist da ein Gedanke über etwas, das mein Freund heute gesagt hat.' Entspanne dich und genieße den Frieden und die Stille, einfach nur der Himmel zu sein." Nach einer Weile sagen Sie Ihrem Kind, dass es allmählich die Augen öffnen kann, und dann beenden Sie die Übung.

Spazierengehen mit Gegenwärtigkeit

Solange Kinder noch klein sind, ist fast alles, was sie tun, von Achtsamkeit durchdrungen. Erinnern Sie sich noch an die Spaziergänge mit Ihrem Kleinkind? Ein kleines Stück die Straße runterzugehen, hat eine Ewigkeit gedauert. Unsere Kleinen finden einfach alles interessant, angefangen beim Rascheln eines Vogels unter einem Busch bis hin zu den geheimnisvollen Rissen im Gehweg.

Laden Sie auch Ihre älteren Kinder dazu ein, bei einem Spaziergang durch Ihr Viertel ihr Bewusstsein zu schärfen. Gehen Sie schweigend und lauschen Sie ein oder zwei Minuten auf die Geräusche um Sie herum. Lenken Sie ihre Aufmerksamkeit auf das Gefühl der Luft auf ihrem Körper. Wärmt die Sonne ihre Haut? Zieht eine leichte Brise vorüber? Ermutigen Sie sie, auf das Licht zu achten – wie es durch das Laub der Bäume fällt oder von der Karosserie eines in der Nähe stehenden Autos reflektiert wird. Oder stellen Sie sich vor, Sie wären gerade erst von einem fremden Planeten auf die Erde gekommen und alles wäre ganz neu für Sie. Stellen Sie sich vor, wie Sie einen gestrichenen Zaun betrachten oder über die Farben der Blumen staunen, an denen Sie vorübergehen.

Die Hände reiben

Eine sehr einfache Methode, Kinder aus ihren Gedanken zu reißen und sie in den gegenwärtigen Moment zu holen, ist, sie ihre Hände etwa dreißig Sekunden lang schnell aneinander reiben zu lassen und dabei die Reibung und die zunehmende Wärme wahrzunehmen. Danach lenken Sie ihre Aufmerksamkeit auf das Prickeln und die Hitze in den Handflächen. Das ist eine einfache und schnelle Methode, wieder zurück in den Körper zu kommen.

Jeden Bissen schmecken

Unser Geschmackssinn ist sehr mächtig und kann uns sehr schnell in die Gegenwart zurückholen. Schlagen Sie Ihren Kindern einmal Folgendes vor: „Stellt euch vor, ihr kämet aus einem anderen Land – oder von einem anderen Planeten –, wo es dieses Essen gar nicht gibt. Ihr habt es noch nie zuvor gesehen. Nehmt einen Bissen und lasst ihn in eurem Mund liegen, bewegt ihn hin und her, bevor ihr anfangt, zu kauen. Wie schmeckt dieser Bissen – ist er süß oder salzig? Wie ist seine Konsistenz – ist er fest oder weich? Wie riecht er? Was passiert, während ihr kaut? Verändert sich die Konsistenz, wenn der Bissen sich mit Spucke vermischt? Es geht nicht darum, ob ihr das Essen mögt, versucht auch nicht, es zu beschreiben. Nehmt einfach nur den Geschmack wahr und seid ganz aufmerksam für das Aroma und das Gefühl in eurem Mund."

Eine andere Version dieser Übung: Wenn Ihr Kind einen Apfel isst, ermutigen Sie es, ganz genau auf jeden Aspekt dieses Erlebnisses zu achten: „Spüre deine Finger, die sich um den Apfel schließen. Spüre sein Gewicht, seine glatte Oberfläche. Beiß hinein und höre das Knacken, wenn deine Zähne durch die Schale dringen. Spüre, wie der Saft in deinen Mund fließt, nimm den Geschmack wahr – ist er süß, herb, spritzig, erfrischend?"

In Achtsamkeit Musik hören

Elisha und Stefanie Goldstein, beide klinische Psychologen und Mitbegründer des Center for Mindful Living [Zentrum für achtsames Leben], leisten mit ihrem CALM-Programm für Teenager wirklich hervorragende Arbeit. Ihre Musikmeditationen bieten Teenagern die Möglichkeit, eine körperliche Erfahrung zu machen, die durch etwas stimuliert wird, das sie lieben – Musik! Sie beginnen mit einer Zentrierungsübung (sich mit dem Atem, dem Körper, den Gedanken und Gefühlen verbinden), und dann, sobald die Musik läuft, halten sie die Kids dazu an, darauf zu achten, was sich in ihrem Körper abspielt, während sie achtsam Musik hören, die ihnen gefällt. Diese Übung ist immer ein Publikumsliebling!

In Zeitlupe gehen

Eine wunderbare Achtsamkeitsübung ist das Gehen in Zeitlupe, wobei Ihre ganze Aufmerksamkeit sich auf die winzigen Bewegungen, die Sie mit jedem Schritt machen, richtet. Lassen Sie die Augen halb geschlossen, damit Sie innerlich zentriert bleiben. Bewegen Sie sich langsamer als sonst und beobachten Sie, wie es sich anfühlt, wenn zuerst Ihre Ferse, dann Ihr Fußballen und schließlich die Zehen den Boden berühren. Achten Sie auch darauf, was der andere Fuß tut – wann er vom Boden abhebt, wann sich Ihr Gewicht verlagert. Welche Muskeln in Ihren Knöcheln, Ihren Waden, Knien und Oberschenkeln sind involviert? Welche Muskeln sind während der Bewegung entspannt, welche angespannt? Spüren Sie, ob Ihre Schritte leicht oder schwer sind. Nehmen Sie wahr, wie es sich anfühlt, wenn sich Ihr Gleichgewicht verlagert.

Sie können diese Übung zwei oder drei Minuten lang machen, doch richtig interessant wird es erst, wenn Sie mindestens zwanzig Minuten lang achtsames Gehen praktizieren. Wenn wir diese Übung während eines Retreats gemacht haben, wurden wir meistens angewiesen, dabei nicht zu reden und auch keinen Augenkontakt herzustellen, damit wir unsere ganze Aufmerksamkeit auf jeden einzelnen Schritt lenken konnten.

Fragen stellen, um Bewusstheit zu wecken

Diese Übung habe ich aus Susan Kaiser Greenlands Buch *Das wache Kind* entnommen. Sie regt dazu an, Fragen zu stellen, um mehr Bewusstheit zu wecken. Um die Aufmerksamkeit zu steigern, fragen Sie Ihr Kind: „Bist du konzentriert, abgelenkt oder irgendetwas dazwischen?“ Wenn es um Wachsamkeit geht, fragen Sie: „Fühlst du dich träge, energiegeladen oder irgendetwas dazwischen?“ Und wenn es um körperliches Wohlbefinden geht, fragen Sie: „Fällt es dir leicht, stillzusitzen, fällt es dir schwer oder ist es irgendetwas dazwischen?“ Die Autorin sagt, man könne die Kinder durch Handzeichen mit erhobenem, gesenktem oder waagerechtem Daumen antworten lassen. Das ist eine tolle Übung, um Kindern dabei zu helfen, sich dessen, was sie gerade erleben, stärker bewusst zu werden und es sowohl verbal als auch nonverbal zu kommunizieren.

Sich nur auf eine Sache konzentrieren

Viele Kinder meinen, sie könnten mehrere Dinge gleichzeitig tun: Zur gleichen Zeit Hausaufgaben machen, Musik hören und eine SMS-Konversation führen. Aber eigentlich ist Multitasking nur ein rasches *Hin-und-her-Wechseln* zwischen den einzelnen Aktivitäten. Studien belegen, dass die Qualität unserer Arbeit signifikant darunter leidet, wenn wir unsere Aufmerksamkeit zwischen verschiedenen Aktivitäten aufteilen. Wenn Schüler während ihrer Hausaufgaben mehrere Dinge gleichzeitig tun, verstehen sie weniger, erinnern sich schlechter, und es fällt ihnen schwerer, das, was sie gelernt haben, anzuwenden.

Wenn Sie oft mehrere Sachen gleichzeitig machen, treten Sie auf die Bremse und lassen Sie Ihre Kinder miterleben, wie Sie Ihre ungeteilte Aufmerksamkeit immer nur jeweils einer Sache widmen.

Wenn Sie feststellen, dass Ihr Kind mehrere Dinge gleichzeitig macht, bitten Sie es, kurz innezuhalten, ein paar Mal tief durchzuatmen und seine Aufmerksamkeit von den verschiedenen Dingen abzuziehen, auf die es sie verteilt hat. Laden Sie es ein, sich ein oder zwei Minuten lang nur *auf eine Sache* zu konzentrieren: „Spüre deinen Atem oder die Empfindungen in deinem Körper und nichts sonst. Jetzt überlege dir, ob du in dem Abschnitt, den du gerade für deinen Aufsatz geschrieben hast, wirklich das zum Ausdruck gebracht hast, was du im Sinn hattest." Sie können auch vorschlagen, dass Ihr Kind erst einmal eine Pause macht und vor die Tür geht. In der freien Natur durchzuatmen, ist eine wunderbare Methode, um wieder zum gegenwärtigen Moment zurückzufinden.

Die Ohren entkräuseln

Diese Übung macht Kindern immer großen Spaß. Legen Sie Ihren Daumen in die obere Falte der Ohren Ihres Kindes. Klappen Sie mit dem Zeigefinger an der Außenseite die Falte nach außen und entkräuseln Sie so die Ohren. Üben Sie dabei ein wenig Druck aus und bewegen Sie sich mit den Fingern bis zum Ohrläppchen hinab. Wiederholen Sie diese Bewegung einige Male. Das ist eine schöne Methode, um das Gehirn aufzuwecken. Manchmal schlage ich Kindern vor, diese Übung zu machen, wenn sie sich morgens erschöpft fühlen oder bevor sie in der Schule einen Test schreiben.

---------•---------

Achtsamkeit kann man eigentlich immer üben, und so habe ich hier auch ein paar Übungen eingefügt, die man machen kann, während man in Bewegung ist. Viele Familien finden es jedoch nützlich, jeden Tag zur selben Zeit eine kurze Übung durchzuführen. Ein paar Minuten Achtsamkeitsübung, bevor sie zur Schule gehen, verleiht vielen Kindern eine gute geistige Verfassung für den bevorstehenden Tag. Eine rasche, dreiminütige Übung kann die

Anspannung eines chaotischen Morgens verfliegen lassen. Einige Eltern machen ein tägliches Ritual daraus, vor dem Zubettgehen eine kleine Übung zu machen, so dass das Kind entspannter einschlafen kann. Oder Sie setzen sich vor dem Abendessen alle gemeinsam an Ihren besonderen Platz.

Zwingen Sie Ihren Kindern die Achtsamkeit nicht auf wie das Klavierüben oder Hausaufgabenmachen. Laden Sie sie ein, sich Ihnen anzuschließen. Wenn sie nicht interessiert sind, lassen Sie sie in Ruhe. Viele Eltern geben ihren Kindern Ratschläge, die sie gar nicht hören wollen. Kommt Ihnen das bekannt vor? Wenn ich mit Eltern arbeite, die mir erzählen, wie sehr sie sich bemüht haben, ihr Kind davon zu überzeugen, dass etwas gut oder schlecht für es sei, frage ich sie immer: „Und hat Ihr Kind diesen Vortrag bestellt?" Nach einem kurzen Moment fangen sie dann an zu lachen. Wir alle wissen, wie sehr Kinder sich dagegen sträuben, sich Vorschläge oder Ratschläge anzuhören, um die sie gar nicht gebeten haben. Also seien Sie bitte respektvoll und zwingen Sie ihnen die Achtsamkeitsübungen nicht auf. Wenn Sie diese Aktivitäten angenehm gestalten, stehen die Chancen gut, dass sie mitmachen. Wenn nicht, ist es eine gute Gelegenheit für Sie, sich darin zu üben, nicht an bestimmten Ergebnissen festhalten zu müssen!

Übungen zum Umgang mit heftigen Gefühlen

Umarmungen

Wahrscheinlich steht es außer Frage, dass Kinder Umarmungen lieben, aber ich möchte trotzdem ein paar Worte dazu sagen, nur für den Fall, dass Zuneigung in Ihrer Herkunftsfamilie ein Tabu war und Sie ihren Wert unterschätzen.

Für fast alle Kinder ist es emotionale Nahrung, wenn man sie in den Arm nimmt. Der körperliche Kontakt zu einem liebevollen Betreuer reguliert ihr noch in der Entwicklung befindliches, oftmals instabiles Nervensystem und beruhigt sie. Doch was noch wichtiger ist, er kommuniziert auf direktem Wege, was ein Kind unbedingt wissen muss: dass es zutiefst wertgeschätzt wird. Eine ausgiebige, liebevolle Umarmung sagt ganz ohne Worte alles, was gesagt werden muss.

Es stimmt, dass einige Kinder sich mit engem körperlichem Kontakt nicht wohlfühlen, doch Sie können selbst am besten einschätzen, ob Ihres dazu gehört. In der Regel empfehle ich, mit Umarmungen und ihren engen Verwandten, den Küssen auf die Stirn, ruhig großzügig zu sein. Es gibt Familien, die eine „Umarmungsstrategie" eingeführt haben, auf die sie zurückgreifen können, wenn die Dinge einmal schlecht laufen. Sie hören auf, sich anzuschreien, stellen alle Verhandlungen ein und öffnen ganz weit die Arme.

Hier eine Beschreibung einer großelterlichen Umarmung von Bunmi Laditans Website „The Honest Toddler". Vielleicht ein wenig zu viel Zuckerguss, aber ich fand es trotzdem ganz niedlich: „Die Umarmungen von Großeltern sind etwas Mystisches. Wenn eine großelterliche Umarmung etwas zu essen wäre, dann wäre sie ein mit Schokolade überzogener und von Zuckerwatte umhüllter Marshmallow, sanft angewärmt von Einhornatem." Sie regt zu kleinen Schritten an wie diese: „Streiche einmal alle Aufgaben aus deinem Kopf. Du musst jetzt nirgendwo anders sein" und „Lächle wie an Weihnachten".[41]

Umarmen Sie Ihre Kinder. Wenn sie das nicht wollen, umarmen Sie sie mit den Augen. Die Botschaft wird schon ankommen.

Lassen Sie die Tränen fließen

Eltern verwenden übermäßig viel Energie darauf, ihre Kinder vom Weinen abzuhalten. „Sei nicht traurig." „Nicht mehr weinen." „Es ist doch gar nicht so schlimm!" Wie all die anderen wundersamen Systeme unseres Körpers ist auch der Mechanismus des Weinens unglaublich wichtig. Erinnern Sie sich noch an das *Trockene-Augen-Syndrom*? Diesen Begriff verwenden Psychologen für Kinder, denen es egal ist, womit wir ihnen drohen. Ihre Herzen haben sich verhärtet und sie sind emotional erstarrt.

Wenn wir anfangen, uns Zeit zu nehmen und still präsent zu sein, können schmerzhafte Emotionen, die lange unterdrückt wurden, an die Oberfläche treten. Viele von uns sind ständig in Bewegung, damit wir den Schmerz unerlösten Leids oder unerlöster Trauer nicht spüren müssen. Dabei ist es genau das Durchleben dieser Gefühle, wodurch sie sich letztlich auflösen können. Wie schön wäre es doch, wenn wir unseren Kindern helfen würden, zu erkennen, dass sie diese Gefühle spüren dürfen, auch die schwierigen.

Annie Lalla schreibt in ihrem Essay „Do You Cry or Do You Lie?" (Weinst du oder lügst du?):

> Gefühle leben im Inneren und bleiben oft im Verborgenen, aber Tränen sind außen und können so von anderen gesehen werden. Sie sind eindeutige visuelle Zeichen, die signalisieren: Dieser Mensch braucht Hilfe. Eine blutende Wunde auf deinem Körper sagt: „Achtung, unternimm etwas, damit die Wunde heilen kann." Genauso sagen Tränen, dass der Stamm durch das zartfühlende Herz eines seiner Mitglieder blutet. „Sei aufmerksam, geh hin und hilf." [...] Tränen ... deine Tränen sind die Art, wie dein Körper

> dir zeigt, was für dich wichtig ist. Sie zurückzuhalten, ist eine Form der Selbsttäuschung und ein Zurückhalten deiner innersten Wahrheit […] Jede nicht geweinte Träne ist eine verlorene Offenbarung, eine verpasste Lektion, ein Augenblick, der nicht lebendig war. […] Tränen führen uns nach Hause.[42]

Manchmal ist das Großherzigste, was wir unserem Kind – oder uns selbst – geben können, still bei ihm zu sitzen und es weinen zu lassen. Der Autor Marc Gafni sagt, dass unsere Tränen uns zeigen würden, was uns wichtig ist. Ich liebe diesen Satz.

Ermutigen Sie Ihre Kinder dazu, die flüssige Freude oder den flüssigen Kummer aus ihren Augen fließen zu lassen, wenn sie von heftigen Gefühlen übermannt werden. Ehren Sie die großen Gefühle, die Ihre Kinder – und Sie selbst – bewegen. Lassen Sie sich von Ihren Tränen nach Hause, zu Ihrem Herzen führen.

Auf einem Bein stehen

Die folgende Übung, die uns helfen kann, aus unserem Zorn herauszutreten, stammt von Kim Eng, der Dozentin der „Presence through Movement" (Präsenz durch Bewegung)-Workshops, einer spirituellen Praxis, die sich körperlicher Bewegung als Mittel zu mehr Präsenz bedient. Wenn Sie sich das nächste Mal in einer hitzigen Diskussion oder einem Machtkampf mit Ihrem Kind befinden, versuchen Sie einmal, auf einem Bein zu stehen, während Sie sich streiten. (Je hitziger die Diskussion, desto höher heben Sie das Bein.) Es ist so gut wie unmöglich, dabei weiterhin wütend zu sein. Sie können Ihr Kind bitten, das Gleiche zu tun. Wenn Sie auf einem Bein stehen, was Ihnen vermutlich wie eine absurde Übung vorkommt, werden Sie bald feststellen, dass nicht die Übung absurd ist, sondern Ihr Ego. Die Ein-Bein-Übung erinnert Sie daran, dass Ihr Ego auf eine Situation reagiert und dass Sie einfach loslassen können. Wir können jede ungewöhnliche Haltung oder Bewegung als Brücke nutzen, um unsere Aufmerksamkeit vom konditionierten

Geist wegzulenken, uns unseres Egos bewusst zu werden und mehr Selbsterkenntnis zu erzeugen.

Eine Friedensecke schaffen

Viele Kinder erzählen mir, dass sie, wenn sie sich über eines ihrer Geschwister ärgern oder vom Meckern ihrer Eltern genervt sind, einfach nur eine Weile allein sein wollen. Das ist im Grunde ein sehr gesundes Verhalten, es zeugt davon, dass hier jemand für sich selbst sorgen will. Eine Möglichkeit, Raum zum Alleinsein zu schaffen, ist, eine Ecke in Ihrer Wohnung einzurichten, in die sich die Kinder zurückziehen können, wenn sie sich von einem emotionalen Sturm erholen wollen. (Das ist das genaue Gegenteil davon, jemanden auf die Bank zu setzen oder in die Ecke zu stellen, weil er oder sie sich daneben benommen hat.) Statten Sie diese Ecke mit einem Sitzsack und einer kuscheligen Decke aus und nennen Sie sie Friedensecke oder Unser Sicherer Platz. Legen Sie auch Dinge wie Stressbälle, Pfeifenreiniger, ein weiches Kuscheltier, Knetbälle, etwas angenehm Duftendes, Magnete, ein Lieblingsbuch oder -spielzeug, Anti-Stressspielzeuge oder Puppen dazu. Wenn Ihr Kind verstimmt ist, zeigen Sie ihm, dass dies ein besonderer Ort ist, an den es sich zurückziehen kann, um sich wieder zu beruhigen und allen, die es geärgert haben, aus dem Weg zu gehen. Vielleicht ziehen Sie sich ja selbst hin und wieder dorthin zurück!

Signale vereinbaren

Entgegen der Meinung vieler Eltern, Kinder würden ihre Tobsuchtsanfälle nur simulieren, um zu bekommen, was sie wollen, leiden die meisten Kinder sehr unter diesen emotionalen Ausbrüchen und bereuen sie hinterher zutiefst. Kinder wissen oft einfach nicht, wie sie sich zusammenreißen sollen, wenn sie von heftigen Gefühlen übermannt werden.

Bei meiner Arbeit verwende ich viel Zeit darauf, zu erklären, wie man Probleme zwischen Eltern und Kind *vermeidet*, indem man sie an der Wurzel packt. Doch manchmal bleiben auch unsere größten Bemühungen, die emotionalen Stürme unserer Kinder zu vermeiden, unwirksam. Dann kann es hilfreich sein, mit dem Kind ein Signal zu vereinbaren, mit dem es sich bemerkbar machen kann, wenn es von übermächtigen Gefühlen übermannt wird und Ihre Hilfe benötigt. Der Gedanke dahinter ist, dass das Kind darüber nachdenkt, was es braucht, um sich wieder zu beruhigen, dass es die Verantwortung dafür übernimmt, künftige Zusammenbrüche zu vermeiden, ohne sich von uns dafür verurteilt zu fühlen, dass es die Beherrschung verloren hat.

„Schatz, weißt du noch, wie du dich heute Morgen aufgeregt hast, als du die Schuhe nicht finden konntest, die du gern angezogen hättest? Ich hatte den Eindruck, dass es dir sehr schlecht ging – als hätte sich in dir drin ein Sturm zusammengebraut." Wird Ihnen dies bestätigt, können Sie in etwa so fortfahren: „Ich würde dir gern helfen, wenn du dich so ärgerst. Gibt es etwas, das ich hätte sagen oder tun können, damit du nicht so wütend geworden wärst? Hätte es geholfen, wenn ich dich in den Arm genommen hätte oder kurz mit dir vor die Tür gegangen wäre? Oder wäre es vielleicht besser gewesen, wenn ich dich eine Weile allein gelassen hätte? Was hältst du davon, wenn du mir nächstes Mal ein Zeichen gibst, damit ich weiß, dass du dich gerade aufregst? So kann ich dir vielleicht helfen – dich zum Beispiel umarmen –, anstatt das Problem noch schlimmer zu machen, weil ich zu viel rede oder ungebetene Ratschläge gebe."

Einige Kinder denken sich dann ein Signalwort aus („Süßkartoffeln!"). Oder sie erfinden ein Handzeichen (mit allen Fingern wackeln oder sich am Ohrläppchen ziehen). Oder das Zeichen besteht aus einem Geräusch – „Zisch!"

Wichtig ist die Erkenntnis, dass es viel leichter ist, mit Ihrem Kind darüber zu sprechen, wenn die Dinge gut laufen, und nicht, wenn es kurz davor ist, einen Wutausbruch zu bekommen. Aber ein Zeichen zu vereinbaren, um mögliche Zornesausbrüche schon im Keim zu ersticken, kann Ihrem Kind dabei helfen, ein größeres emotionales Bewusstsein zu entwickeln und sich unter Kontrolle zu halten.

Übungen zur Tiefenentspannung

Feuer löschen

Diese Übung eignet sich gut für Kinder, die unruhig, wütend oder verstimmt sind, denn sie hilft ihnen, sich aus dem Mahlstrom aufwühlender Gedanken zu befreien. Bitten Sie Ihr Kind, sich hinzusetzen oder hinzulegen, und sagen Sie Folgendes: „Schließe deine Augen und stelle dir ein winziges Flugzeug vor, das über deinen ganzen Körper hinweg fliegt und dort nach Anspannung sucht wie ein Löschflugzeug, das bei einem Waldbrand nach Brandherden sucht. Vielleicht fühlt sich dein Bauch ganz angespannt an oder auf deiner Brust lastet Druck. Vielleicht sind deine Hände feucht oder dein Nacken ist steif. Nimm diese Empfindungen wahr und löse sie, indem du dir vorstellst, den Bereich mit dem ‚Wasser der Entspannung' zu überfluten, das alle Feuer der Enge und der Anspannung auslöscht. Und während du diese angespannten Bereiche geistig mit Wasser besprühst, achte auf das wunderbare Gefühl der Entspannung, das sich dann einstellt, und genieße es."

Einen Körperteile-Wettbewerb veranstalten

So albern es klingen mag, diese Übung ist eine witzige Methode, dem geschäftigen Geist zu entrinnen und zu einer tiefen Entspannung zu gelangen. Ich lege mich hin und schließe die Augen, und anstatt meinen Körper nach angespannten Stellen abzusuchen, suche ich nach dem entspanntesten Bereich. Ich verkünde meinem Körper, dass wir jetzt einen Wettbewerb veranstalten und dass der entspannteste Körperteil gewinnt! Der Witz dabei ist, dass ich, während ich allmählich vom Kopf über den Nacken, den Rücken, die Arme, die Beine und so weiter abwärts wandere, feststelle, dass sich jeder Körperteil ein kleines bisschen mehr entspannt, damit er vielleicht „gewinnt". Die schiere Albernheit dieser Übung macht sie für Ihre Kinder vielleicht gerade interessant!

Durch einen Strohhalm atmen

Für diese Übung braucht jeder von Ihnen einen Strohhalm. Laden Sie Ihr Kind ein, einige normale Atemzüge zu tun und dann einzuatmen und ganz langsam durch den Strohhalm auszuatmen, wobei die freie Hand etwa drei Zentimeter unter dem Strohhalm liegt. Ziel ist es, so langsam auszuatmen, dass man auf der Hand unter dem Strohhalm nicht den leisesten Luftzug spüren kann. Nach zwei, drei normalen Atemzügen, lassen Sie Ihr Kind erneut durch den Strohhalm ausatmen, ohne dass ein Lufthauch seine Hand berührt. Irgendwann kann man die Übung auch ohne Strohhalm machen und die Hand beim Ausatmen einfach unter die Nase oder vor den Mund halten und wieder versuchen, keinen Lufthauch zu verursachen.

Schenken Sie Ihrem Kind ein Beruhigungsarmband

Legen Sie Ihrem Kind feierlich ein Armband an, das Sie „dein ganz spezielles Beruhigungsarmband“ nennen. Führen Sie dann eine der beruhigenden Übungen durch, die sich bei Ihrem Kind bewährt haben und ihm Frieden und Ruhe schenken. Wenn Sie am Ende der Übung angelangt sind, lassen Sie es das Armband berühren und sagen Sie ihm, es solle all seine friedvollen Gefühle in das Armband fließen lassen, bis es voller Ruhe ist. „Wenn du einmal rastlos oder aufgewühlt bist, berühre dein Armband und erinnere dich an dieses wunderbare Gefühl der Ruhe.“

Schwingen

Ich habe diese Übung im Rahmen eines Augentrainings kennengelernt und festgestellt, dass sie nicht nur meinen Augen beim Entspannen hilft, indem sie das lange Starren auf den Bildschirm unterbricht, sondern dass sie mir ein allgemeines Gefühl der Entspannung verschafft. Vielleicht hängt es mit der Schaukelbewegung zusammen, die uns an das Gefühl im Mutterleib erinnert.

Bitten Sie Ihr Kind, sich hinzustellen, die Füße etwa schulterbreit auseinander und sagen Sie Folgendes: „Lasse die Augen geöffnet und drehe deinen Oberkörper erst nach rechts und dann nach links, die Füße bleiben dabei auf dem Boden, aber die Ferse darf sich ein wenig heben, wenn du dich in die Gegenrichtung drehst. Lasse deinen Blick irgendwo landen, ohne ihn auf eine bestimmte Stelle zu fixieren, während du von einer Seite zur anderen schwingst." Die Übung wirkt zwar umso entspannender, je länger man sie macht, doch schon drei bis vier Minuten können sehr beruhigend sein.

Die Kindstellung einnehmen

Im Yoga gibt es eine Vielzahl an Stellungen, die die Entspannung fördern. Einer meiner Favoriten für Kinder – mit entsprechendem Namen – ist die Kindstellung. Beginnen Sie in kniender Position und lassen Sie das Gesäß auf die Fersen sinken, während Sie den Körper nach vorn und unten auf die Matte strecken. Legen Sie die Arme neben dem Körper auf dem Boden ab, den Bauch auf den Oberschenkeln, und lassen Sie Ihre Stirn auf der Matte ruhen. Diese Stellung entspannt den ganzen Körper und gehört zu den vielen Positionen, die stresslindernd wirken.

Übungen für die ganze Familie

Dankbarkeit zeigen

Wenn ich eine Familienberatung mache, beginne ich oft mit einer Dankbarkeitsrunde. Jedes Familienmitglied steht nacheinander auf und sagt jedem und jeder in der Runde eine spezielle Sache, für die es ihm oder ihr in der vergangenen Woche dankbar war. „Papa, ich bin dir dankbar, dass du mit mir Fahrrad gefahren bist. (Der ältere Bruder) Max, ich danke dir, dass ich mit dir in deinem Zimmer spielen durfte und du mich nicht rausgeschmissen hast. (Die kleine Schwester) Cassie, ich danke dir, dass du mir geholfen hast, meine Schuhe zu suchen. Ich hatte vergessen, dass ich sie im Garten ausgezogen hatte, aber du wusstest es noch. Mami, ich danke dir, dass du immer Mandeln in mein Müsli tust, so wie ich es mag." Während die einzelnen Personen darauf warten, was der Sprecher ihnen sagen wird, zeigen ihre Gesichter einen erwartungsvollen, fast glückseligen Ausdruck. Ich bin jedes Mal gerührt von diesen einfachen Gesichtsausdrücken und davon, wie sich die Herzen öffnen. Viele Familien machen diese Übung zu einer festen Institution in ihrem Alltag. Wenn jemand uns seine Dankbarkeit zeigt, verändert das fast sofort unsere Gefühle ihm gegenüber, auch wenn es sich dabei um den nervigen großen Bruder handelt!

Mehr Spaß in den Alltag einbauen

Der Spaßfaktor scheint im Leben vieler Kinder sträflich zu kurz zu kommen. Im Folgenden einige Ideen, wie man mehr Verspieltheit in den Alltag einbauen kann. Ich empfehle wirklich dringend, dass Sie es sich zur Aufgabe machen, mehr mit Ihren Kindern zu spielen!

- Jagen Sie Ihre Kinder durch das ganze Haus.
- Machen Sie Seifenblasen.
- Balgen Sie sich regelmäßig.
- Marschieren Sie nach dem Essen alle zusammen, begleitet von Pauken und Trompeten, um den Esstisch herum.
- Spielen Sie Verstecken.
- Machen Sie eine Kissenschlacht.
- Lassen Sie jedes Familienmitglied beim Abendessen einen Witz erzählen.
- Singen Sie vor dem Essen ein Dankeslied.
- Planen Sie einen Karaoke-Abend mit den Nachbarn.
- Veranstalten Sie eine Familiendisco oder lernen Sie gemeinsam Squaredance.
- Kochen Sie zusammen. Seien Sie der Souschef Ihres Kindes und lassen Sie es das Menü planen, während Sie das Schnippeln und Schneiden übernehmen.
- Spielen Sie mit Murmeln (bis heute eines meiner Lieblingsspiele).
- Veranstalten Sie einen Rätselwettbewerb.
- Veranstalten Sie eine Talentshow in Ihrem Viertel und studieren Sie als Familie eine Nummer dafür ein.
- Sprechen Sie mit Akzent, wenn Sie Ihre Kinder bitten, ihre Zimmer aufzuräumen. Flüstern Sie. Kommandieren Sie sie herum, als wären Sie die Königin von Takkatukkaland.
- Planen Sie mit jedem Ihrer Kinder einmal im Monat einen besonderen Abend ein, an dem Sie irgendwo hingehen, wo Sie noch nie waren.
- Essen Sie Frühstück zum Abendbrot. Essen Sie auf der Wiese oder machen Sie ein altmodisches Picknick im Park mit Eier- und Staffellauf.

- Schaukeln Sie zusammen auf der Schaukel.
- Spielen Sie Hufeisenwerfen, Kubb, Darts.
- Üben Sie Kalligrafie (eine sehr achtsame und gleichzeitig kreative Aktivität).
- Plantschen Sie im Plantschbecken.
- Malen Sie alle gemeinsam mit Kreide auf dem Gehweg. Gestalten Sie ein Familienkunstwerk!
- Spielen Sie „Wer zuerst zwinkert“ oder versuchen Sie, einander anzuschauen, ohne zu lachen.
- Machen Sie einen Familientrommelkreis. Bongos, Töpfe und Pfannen, mit Holzlöffeln geschlagen – was Ihnen eben einfällt. Wenn Sie einen Tänzer in der Familie haben, kann er oder sie sich zum Rhythmus bewegen.

Ralph Waldo Emerson hat gesagt: „Wohl dem, der weiß, wie man spielt.“ Spaß mit Ihren Kindern zu haben, ist eine der effektivsten Methoden, den pH-Wert Ihrer Beziehung zu verändern (siehe Kapitel 3) und die Bindung zu stärken. Viel Spaß!

Drei Freuden am Tag

Das ist eine lustige Übung für Sie und Ihre Kinder. Sie wird Ihnen dabei helfen, den Fokus von mentalen Aktivitäten (die oft mit einem Stecker, einem Bildschirm oder einem Akku zu tun haben) weg- und auf die Freuden des einfachen Menschseins hinzulenken. Ich habe sie aus Martha Becks Buch *Enjoy Your Life*.

Laden Sie Ihre ganze Familie dazu ein, die folgenden Satzanfänge zu vervollständigen, indem sie für jede Kategorie laut fünf Dinge aufzählen, an denen sie besonders viel Freude haben. Einer von Ihnen kann der Schriftführer sein. Dann erfreuen Sie sich jeden Tag an mindestens drei dieser Dinge!

1. Ich liebe den Geschmack von …
2. Ich liebe den Anblick von …
3. Ich liebe das Gefühl von …
4. Ich liebe den Duft von …
5. Ich liebe das Geräusch von …

Was Sie dabei entdecken, inspiriert Sie vielleicht zu tollen Aktivitäten, die Sie schon viel zu lange vernachlässigt haben. Die Tatsache, dass Sie den Geruch von Flieder lieben, könnte Sie daran erinnern, dass Sie eigentlich sehr gern in den Blumenladen gehen – eine einfache Methode, die Stimmung zu heben. Oder Ihnen fällt wieder ein, wie entspannend der Gesang von Vögeln auf Sie wirkt, und Sie gehen wieder öfter in den Park, setzen sich auf eine Bank und hören den Vögeln zu.

In Achtsamkeit malen

Mit Ihrem Kind zu malen, ist eine großartige Möglichkeit, gemeinsam im gegenwärtigen Moment zu verweilen. Lassen Sie Ihr Kind einen einfachen Gegenstand auswählen und dann malen Sie gemeinsam das, was Sie sehen. Erlauben Sie der linken, sprachbasierten, analytischen Gehirnhälfte, ganz still zu sein und einfach nur zu malen, was vor Ihnen ist. Beachten Sie dabei die Details. Gehen Sie um den Gegenstand herum, um ihn aus verschiedenen Blickwinkeln zu betrachten. Dies ist eine großartige Aktivität für Sie und Ihre Kinder, um das Bewusstsein für „das, was ist" zu wecken.

Geschichten erzählen

In unserem digitalen Zeitalter verlieren viele Kinder die Fähigkeit, im Geist Bilder entstehen zu lassen, was dazu beiträgt, dass sie sich immer weniger dafür interessieren, ein gutes Buch zu lesen. Geschichten zu erzählen, ist nicht nur unterhaltsam, es regt auch die Fantasie an und bringt Kinder zur Ruhe. Es gibt viele Möglichkeiten, Kinder für die zeitlose Kunst des Geschichtenerzählens zu begeistern. Kuscheln Sie sich zusammen, erfinden Sie eine ungewöhnliche Figur und schauen Sie, was passiert, während Sie allmählich eine Geschichte zusammenspinnen. Machen Sie sich keine Gedanken darüber, ob Sie „gut" im Geschichtenerzählen sind. Ihre Kinder werden sich schon allein durch Ihre Bemühungen unterhalten fühlen.

Eine andere Option ist, die Geschichte abwechselnd zu erzählen. Beginnen Sie mit einem Satz, lassen Sie Ihre Kinder eines nach dem anderen ein oder zwei Sätze hinzufügen, und so geht es dann im Kreis, während die Geschichte sich entfaltet. Das aktive Erzählen sorgt dafür, dass die Kinder wach und bei der Sache bleiben. Sie können aber auch Geschichten anhören. Es gibt sehr begabte Schauspieler, die fesselnde Hörbücher für Kinder einsprechen.

Geschichten erzählen (und hören) ist entspannend, stärkt die Bindung und vertieft die Fähigkeit unserer Kinder, sich zu konzentrieren. Viel Spaß dabei!

Nur zuhören

Eigentlich muss man es nicht erwähnen, aber ich erwähne es trotzdem. Eine der effektivsten Möglichkeiten, sich mit Ihrem Kind zu verbinden, ist, einfach alles stehen und liegen zu lassen und ihm einfach nur zuzuhören. Zeigen Sie Interesse an dem, was es beschäftigt. Stellen Sie Fragen. Reden Sie über Spinnen oder über Elmo oder über den Klimawandel. Wenn wir unseren Kindern voll und ganz zur Verfügung stehen, um voller Offenheit und Neugier mehr über ihr Innenleben zu erfahren, stellen wir die Bindung wieder her und stärken sie.

In Kapitel 6 habe ich eine Übung beschrieben, bei der es um ein dreimaliges Ja geht und die das tiefere gegenseitige Verständnis und Einfühlungsvermögen fördert. Hier ein Beispiel für diese Übung, wie sie sich während einer Sitzung zwischen einer Mutter und ihrem Sohn abgespielt hat. Es geht damit los, dass Thomas einige Minuten lang über etwas spricht, das ihn ärgert. Seine Mutter hat eingewilligt, ihm aufmerksam zuzuhören, ohne ihn zu unterbrechen, die Augen zu verdrehen oder sich zu verteidigen. Zum Schluss hat sie die Aufgabe, Thomas drei Jas zu entlocken, damit er das Gefühl hat, gehört und ernst genommen zu werden. Danach geht es andersherum.

Thomas: „Mama, es macht mich echt wütend, wenn du morgens so launisch bist. Ich mag es nicht, wenn du total sauer in mein Zimmer kommst und mich anschreist. Zu Jen bist du viel netter. Das ist nicht fair. Ich bin morgens einfach müde und ich wünschte, du würdest mich länger schlafen lassen. Ich verstehe nicht, warum ich um 6:45 Uhr aufstehen muss. Wir fahren doch eh nicht vor 7:30 Uhr los, und ich brauche nicht so lange, um mich fertig zu machen, wie sie. Ich will noch nicht einmal frühstücken, aber du zwingst mich dazu, dabei habe ich gar keinen Hunger. Mir reicht eine Kleinigkeit, die ich im Auto essen kann. Aber du zwingst mich, aufzustehen und mich an den Tisch zu setzen, dabei würde ich viel lieber noch ein bisschen schlafen. Ich bin echt müde. Mehr habe ich nicht zu sagen."

Mutter: „Danke, Thomas. Das eine ist also, dass du nicht verstehst, warum du so früh aufstehen sollst. Du kannst dich auch in weniger als fünfundvierzig Minuten fertig machen."

Thomas: „Ja." (Ich halte einen Finger hoch für das erste Ja, das seine Mutter erhalten hat.)

Mutter: „Ich habe auch gehört, dass du es nicht magst, wenn ich morgens schreie. Das ist wirklich kein gutes Gefühl."

Thomas: „Ja, genau." (Ich halte zwei Finger hoch.)

Mutter: „Und ich glaube, ich habe gehört, dass du dein Frühstück lieber im Auto essen würdest."

Thomas: „Nein, ich will nur eine Kleinigkeit im Auto essen. Kein ganzes Frühstück."

Mutter: „Okay. Du würdest also lieber eine Kleinigkeit im Auto essen, damit du etwas länger im Bett bleiben kannst."

Thomas: „Ja!" (Ich halte drei Finger hoch, um zu bestätigen, dass die Mutter ihr dreimaliges Ja bekommen hat.)

Mutter: „Okay, ich habe verstanden. Danke, dass du mir das alles gesagt hast."

Jetzt ist die Mutter dran. Sie soll – respektvoll – auf das, was Thomas gesagt hat, antworten, und dann ist Thomas dran, von ihr ein dreimaliges Ja zu bekommen, als Zeichen dafür, dass sie sich gehört fühlt.

Mutter: „Ich verstehe, dass du morgens noch sehr müde bist und es dir super schwerfällt, aufzustehen. Aber für mich ist es auch schwer. Jeden Morgen, wenn ich den Flur entlang zu deinem Zimmer gehe, merke ich, wie ich mich innerlich anspanne, weil ich nicht schon wieder mit dir streiten will. Ich muss um 8:30 Uhr bei der Arbeit sein, und wenn ich euch nicht rechtzeitig zur Schule bringe, komme ich zu spät, und dann muss ich den ganzen Tag die geringschätzigen Blicke meines Chefs ertragen – der vielleicht auch noch denkt, dass ich meine Arbeit nicht ernst genug nehme. Ich wünschte, wir könnten den Tag freundlicher beginnen, denn ich liebe dich, und es tut mir weh, mit dir zu streiten. Es tut uns beiden weh. Ich wünschte, du würdest rechtzeitig ins Bett gehen, damit du morgens nicht so müde bist und wir den Tag liebevoll beginnen können, ohne dass ich gleich von Anfang an so gestresst bin."

Thomas: „Okay. Ähm, also ich glaube, du hast gesagt, wenn wir zu spät zur Schule kommen, bekommst du Ärger bei der Arbeit, wenn du dann zu spät kommst."

Mutter: „Ja, das kommt in etwa hin. Ich bekomme keinen richtigen Ärger – ich werde nicht zum Schulleiter bestellt oder sowas – aber mein Chef merkt es, und es gefällt ihm ganz und gar nicht." (Ich halte einen Finger hoch.)

Thomas: „Okay. Dann habe ich noch gehört, dass du dich auf dem Weg zu meinem Zimmer anspannst, weil du nicht schon wieder streiten willst."

Mutter: „Ja." (Ich halte zwei Finger hoch.)

Thomas: „Hmm, ich weiß nicht mehr, was noch."

Ich lade die Mutter ein, noch einmal eine Minute lang zu sprechen, dann wenden wir uns wieder Thomas zu.

Thomas: „Ach ja, du hast noch gesagt, du würdest den Tag gern fröhlicher beginnen. Du hast gesagt, dass du mich liebst und dass du es nicht magst, wenn wir einen schlechten Morgen haben."

Mutter: „Absolut richtig. Danke, dass du mir zugehört hast, Thomas. Ich bin dir wirklich dankbar." (Ich halte drei Finger hoch, um Thomas zu zeigen, dass er seine drei Jas bekommen hat.)

Thomas (sehr schüchtern): „Okay."

Was mir bei dieser Übung immer wieder auffällt, ist, dass sich gehört und ernst genommen zu fühlen, die Menschen dafür öffnet, sich in die Person, auf die sie wütend waren, besser einfühlen zu können. Dadurch entsteht ein Klima, in dem sich neue Möglichkeiten auftun und Abmachungen getroffen werden können. Man könnte auch sagen, dass sich die Beteiligten nicht mehr wie Feinde fühlen, sondern wie Spieler im selben Team. Es ist eine sehr einfache und sehr kraftvolle Übung.

Ein morgendliches Abschiedsritual integrieren

Eine kurze Achtsamkeitsübung am Morgen, bevor Sie Ihr Kind in die Schule schicken, dauert nur eine Minute und kann die Grundlage dafür schaffen, dass es einen viel schöneren Tag hat. Mit einem kleinen Ritual, das die Bindung festigt, erleichtern wir gerade solchen Kindern, denen die Trennung schwerfällt, den Abschied. Es könnte so etwas sein, wie sich an den Händen zu fassen und dreimal tief durchzuatmen. Es könnte auch eine Umarmung von drei Sekunden sein oder ein kleines Lied, das Sie sich ausdenken. Kinder lieben Rituale. Wenn eine kurze gemeinsame Verankerung im Gefühl der Dankbarkeit oder der Verbundenheit Teil der täglichen Routine Ihres Kindes ist, ist die Wahrscheinlichkeit groß, dass es diese Verankerung auch allein vornimmt.

Lächeln

Eine der einfachsten Methoden, wie wir Menschen uns miteinander verbinden, ist der Austausch eines Lächelns. Es ist eine universelle Möglichkeit, das Herz eines anderen Menschen zu berühren, Vertrauen aufzubauen und die Empathie zu stärken. Darüber hinaus ist Lächeln auch noch gesund! Es senkt den Blutdruck, entspannt den Körper, setzt Endorphine frei und hilft, Stress zu lindern. Ein liebevolles Lächeln für ein Kind, das eilig sein Frühstück herunterschlingt, oder für die Ehefrau, die gerade durch die Tür kommt, kann wahre Wunder wirken.

Eine nette Randbemerkung: Der Geburtshelfer Dr. Carey Andrew-Jaja singt für jedes Neugeborene, das er entbindet, „Happy Birthday". Inzwischen wurden weit mehr als achttausend Kinder mit diesem Lied in der Welt willkommen geheißen. Stellen Sie sich vor, welche Auswirkungen es auf unsere Kinder hätte, wenn wir jedes Mal, wenn sie den Raum betreten, im Stillen ihre Gegenwart feierten. Für ein Kind ist es ein Geschenk, sich so geliebt zu fühlen.

Ein Liebes-Festmahl bereiten

Wir alle sehnen uns danach, so wie wir sind, wertgeschätzt zu werden. Wenn Menschen auf meine Website kommen und sich für den Newsletter eintragen, erhalten sie als erstes ein Video mit einer Übung namens *Love Flooding* (*Mit Liebe überhäufen*). In diesem Video lade ich Eltern dazu ein, mindestens zehn Dinge aufzuschreiben, die sie an ihrem Kind lieben und wertschätzen, und sich dann die Zeit zu nehmen, ihrem Sohn oder ihrer Tochter die

Liste vorzulesen. Viele Eltern haben mir gesagt, dass diese kleine Aktivität – die nur wenige Minuten dauert – die Beziehung zu ihrem Kind dramatisch verbessert hat.

Wenn wir einem Kind zeigen, dass wir es für das schätzen, was es ist, schenken wir ihm damit ein Liebes-Festmahl. Ich kann nur wärmstens empfehlen, dass Sie den Menschen, die Sie lieben, sagen, was Sie an ihnen so schätzen.

Übungen zur Manifestierung eines glücklichen, erfüllenden Lebens

Ziele setzen

Bevor ich zur ersten Sitzung mit einem Klienten in meine Praxis gehe, nehme ich mir meistens vor, klar, präsent und weise zu sein. Ich veranstalte jedes Jahr einen viertägigen Gipfel über *Bewusste Elternschaft*, eine Reihe von Gesprächen mit so namhaften Personen wie Dr. Jane Goodall, Arianna Huffington, Jon Kabat-Zinn, Alanis Morissette und dem Kongressabgeordneten Tim Ryan. Bevor wir beginnen, nehme ich mir mit jedem Gast einen Augenblick Zeit und wir setzen uns als Ziel, dass unsere Diskussion sich auf eine Weise entwickeln möge, die die Köpfe und Herzen von Eltern in aller Welt erreicht – erhebend, inspirierend und unterstützend. Wenn ich mich ins Auto setze, schließe ich die Augen und setze mir vor dem Losfahren das Ziel, sicher zu fahren.

Kindern beizubringen, sich Ziele zu setzen, ist ganz leicht. Helfen Sie ihnen einfach nur, mit positiven Worten zu beschreiben, wie sie sich etwas wünschen – zum Beispiel Freude an einer Schulaufführung zu haben oder dem nächsten Test ganz selbstsicher entgegenzusehen. Wenn wir mit einer klaren Intention in eine Situation gehen, kann das gewaltige Auswirkungen darauf haben, wie wir sie am Ende erleben.

Dankbarkeit zeigen

Dankbarkeit ist der Eckpfeiler in allem, worüber ich in diesem Buch gesprochen habe. Sie verändert alles – unser Verhältnis zu unseren Lebensumständen, unsere Fähigkeit, die Menschen, mit denen wir zu tun haben, zu akzeptieren, und unsere Fähigkeit, den gegenwärtigen Moment zu genießen. Durch Dankbarkeit verwandelt sich auch die schwierigste Erfahrung in eine, die wir annehmen können. Ich könnte ein ganzes Buch über Dankbarkeit schreiben – und viele haben genau das getan! Hier nur einige Ideen, die Sie vielleicht in Ihr Leben integrieren möchten.

Wenn Sie für etwas dankbar sind, das jemand getan hat, lassen Sie es ihn oder sie wissen. Wir vergessen nur allzu leicht, die Freundlichkeit, die uns andere erweisen, zu würdigen, dabei ist es ganz leicht, ihnen zu sagen, dass wir sie wahrgenommen haben und dankbar sind. Ein kurzes persönliches „Danke" genügt schon, vor allem, wenn Sie kurz innehalten und die Dankbarkeit auch wirklich spüren, während Sie sie zum Ausdruck bringen. Durch eine SMS oder E-Mail können Sie jemanden wissen lassen, dass Ihnen seine Bemühungen nicht entgangen sind. Ein kurzer Anruf ist wunderbar. Aber es geht nichts über eine handschriftliche Nachricht, in einen Umschlag gesteckt, eine Briefmarke drauf und ab in die Post, denn so kann der Empfänger Ihre Worte der Dankbarkeit immer wieder lesen. Briefeschreiben ist eine vergessene Kunst – eine Kunst, die wir, wie ich finde, wiederbeleben sollten. Wenn es für Sie stimmig ist, können Sie auch Ihre Kinder dazu ermutigen, kleine Dankesbriefe zu schreiben – aber wirklich nur, wenn das Ganze in entspannter Atmosphäre stattfindet. Wenn Sie sie zwingen, Dankesschreiben zu verfassen, können Sie Ihren Kindern das Briefeschreiben ein für alle Mal verderben!

Eine Münze ins Schuldglas werfen

Ich habe bereits darüber geschrieben, wie wichtig es ist, Verantwortung für unsere Fehler zu übernehmen. Zwar geben uns andere immer viele *Gelegenheiten*, unser unfreundliches Verhalten zu rechtfertigen, aber wir müssen unseren Kindern dabei helfen, zu lernen, dass sie für ihr Handeln selbst verantwortlich sind. Anderen die Schuld zu geben verhindert, dass wir die Verantwortung übernehmen und die nötigen Veränderungen herbeiführen, die uns dem Glück näherbringen, und zwar unabhängig davon, ob die Menschen oder die Umstände gerade unserem Geschmack entsprechen oder nicht. Ein Schuldglas kann allen Mitgliedern einer Familie helfen, aus dem Opfermodus herauszukommen.

Der Gedanke dahinter ist einfach: Immer, wenn jemand mit dem Finger auf einen anderen zeigt, weil der einen Fehler gemacht hat, wirft er eine Münze in das Schuldglas. Bei einigen Eltern gelten Jammern oder Klagen ebenfalls als Verhaltensweisen, für die eine Münze ins Glas kommt! Eine solche Gewohnheit kann effektiv dazu beitragen, unser Bewusstsein dafür zu steigern, dass wir selbst der Schmied unseres Glücks und keinesfalls immer nur den Umständen ausgeliefert sind.

Eine sechsminütige Autofahrt machen

Wählen Sie einen Ort, der nur eine kurze Autofahrt von Ihrem Zuhause entfernt liegt, und versuchen Sie, aus der folgenden Aktivität ein Ritual zu machen, das Sie immer dann durchführen, wenn Sie dorthin fahren. Von dem Zeitpunkt an, da Sie das Haus verlassen, bis zur Ankunft am Lebensmittelgeschäft, an der Schule oder am Park sprechen Sie laut all jene Dinge aus, für die Sie dankbar sind. Das ist ganz einfach. „Ich bin so froh, dass ich an diesem kalten Morgen so eine warme Jacke habe." „Ich bin dankbar für den leckeren Smoothie, den wir gerade getrunken haben." „Ich bin so dankbar für euch – ihr kleinen Zwerge!" Sie werden überrascht sein, wie großartig – und wie dankbar! – Sie sich am Ende der Autofahrt fühlen werden.

Dreißig Sekunden Dankbarkeit zeigen

Das ist etwas, das Sie jetzt gleich ausprobieren können. Schauen Sie sich um und lassen Sie Ihre Augen auf etwas in Ihrer unmittelbaren Umgebung ruhen. Wählen Sie etwas ganz Gewöhnliches, etwas, das Sie schon tausendmal gesehen haben. Vielleicht ist es das Glas Wasser neben Ihnen. Betrachten Sie es aufmerksam. Halten Sie inne, um dankbar dafür zu sein. Denken Sie an die Person, die das Glas entworfen hat, wie sie darüber nachgedacht hat, wie sich das Glas einmal anfühlen soll, wie man daraus trinken wird – sie hat über die Größe Ihrer Hand nachgedacht, als sie seine Proportionen entwarf, und darüber, wie Ihre Lippen sich an den Rand schmiegen würden. Denken Sie über das Wasser nach – denken Sie an die Person, die beim Bau der Filteranlage geholfen hat, so dass Sie nicht darüber nachdenken müssen, ob das Wasser verunreinigt ist, wenn Sie Ihren Durst löschen wollen. Erlauben Sie sich, sich in Dankbarkeit für dieses einfache Glas Wasser und alles, was dazu geführt hat, dass es jetzt auf dem Tisch neben Ihnen steht, sinken zu lassen. Sie können das im Laufe eines Tages mit einer schier unendlichen Zahl von Gegenständen tun. Spüren Sie das Gefühl der Dankbarkeit, das sich in Ihnen ausbreitet.

Eine weitere Übung, die nicht länger als dreißig Sekunden dauert, besteht darin, dass Sie die Hand auf Ihr Herz legen und an all die Segnungen Ihres Lebens denken, während Sie sich mit Ihrem Herzen und Ihrer Seele verbinden. Lassen Sie die Dankbarkeit wie ein warmes Glühen durch Ihre Brust strömen und öffnen Sie sich für das Wunder des Augenblicks. Wenn Sie diese Übung täglich anwenden, kann sie Ihr Leben verändern. Sie können sogar einen Wecker auf Ihrem Smartphone einrichten, der Sie jede Stunde oder alle zwei Stunden daran erinnert, sich von Dankbarkeit durchströmen zu lassen!

Papierketten der Dankbarkeit basteln

Dies ist eine weitere einfache Aktivität, die Sie gemeinsam mit Ihren Kindern machen können. Schneiden Sie mindestens zwanzig Papierstreifen aus, und schreiben Sie auf jeden Streifen etwas, wofür Sie dankbar sind. Dann können Sie daraus eine Papierkette basteln, die Sie in der Küche oder im Wohnzimmer – oder an der Eingangstür –aufhängen, als Erinnerung an Ihre Dankbarkeit. Das ist ein großer Spaß!

In den Tag vorausschauen

Noch bevor Sie morgens die Augen aufmachen, stellen Sie sich den vor Ihnen liegenden Tag vor und entspannen Sie sich in einem

Zustand der Dankbarkeit für jeden Menschen, dem Sie an diesem Tag vermutlich begegnen werden – Ihre Kinder, Ihr Mann oder Ihre Frau, die Nachbarin, der Chef, die Kollegen. Überlegen Sie sich mindestens fünf Dinge, die Sie an jeder Person wertschätzen. Das hilft definitiv dabei, den Tag entspannter anzugehen, und es ist auch eine gute Übung, die Sie zusammen mit Ihren Kindern machen können, bevor sie zur Schule gehen.

Ein Klettband für das Gute

Der Neuropsychologe Rick Hanson hat den Begriff *Velcro-Teflon Syndrom* [*Velcro* = Klettband, *Teflon* = abweisend] geprägt. Er sagt, da die Natur mehr an unserem Überleben interessiert sei als daran, dass wir etwas als besonders angenehm empfinden, seien wir darauf geprägt, uns an negative Erfahrungen viel intensiver zu erinnern als an positive. Die Bedrohung durch einen wilden Keiler wirkt sich viel stärker aus als der Gesang eines kleinen Vögelchens!

Negative Erfahrungen haften an uns wie eine Klette, sie nisten sich in unserem Bewusstsein ein, wo wir sie wieder und wieder und wieder durchleben, oft wenn wir gerade versuchen, einzuschlafen. („Ich fasse es nicht, dass mein Chef es mir nicht dankt, dass ich wegen dieses Projekts Überstunden mache. Er weiß überhaupt nicht zu schätzen, wie hart ich arbeite! Ich habe da so viel Zeit hineingesteckt.") Zum Glück können wir dieses Muster, uns in negativen Gedankenspiralen zu verlieren, auflösen.

Je länger wir einen positiven Moment in unserem Bewusstsein festhalten, desto mehr Neuronen werden dadurch feuern und sich miteinander verknüpfen und so in unserem Gehirn den Nährboden für Glück erschaffen. Wenn wir also wollen, dass uns unsere positiven Erfahrungen erhalten bleiben (anstatt von unserer Teflon-Beschichtung abzuperlen), müssen wir uns mindestens zwanzig Sekunden auf sie konzentrieren. Hanson sagt: „Je mehr Sie Ihre Neuronen dazu bringen, aufgrund positiver Tatsachen zu feuern, desto mehr werden sie sich auch zu positiven Nervenstrukturen verbinden."[43]

Führen Sie ein Dankbarkeits-Tagebuch und schreiben Sie jeden Tag Ihre positiven Erlebnisse auf. Zeichnen Sie etwas Besonderes, das Ihnen widerfahren ist und wofür Sie dankbar sind. Oder geben Sie vor anderen – oder vor sich selbst – damit an, wie viel Gutes Ihnen doch widerfährt. All diese Aktivitäten dauern mindestens zwanzig Sekunden und sorgen dafür, dass Ihre Nervenstrukturen sich ins Positive verändern.

Auf Positives achten

Wenn Sie etwas Angenehmes erleben – den Geschmack einer saftigen Blaubeere, das Lachen Ihrer Kinder, die wärmende Sonne auf der Haut –, erlauben Sie sich, all die guten Gefühle, die dies auslöst, in sich aufzusaugen. Lassen Sie die positiven Gefühle wie ein Lauffeuer durch Ihren ganzen Körper strömen und ihn dadurch eine erhöhte Empfänglichkeit für Freude entwickeln. Seien Sie sich bewusst, dass, solange Sie dieses gute Erlebnis in Ihrem Bewusstsein halten, Ihre Neuronen feuern und neue Verbindungen eingehen und so dauerhafte Glücksautobahnen in Ihrem Hirn erschaffen.

Sagen Sie „Halt!"

Unseren ersten Gedanken können wir nicht aufhalten, aber wir *haben* die Wahl, was den zweiten betrifft. Mit anderen Worten: Es kann schon einmal passieren, dass sich ein negativer Gedanke in unserem Geist breitmacht, aber das heißt noch lange nicht, dass wir ihm auf diesem dunklen, tristen Weg folgen müssen. Wann immer Ihnen ein negativer oder einschränkender Gedanke in den Kopf kommt, wie „Ich fasse es nicht, wie selbstsüchtig Jonathan ist" oder „Ich werde wahrscheinlich nie herausfinden, wie man diese Saftpresse zusammensetzt", sagen Sie „Halt!". Auf diese Weise können Sie eine potenzielle Abwärtsspirale gleich von Anfang an verhindern.

Übungen für Eltern

Werfen Sie den Anker

Einer der deutlichsten Indikatoren dafür, wie sich der vor mir liegende Tag entwickeln wird, ist die Tatsache, ob ich mit meiner Seele in Verbindung bin oder nicht. Das entspricht in etwa einem Schiff auf dem Meer; wenn es dahintreibt, kann es meilenweit vom Kurs abkommen, wohingegen ein auf Anker liegendes Schiff – auch in rauen Gewässern – genau da liegen bleibt, wo der Anker ausgeworfen wurde.

Welche Aufgaben und Aktivitäten uns auch erwarten mögen, wenn wir am Morgen die Augen aufschlagen, empfinden die meisten von uns schon beim Aufstehen einen gewissen Druck. Die Kinder müssen geweckt, das Frühstück vorbereitet, die Brotbüchsen gefüllt, die E-Mails gecheckt werden – die Liste ist endlos. Viele von uns werden dabei vom Druck getrieben – je eher ich loslege, desto eher bin ich fertig, und der Druck verschwindet. Doch in Wahrheit ist es so: Sobald wir eine Sache von unserer Liste streichen, taucht eine andere auf. Wir werden nie mit all dem, worum wir uns kümmern müssen, fertig sein, es aufgeholt oder erledigt haben.

Wenn wir uns kopfüber in den Tag stürzen, ohne uns wenigstens einen Augenblick lang oder zwei mit unserem Inneren zu verbinden, betreiben wir Raubbau an uns selbst. Und das habe ich entdeckt: Dieses herrliche Gefühl im Inneren ist die geheime Zutat, die alles besser macht. Wenn ich mich auf meine Seele konzentriere, fühle ich mich gleich viel besser und bin viel mehr ich selbst; ich bin immer wieder erstaunt, dass ich etwas, das mir so viel Freude und Frieden schenkt, manchmal vergesse oder nicht mehr Zeit darauf verwende.

Aber manchmal vergesse ich es eben. Allem Anschein nach ist das Leben so gestrickt, dass ich mich für dieses Empfinden entscheiden, mich bewusst von den Lockungen der äußeren Welt abwenden muss, um in den Wassern des Inneren zu schwimmen. Das ist nicht leicht. Ich fühle mich oft zu dem hingezogen, was außerhalb von mir geschieht. Potenzielle Ablenkungen lauern überall: die Zeitung, der Fernseher, E-Mails, die Blumen, die ich gießen muss, Anrufe, die beantwortet werden wollen. Und das ist nur ein Leben *ohne* Kinder! Für Eltern kleiner Kindern ist es eine große Herausforderung, sich irgendwo ein paar Minuten zu stehlen, um aus dem Brunnen in ihrem Inneren zu trinken. Ich weiß das wohl.

Und ich habe im Laufe meiner über vierzig Jahre Meditationserfahrung festgestellt, dass dieses Gefühl im Inneren hofiert werden will. Es ist wie eine zögerliche, aber außergewöhnliche Geliebte. Wenn ich die klare Absicht formuliere, dass ich mich, und sei es auch nur für ein paar Augenblicke, ganz und gar diesem Gefühl hingeben und zu ihm zurückkehren werde, wenn mein Geist abdriftet, ist die Erfahrung, mit der ich dafür belohnt werde, einfach unbeschreiblich. Sie ist heilig und göttlich, süß und zärtlich. Ich werde, die ich bin, und mein Herz singt und tanzt vor lauter Freude, dass ich mir die Zeit genommen habe, ihm zu schenken, was es am meisten will und liebt und braucht. Wenn ich das getan habe, zieht sich dieses Gefühl im Hintergrund durch meinen ganzen Tag oder zumindest durch einen Teil des Tages, mindestens aber so lange, bis der Lärm der äußeren Welt übermäßig laut wird. Doch selbst dann erinnert sich der tiefere Teil meiner selbst daran, was realer ist, und ich verliere mich nicht ganz so sehr in der Hektik und dem Durcheinander.

Meditation ist eine Übung. Sie ist keine Pille, die man einfach schluckt. Es dauert ein bisschen, bis wir uns so kennengelernt haben, wie wir wirklich sind. Es ist eine Investition. Nicht jeder möchte so tief in sich eintauchen, und das ist in Ordnung. Wir alle sollten dem Ruf unseres Herzens folgen.

Doch um diesem Ruf folgen zu können, müssen wir still sein und lauschen. Wenn Sie sich also auf etwas einstimmen, das Ihnen Frieden und Freude schenkt, seien Sie achtsam. Hofieren Sie das Gefühl. Schenken Sie ihm Blumen. Schicken Sie ihm Liebesbriefe.

Dieses Gefühl hinter Ihrer Rolle als Ehefrau, Ehemann, Partner, Vater, Mutter ist es, was Sie wirklich sind. Genau wie Ihr Kind will es gesehen und geliebt werden. Es will Ihre Zeit und Ihre Aufmerksamkeit. In dieses *Du* – jenseits der Rollen, die Sie spielen – zu investieren, zahlt sich doppelt und dreifach aus. Nehmen Sie sich die Zeit. Werfen Sie den Anker aus und verbinden Sie sich mit Ihrem inneren Selbst, bevor Sie Ihren täglichen Geschäften nachgehen. Ich glaube, Sie werden sich dankbar sein.

Nichts tun

Schaffen Sie sich ein fünfzehnminütiges Zeitfenster und finden Sie einen Platz, an dem Sie ungestört sind. (Ich weiß, das ist leichter gesagt als getan, aber versuchen Sie es bitte.) Vielleicht ist es ein Wanderweg, Ihre Veranda, selbst Ihr Auto ist möglich. Versuchen Sie, dafür zu sorgen, dass Sie während dieser fünfzehn Minuten nicht gestört werden. Martha Beck nennt das ein „Besetzt-Schild“ aufhängen.

Weiter schlägt sie vor, dass Sie sich als nächstes entweder zum Meditieren hinsetzen oder eine anspruchslose, monotone Aktivität ausführen, die Ihren Körper beschäftigt, Ihrem Geist aber Leerlauf verschafft, wie zum Beispiel Spazierengehen, Skaten oder Joggen. Beobachten Sie, wie sich das Gras im Wind wiegt oder wie sich das Wasser auf einem Teich kräuselt.

Als nächstes sind Sie eingeladen, Ihren Geist zu leeren. „Der typische menschliche Verstand funktioniert ungefähr wie ein Supercomputer, der von der Seele eines verrückten Eichhörnchens besessen ist. Er ist unentwegt damit beschäftigt, zu berechnen, vorherzusehen, sich zu erinnern, zu fantasieren, sich zu beunruhigen, zu horten und frenetisch von Idee zu Idee zu springen.“[44] Auf dieser Stufe betrachten Sie Ihre Gedanken einfach, ohne sie zu bewerten. Sie können sie sich als kleine kläffende Hunde in Ihrem Kopf vorstellen. Sie sind ein großer Elefant, der die Straße entlangtrottet, lassen Sie die harmlosen kleinen Hunde einfach kläffen und jaulen.

Im letzten Schritt erschaffen Sie sich ein mentales Bild von einem Heiligtum, in dem Sie sich verankern können, wenn es einmal stressig oder chaotisch wird. Rufen Sie sich einen besonderen Ort in Erinnerung, an dem Sie Frieden und Stille spüren, einen Ort, an dem die Welt stillsteht und Sie in ein Gefühl tiefer Ruhe und Zufriedenheit eintauchen können. Diesen Ort können Sie in den fünfzehn Minuten des Nichtstuns in Ihrer Vorstellung aufsuchen. Diese Übung eignet sich hervorragend, um Ihrem Leben wieder ein Gefühl des Friedens und des Gleichgewichts zu geben.

Nehmen Sie Kontakt auf

Hier ist eine Übung, die ich manchmal mache, wenn ich auf einem Flughafen bin, obwohl ich sie auch schon an anderen Orten gemacht habe. Ich gehe durch das Terminal und halte gezielt nach jemandem Ausschau, mit dem ich in Kontakt treten kann – ein Blick, ein freundliches Lächeln, ein Nicken. Wenn ich dieses Spiel spiele, stelle ich meistens fest, dass es schwer ist, jemanden zu finden, der nicht eilig und hektisch herumläuft, auf die Uhr schaut oder die Kinder dazu anhält, zusammenzubleiben. Aber hin und wieder knacke ich den Jackpot und bekomme aus einem anderen Augenpaar die wundervolle Bestätigung, dass wir alle, ganz gleich, wohin wir auch gehen, immer nur im Hier und Jetzt sind und alles gut ist.

Wertschätzen Sie sich selbst

Diese Übung kann eine der schwierigsten sein; wenn ich sie mit meinen Klienten mache, muss ich mir manchmal ein Bein ausreißen, um sie dazu zu bewegen. Aber sie ist sehr machtvoll.

Denken Sie an die Eigenschaften, die Sie an sich wertschätzen: *Freundlichkeit, Großzügigkeit, Geduld, Humor.* Zählen Sie alles auf, was Sie an sich mögen. Falls Ihnen das schwerfällt, bitten Sie Ihre Freunde, Ihnen fünf Dinge zu nennen, die sie an Ihnen schätzen.

(Falls auch das schwierig ist, sagen Sie ihnen, es sei eine Aufgabe für einen Kurs, den Sie belegt haben!) Lesen Sie Ihre Liste jeden Tag und fügen Sie, so oft es geht, weitere Dinge hinzu.

Solange wir nicht unsere eigene Schönheit und Tugend erkennen, werden wir es schwer damit haben, von anderen Liebe und Kooperation zu erhalten. Sorgen Sie also dafür, dass Sie wissen, was für ein Geschenk Sie für uns alle sind.

Halten Sie inne, wenn Sie getriggert werden

Manchmal werden wir getriggert, weil das Verhalten unseres Kindes mit unseren Überzeugungen in direktem Konflikt steht. Wenn Sie in einem Haus groß geworden sind, in dem von Kindern erwartet wurde, dass sie sofort erledigen, worum sie gebeten werden, oder in dem Kinder ihren Eltern keine Widerworte zu geben hatten, dann werden Sie vermutlich stark reagieren, wenn Ihre Kinder Ihnen etwas verweigern oder aufsässig sind.

Manchmal werden wir auch getriggert, wenn das Verhalten eines Kindes unserem angeborenen Naturell widerspricht. Ein lautes Kind bringt eine sanftmütige Mutter wahrscheinlich aus der Fassung. Oder wir verlieren die Beherrschung, weil wir glauben, den Erwartungen von Leuten, deren Meinung uns wichtig ist – wie der Gatte, Freunde, die Schwiegermutter oder der Lieblings-„Erziehungsexperte“ –, nicht gerecht zu werden.

Wenn Sie merken, dass Sie sich nicht mehr an Ihrer eigenen inneren Weisheit als Elternteil orientieren, versuchen Sie die folgende Übung.

Schritt 1: Werden Sie ganz ruhig und still. Spüren Sie genau hin, was gerade geschieht – Ihr kleiner Junge verlangt nach Nudeln mit Butter oder Ihre Tochter will den Fernseher nicht ausschalten. Beobachten Sie einfach nur, wie sich das innerlich für Sie anfühlt.

Schritt 2: Wenn ein Gedankenansturm Ihre Verärgerung noch steigern will, fragen Sie sich: „Wessen Stimme höre ich da gerade in meinem Kopf? Die von meiner Mutter, meinem Vater? Die von einer strengen Lehrerin?"

Schritt 3: Anstatt zu versuchen, diese Stimme auszusperren, freunden Sie sich mit ihr an, gehen Sie davon aus, dass sie gute Absichten hat. Welchem Zweck dient sie? Wovor will sie Sie bewahren? Was will sie Ihnen helfen zu erkennen? Vielleicht will sie Ihnen sagen, dass Sie sich mehr durchsetzen sollten. Oder sie sagt, dass Sie in einem gefährlichen Maß die Kontrolle verloren haben.

Schritt 4: Erkennen Sie das Bedürfnis hinter dieser Stimme. Vielleicht sagt sie ja: „Ich fürchte, du weißt nicht, wie du deinen Sohn in den Griff bekommen sollst. Ich bin besorgt, dass du aufhörst, seine aggressiven Neigungen zu unterbinden, wenn ich dich nicht mehr erschrecke oder kritisiere."

Schritt 5: Schreiben Sie sich schnell auf, was Sie aus diesem Einblick gelernt haben. Sagen Sie dieser Stimme in sich: „Ich habe verstanden, danke, und so werde ich jetzt damit umgehen."

Diese Übung können Sie in Verbindung mit einer Therapie oder einem Kurs für Kindererziehung anwenden, wenn Sie sich also mitten in einem intensiven Prozess befinden, um herauszufinden, was Sie in Ihrem Bemühen, ruhig und liebevoll die Führung zu übernehmen, behindert. Sie ist nicht leicht, aber stets sehr erhellend.

Tanzen Sie sich aus Ihrer Wut heraus

Die schnellste Methode, um Wut aus Ihrem Körper zu vertreiben, ist Tanzen. Machen Sie Ihre Lieblingsmusik an und schwingen Sie die Hüften! Am Ende des Liedes haben Sie vielleicht sogar vergessen, was Sie zuvor so aufgeregt hat! Ich beginne den Tag oft mit etwas Lebhaftem oder mache nach einer konzentrierten Schreibphase eine „Tanzpause“, um meinen Körper wieder zu spüren und den herrlichen Kick des Lebendigseins zu spüren.

Benennen Sie, was Ihnen fehlt

Gegenwärtig zu sein, heißt, mit dem Leben, so wie es gerade ist, in Kontakt zu sein. Es bedeutet, sich dafür zu entscheiden, hier zu sein, auch wenn dieses „Hier“ vielleicht gerade nicht Ihren Vorstellungen entspricht. Es bedeutet, für das Lachen – oder Streiten – Ihrer Kinder im Nebenzimmer präsent zu sein. Es bedeutet, präsent zu sein, während Sie neben Ihrem Sohn am Klavier sitzen und ihm helfen, seine Tonleitern zu üben.

Doch wenn wir für das, was vor uns liegt, präsent sein wollen, ist es manchmal notwendig, das zu betrauern, was wir verloren haben oder verloren zu haben glauben.

Nehmen Sie sich einige Augenblicke Zeit, um zur Ruhe zu kommen. Legen Sie eine Hand auf Ihr Herz, während Sie atmen, und begeben Sie sich an einen Ort echter Freundlichkeit sich selbst gegenüber. Erkennen Sie an, wie sehr Sie sich jeden Tag mühen, vom Moment Ihres Erwachens an, bis Sie abends wieder ins Bett fallen. Öffnen Sie ihr Herz dafür, wie Sie über sich hinauswachsen mussten, und für all die Dinge, die Sie loslassen mussten.

Stellen Sie sich folgende Frage und warten Sie auf eine Antwort, ohne sie zu erzwingen: „Was vermisse ich aus meinem Leben vor den Kindern?“ Verharren Sie still und warten Sie. Wenn Ihnen keine Antwort in den Sinn kommt, ist das auch in Ordnung. Wenn Sie eine Antwort wahrnehmen oder hören, die zunächst keinen Sinn ergibt, lassen Sie sich von ihr führen.

Es ist wichtig, dass Sie sich ganz und gar liebevoll und freundlich begegnen, alles darf wahr sein, auch wenn es nicht die wahrste Wahrheit oder nicht die ganze Wahrheit ist. Vielleicht vermissen Sie ja die Abendessen ohne Kinder, bei denen Sie von Anfang bis Ende am Tisch sitzen konnten, ohne alle Nase lang aufspringen und irgendetwas für irgendjemanden holen zu müssen. Vielleicht vermissen Sie Zeit für Romantik mit Ihrem Partner. Oder ein langes Bad, einsame Spaziergänge im Wald oder einfach einen freien Kopf, der nicht ständig darüber nachdenkt, wo die Kinder gerade sind, was sie machen oder machen *sollten*. Vielleicht vermissen Sie ungestörte Zeit zum Schreiben, Lesen oder Meditieren. Oder Sie vermissen einfach die Person, die Sie waren, bevor Sie so untrennbar an andere gebunden waren – vielleicht waren Sie damals unbeschwerter und entspannter oder konzentrierter und scheinbar produktiver.

Denken Sie über diese Frage nach. Vielleicht mögen Sie laut aussprechen, was Ihnen in den Sinn kommt, oder es aufschreiben. Noch einmal: Wenn Ihnen nichts dazu einfällt, ist das auch in Ordnung. Zwingen Sie sich nicht dazu, etwas zu vermissen, das Sie gar nicht vermissen. Aber geben Sie sich den Raum, damit verborgene Dinge an die Oberfläche gelangen dürfen, die Sie vielleicht daran hindern, sich in Ihrem Leben voll und ganz zu zeigen.

Stellen Sie sich ein paar schwierige Fragen

Oft fällt es uns schwer, uns auf unser Kind einzustimmen oder ihm gegenüber präsent zu bleiben, weil, wie in Kapitel 3 bereits diskutiert, unsere Vorstellungen davon, wie man Kinder großzieht, nicht mit der Realität übereinstimmen. Vielleicht unterscheidet sich diese Realität sogar radikal von unseren Erwartungen, und nun sind wir enttäuscht, entmutigt oder bedauern es sogar.

Das alles heißt nicht, dass wir unsere Kinder nicht lieben oder wünschten, es gäbe sie nicht. Es heißt nur, dass wir Gefühle haben, denen wir uns stellen sollten, anstatt sie unter den Teppich zu kehren. Es sind unsere Erwartungen, die die Sache schwierig machen. Wenn Sie gedacht haben, ein Baby zu bekommen, würde Ihre Ehe stärken, mussten Sie vielleicht feststellen, dass Kinder ehelichen Stress eher verstärken als ihn zu eliminieren. Wenn Sie dachten, ein Kind zu bekommen, würde Ihnen die Anerkennung Ihrer Eltern sichern, mussten Sie vielleicht feststellen, dass Sie nun ihrer fortwährenden Kritik Ihrer Erziehungsmethoden ausgesetzt sind. Und wenn Sie dachten, ein Kind könnte diese Leere in Ihrem

Herzen und Ihrer Seele füllen, werden Sie vermutlich erkannt haben, dass das nicht der Fall ist und auch nie sein kann, da das zu sehr auf Kosten Ihres Kindes ginge.

Nun, da das gesagt ist, wollen wir festhalten, dass Kinder unser Leben unermesslich bereichern. Manchmal stärken sie eine Ehe sogar, festigen die Bande zu der erweiterten Familie und füllen unsere Herzen mit einer Liebe, die jenseits unserer Vorstellungen lag. Das Problem ist nur, dass unsere Kinder uns diesen Dienst nicht *ständig* erweisen. Und was noch viel wichtiger ist: Es ist gar nicht ihre *Aufgabe*, Ehen oder Familienbeziehungen zu verbessern oder unsere Einsamkeit verschwinden zu lassen. Der Satz aus *Jerry Maguire*, „Du vervollständigst mich", löste viel Spott aus. So ähnlich verhält es sich mit unseren Kindern: Es ist es nicht ihre Aufgabe, uns zu vervollständigen. Wenn wir unsere Kinder mit einer solchen Bedürftigkeit großziehen, stören wir damit die natürliche Hierarchie der Abhängigkeit. Unsere Kinder sollen sich auf uns stützen können – sie sollen nicht unsere unerfüllten Bedürfnisse erfüllen.

Im Folgenden nun einige Fragen, die Sie vielleicht nützlich finden, während Sie über die Erwartungen, die Sie mit in Ihr Leben als Elternteil gebracht haben, nachdenken. Ich bitte Sie dringend, ehrlich, aber auch sehr behutsam mit sich zu sein. Wir alle haben Erwartungen an die Kindererziehung. Wir alle hoffen, dass Kinder unser Leben besser machen. Wir alle haben Wunden aus unserer eigenen Kindheit, die wir mit zunehmendem Alter zu heilen hoffen. Wenn Sie feststellen, dass Sie glaubten, Ihre Kinder würden Ihnen Anerkennung oder mehr Aufmerksamkeit verschaffen oder Ihnen das Gefühl der Einsamkeit nehmen, ist das okay. Wenn sehr schmerzhafte Erkenntnisse auftauchen, wenden Sie sich bitte an einen vertrauenswürdigen Fachmann und arbeiten Sie mit ihm gemeinsam diese alten Gefühle auf.

Ich hörte einmal ein Interview mit einer Mutter, die ihre siebenundzwanzigjährige Tochter völlig einengte – sie tauchte bei ihrer Arbeit auf, lungerte in ihrem Lieblingscafé herum und rief sie im Laufe des Tages immer wieder an. Die Tochter schämte sich sehr und sehnte sich verzweifelt nach mehr Raum.

Als der Interviewer die Mutter darauf ansprach, erklärte sie zutiefst emotional: „Ich liebe meine Tochter! Ich bin schon mein Leben lang eine Mutter! Das ist es, was ich tue! So bin ich nun mal!" Der Psychologe drängte sie, Interessen wieder aufleben zu lassen, die sie hatte, bevor sie Kinder bekam. Sie antwortete: „Ich habe keine anderen Interessen. Ich habe nie etwas anderes getan. Ich bin eine Mutter." Sie hatte sich so sehr mit ihrer Rolle als Elternteil identifiziert, dass sie das Gefühl für sich selbst als eigenständige Person verloren hatte. Und dabei engte sie ihre Tochter immer weiter ein.

Hier nun einige Fragen, über die Sie nachdenken können:

Was haben Sie gehofft, dass die Elternschaft Ihnen geben könnte? Was glaubten Sie, welche Veränderungen sie in Ihr Leben bringen würde?

Haben Sie eine Leere gespürt und gehofft, dass ein Kind sie füllen würde?

Inwiefern hat die Elternschaft im echten Leben Ihre Erwartungen enttäuscht?

Gibt es Zeiten, die Sie gern festhalten würden? Vermissen Sie frühere Phasen im Leben Ihres Kindes, so dass es Ihnen schwerfällt, es so zu akzeptieren, wie es jetzt ist?

Noch einmal: Lassen Sie sich Zeit mit dieser Übung, und gehen Sie es ruhig an. Alles ist in Ordnung.

Lösen Sie sich von Ihrer Angst, bewertet zu werden

Viele Eltern fühlen sich besonders herausgefordert, wenn sich ihr Kind in der Öffentlichkeit oder im größeren Familienrahmen schlecht benimmt. Sie leiden womöglich an etwas, das die Psychologin Mary Pipher als *Imaginary Audience Syndrom* [*Eingebildetes-Publikum-Syndrom*] bezeichnet, ein Begriff, den sie prägte, um die gesteigerte Befangenheit heranwachsender Mädchen zu beschreiben. Eltern können jedoch ebenso von diesem Leiden betroffen sein, wenn sie glauben, dass jede ihrer Bewegungen von anderen in Augenschein genommen wird und sie jedes Mal, wenn sie einen Wutausbruch ihres Kindes nicht verhindern können oder das Kind seine Manieren vergisst, erbarmungslos von ihnen verurteilt werden.

Wenn wir an einem *Imaginary Audience Syndrom* leiden, haben wir Angst davor, vor denen, die wir gern beeindrucken würden, unser Gesicht zu verlieren, und wechseln so in den Anwalts- oder Diktator-Modus, um das Verhalten unseres Kindes zu kontrollieren, damit wir vor anderen gut dastehen.

Die folgenden Fragen können Ihnen dabei helfen, die Ursachen solcher Gefühle der Scham oder der gesteigerten Befangenheit aufzudecken:

1. Vor wessen Urteil fürchten Sie sich am meisten?
2. Was stört Sie daran, wenn diese Person nichts von Ihren Erziehungsmethoden hält?
3. Was haben Sie von der Anerkennung dieser Person?
4. Was könnten Sie noch aus dieser Anerkennung gewinnen?
5. Und was noch?
6. Gibt es eine Möglichkeit, die Dinge, die Sie in den Antworten 3 bis 5 angegeben haben, auch ohne die Anerkennung dieser Person zu bekommen?

Diese Übung kann einige heikle Wahrheiten ans Licht bringen, sie ist aber auch sehr wertvoll für uns, wenn wir uns befreien wollen, um trotz aller Schwächen authentischer zu leben.

Betrachten Sie Ihr Kind ohne Namen

Manchmal stolpern wir über Persönlichkeit und Ego und verlieren aus den Augen, wer wir und unsere Kinder jenseits von Namen, Etiketten und lang gehegten Vorstellungen eigentlich sind. Probieren Sie einmal Folgendes aus: Versuchen Sie, den Namen Ihres

Kindes für einen Moment zu vergessen. Vergessen Sie, was es gut kann, oder die Kopfschmerzen, die es Ihnen mit seinen Hausaufgaben und sonstigen Pflichten bereitet. Vergessen Sie, dass Sie seine Mutter oder sein Vater sind. Treten Sie einfach einen Schritt zurück und betrachten Sie Ihr Kind als Seele, die in das Gefäß seines Körpers gegossen wurde, um hier auf Erden mit Ihnen gemeinsam auf höchst intime Weise seine Lebensreise anzutreten. Vielleicht fällt Ihnen diese Übung leichter, wenn Ihr Kind gerade schläft, es kann aber auch wunderbar sein, ein paar Minuten bei Ihrem wachen Kind zu verweilen und es als geliebten Seelenbruder oder geliebte Seelenschwester zu betrachten. Sie dürfen nur nicht vergessen, dass Sie in *diesem* Leben, zum jetzigen Zeitpunkt die Rolle eines Elternteils spielen; zwar sind Sie und Ihre Kinder auf der Seelenebene gleichgestellt, doch hier auf Erden sind Sie der Erwachsene, der die Verantwortung trägt.

Trösten Sie sich selbst

Eltern sind oft wahre Meister darin, ihre Kinder zu trösten. Wir machen viele Umstände um Wehwehchen, bemuttern Auas und schütten Mama- oder Papaliebe in ihre gebrochenen Herzen.

Wie schade eigentlich, dass wir uns selbst gegenüber manchmal so grausam sind, wenn wir uns verletzt fühlen. „Ich hätte es doch wissen müssen!" „Davon sollte ich mich gar nicht stören lassen!"

Ich habe schon wiederholt gesagt, dass es nicht leicht ist, Kinder zu erziehen. Das ist es wirklich nicht. Eigentlich ist es sogar unmöglich. Und darum ist es auch unmöglich, dass wir nicht ab und zu richtig schwierige Tage erleben. Das ist einer der Gründe, weshalb ich die folgende Übung so liebe und ich Ihnen dringend empfehle, sie selbst zu machen.

Wenn Sie sich überfordert oder aus der Bahn geworfen fühlen, berühren Sie Ihr Herz genauso, wie Sie es bei Ihrem kleinen Sohn oder Ihrer kleinen Tochter tun würden, wenn er oder sie sich wehgetan hat, und sagen Sie: „Ist ja gut." Ich will, dass Sie es *laut* sagen. Eltern verdienen genauso viel liebevolle Freundlichkeit und

Trost wie ihre Kinder, und dennoch gestehen wir uns viel zu oft nicht ein, dass es manchmal einfach schwer ist, alles unter einen Hut zu bringen.

Das nächste Mal, wenn Sie das Gefühl haben, festzustecken, wenn Sie verwirrt sind oder etwas bereuen, das Sie getan haben, sagen Sie „Ist ja gut“ zu sich selbst. Und vergessen Sie dabei nicht, Ihr Herz zu streicheln.

Mit Minischritten zur Veränderung

In meinen Texten, Kursen und Präsentationen versuche ich Eltern nicht nur zu informieren und zu inspirieren, sondern ihnen auch dabei zu helfen, ganz *praktische* Veränderungen in ihrem Leben herbeizuführen. Vor diesem Hintergrund möchte ich Sie einladen, darüber nachzudenken, ob Ihnen etwas in diesem Buch *besonders* sinnvoll erschienen ist. Was hat Ihre Aufmerksamkeit gefesselt oder Sie dazu veranlasst, über Ihr Leben als Elternteil nachzudenken? Es könnte nützlich sein, wenn Sie das Buch noch einmal kurz durchblättern und schauen, ob in Ihren Augen etwas besonders hervorsticht oder Sie daran erinnert, was Sie gern in Ihr Leben integrieren würden.

Wählen Sie zwei Dinge aus, an denen Sie in den nächsten drei Monaten gern arbeiten würden. Vielleicht möchten Sie ja üben, Ihre Gefühle nicht mehr zu bewerten, wenn Sie sich über etwas ärgern. Oder Sie möchten freundlicher zu sich selbst sein – und die negativen Dinge, die Sie zu sich sagen, strikter abwehren. Vielleicht möchten Sie mehr Ruhe in Ihr Leben bringen und gegenwärtiger sein mit Ihren Kindern. Oder Sie möchten üben, sich öfter zu entschuldigen und mehr Verantwortung für Ihre Fehler zu übernehmen.

Setzen Sie sich ein realistisches Ziel für die Veränderungen, die Sie vornehmen möchten. Wenn Sie beschließen, den Klang Ihrer Stimme zu verändern, wenn Sie mit Ihren Kindern reden, *und* mehr Zeit mit ihnen *und* nicht mehr so viel Zeit an technischen Geräten zu verbringen *und* darauf zu achten, für Ihre Gefühle offen zu bleiben, wenn Sie etwas ärgert, *und* stressigen Situationen mit mehr Ruhe zu begegnen … ich denke, Sie verstehen, was ich meine. Es hat keinen Sinn, alles auf einmal ändern zu wollen. Ich bin mir jedenfalls sicher, dass ein großer Teil Ihrer Kindererziehung bereits fantastisch ist! Ich möchte, dass Sie sich lediglich auf zwei Dinge konzentrieren, die Ihr tägliches Leben wesentlich verändern könnten. Auch eine Sache wäre schon genug!

Beschreiben Sie bitte in Ihrem Tagebuch, an welchen Veränderungen Sie in den nächsten drei Monaten arbeiten möchten. Schreiben Sie zu jedem Vorsatz ein oder zwei Sätze, warum Sie diese Veränderung herbeiführen wollen. Wie kann sie Ihr Leben verbessern? Und so könnte das aussehen:

Zwei Veränderungen, die ich im Laufe der nächsten drei Monate herbeiführen möchte:

1. Warum ich daran arbeiten will (inwiefern wird sich mein Leben dadurch verbessern?):
2. Hinweise auf eine Veränderung (woher weiß ich, dass diese Veränderungen stattfinden?):

Sie werden ab und zu vom Weg abkommen. Doch so wie Sie Ihre Konzentration sanft zurück auf Ihren Atem lenken sollen, wenn Ihr Geist während einer Achtsamkeitsübung abdriftet, sollten Sie freundlich zu sich selbst sein, wenn Sie von der angestrebten neuen Verhaltensweise abweichen. Vielleicht ertappen Sie sich beim Meckern, obwohl Sie damit aufhören wollten, oder Sie bleiben am Computer hängen, obwohl Sie doch nur noch eine bestimmte Zeit damit verbringen wollten. Haben Sie Geduld. Seien Sie freundlich zu sich selbst.

Am Ende eines jeden Tages schreiben Sie Ihre Fortschritte beim Verwirklichen dieser beiden Veränderungen auf, auch dann, wenn Sie mit der Lupe danach suchen müssen! Eine Veränderung geschieht nur Schrittchen für Schrittchen. Es wird Tage geben, an denen Sie das Gefühl haben, sich rückwärts zu bewegen, an denen Sie ausrutschen und stolpern. Das ist nicht anders zu erwarten.

Bleiben Sie einfach standhaft in Ihrem Entschluss, sich zu bemühen, und schreiben Sie wenigstens zwei oder drei winzige Beweise dafür auf, dass Sie sich mit Ihrem Vorsatz in die richtige Richtung bewegen.

Es gibt da eine Geschichte über einen Hirtenjungen, der gern so stark sein wollte, dass er ein Schaf hochheben könnte. Aber er konnte es nicht, und so klagte er seinem Vater sein Leid und sagte, er sei zu schwach. Der Vater wählte ein neugeborenes Lamm und trug seinem Sohn auf, es jeden Tag, ohne Ausnahme, um seinen Stall herumzutragen. Der Junge fand die Anweisungen seines Vaters sinnlos. Schließlich war das Lamm ganz winzig und leicht; er aber wollte doch ein ausgewachsenes Schaf tragen können! Doch er gehorchte seinem Vater, trug das Lamm jeden Tag um seinen Stall herum und merkte gar nicht, wie es immer größer wurde – und seine Muskeln stärker. Schließlich, nach einigen Monaten, erkannte der Junge, dass er inzwischen in der Lage war, das nun ausgewachsene Schaf zu tragen.

Wenn Sie fest entschlossen sind, bewusster zu leben, und jeden Tag jeden noch so kleinen Erfolg dankbar annehmen, dann sind die Veränderungen in Ihrer Familie unausweichlich. Sie werden das Schaf tragen können. Fangen Sie einfach an – gleich heute –, indem Sie das Lamm auf den Arm nehmen.

Tragen Sie ein Gummiband

Diese Übung ist eine einfache Methode, um praktische und dauerhafte Veränderungen herbeizuführen. Ich wende sie nicht nur bei Erwachsenen an, sondern auch bei Kindern, und das mit großem Erfolg.

Überlegen Sie sich eine Sache, mit der Sie gern aufhören möchten, zum Beispiel damit, Ihre Kinder anzuschreien oder anderen die Schuld zu geben. Legen Sie sich ein Gummiband um das Handgelenk und verkünden Sie dabei laut Ihren Wunsch, mit dieser Sache aufzuhören. Manchmal lasse ich jedes Familienmitglied eine Sache wählen, an der es arbeiten will, und lasse dann die ganze Familie feierlich ihre Gummibänder anlegen, während jeder seine Absicht verkündet. „Ich lege dieses Gummiband in der Absicht an, mich in einem freundlicheren Umgangston zu üben!" „Ich lege dieses Gummiband in der Absicht an, meine kleine Schwester nicht mehr zu ärgern!"

Wenn Sie sich dabei ertappen, wie Sie tun, was Sie sich eigentlich abgewöhnen wollten, legen Sie das Gummiband um das andere Handgelenk. Ziel ist, es an einundzwanzig aufeinanderfolgenden Tagen am selben Handgelenk zu tragen.

Der Gedanke dahinter ist, dass es etwa einundzwanzig Tage dauert, um eine Angewohnheit abzulegen. Wenn Sie ständig eine materielle Erinnerung an Ihren Vorsatz bei sich tragen, fällt es leichter, diesen nicht zu vergessen.

Epilog

In Indien gibt es eine Geschichte über einen Mann, der seinem Dorf den Rücken kehrt, um sein Glück zu suchen. Einige Jahre später begibt er sich mit seinen Reichtümern auf den Heimweg, begleitet von einem Dieb, der behauptet, ebenfalls ein Reisender zu sein. Jeden Tag, an dem sie zusammen unterwegs sind, erzählt der Reiche von all dem Geld, das er angehäuft hat, und was er nun, da er reich ist, alles tun werde. Jede Nacht teilen sich die beiden eine Unterkunft. Immer, wenn der Reiche zum Abendessen geht, durchsucht sein Begleiter das Zimmer von oben bis unten nach dem Geld, das der andere angeblich bei sich trägt.

Am letzten Tag, als das Dorf schon ganz nah ist, beichtet der Dieb: „Ich muss dir gestehen, dass ich ein Dieb bin. Ich hatte geplant, dir deine Reichtümer zu stehlen. Jeden Abend, wenn du zum Essen gegangen bist, habe ich das ganze Zimmer durchsucht, aber nichts gefunden. Jetzt sage mir, da du sicher in deinem Dorf angekommen bist – besitzt du wirklich all dieses Geld? Und wo hast du es versteckt?"

Sein Gefährte erwidert darauf: „Ich wusste von Anfang an, dass du ein Dieb bist und versuchen würdest, mir alles, wofür ich so hart gearbeitet habe, zu stehlen. Darum habe ich mein Geld dort versteckt, wo du es niemals finden würdest."

„Wo? Wo hast du es versteckt?"

Der Mann antwortete: „Unter deinem Kissen."

Wir finden wahre Freiheit, wenn wir erkennen, dass wir alles, was wir je wollen oder brauchen könnten, bereits besitzen. Leider vergessen wir es immer wieder.

In *Gespräche mit Gott* lädt uns Neale Donald Walsch dazu ein, uns vorzustellen, Gott habe uns, als er uns in unser menschliches Leben entließ, mit einer Amnesie belegt. Wir hätten vergessen, wer wir sind, und könnten nun die große Freude erleben, wie es ist, den Weg zurück nach Hause zu finden. Um das zu schaffen, müssten wir ganz still und ruhig werden. Wir müssten die Fähigkeit erlangen, auf die Stimme in unserem Inneren zu hören, die uns nach Hause ruft.

Die meisten von uns sind ständig in Bewegung und Eile und haben vergessen, dass es diese innere Stimme, die uns zuflüstert, wir sollten doch im gegenwärtigen Moment zur Ruhe kommen und ihn genießen, überhaupt *gibt*. Kinder erinnern uns daran. Sie erinnern uns an unseren natürlichen Seinszustand – den, der unter Angst, Schutzpanzern oder Getrenntsein vom Leben begraben liegt. Sie erinnern uns daran, wer wir sein könnten, wenn wir nur offenen Herzens, voller Staunen, Verzauberung und Dankbarkeit lebten. Sie erinnern uns an die Schätze, die unter unserem eigenen Kissen verborgen liegen.

Alles, wonach wir suchen, ist hier. Es ist hier in unseren geschäftigen Tagen, den schlaflosen Nächten, den Schmusestunden unter Hello-Kitty-Bettbezügen und den Rufen von der Seitenlinie des Fußballfeldes. Sie ist genau hier, die Möglichkeit, unsere Herzen und Seelen ganz weit zu öffnen. Wenn wir den Augenblick umarmen, finden wir alles, wonach wir uns sehnen.

Jetzt, da eine Generation von Eltern herangewachsen ist, die entschlossen ist, ihre Elternschaft mit mehr Gegenwärtigkeit, Einfühlung und Engagement zu gestalten, werden endlich die gläsernen Grenzwälle eingerissen. Und das ist nicht einfach; tatsächlich ist es genau das Gegenteil all dessen, mit dem wir groß geworden sind, und wir gehen auf dieser Reise oft zwei Schritte vor und wieder einen zurück. Doch schon wenn Sie sich nur ein bisschen Mühe geben, wacher bei Ihren Kindern zu sein, ihnen mehr Zeit zu widmen, sind den Möglichkeiten keine Grenzen gesetzt! Sie werden nicht nur mehr Freude im Herzen und mehr Frieden in Ihrem Heim erleben, sondern die Welt wird auch mit immer mehr Menschen bevölkert sein, die damit groß geworden sind, dass sie sich gesehen, wertgeschätzt und geliebt fühlten. Stellen Sie sich vor, welches Ausmaß an Veränderungen *das* auf unserem sich drehenden Planeten auslösen wird!

Wir haben die Möglichkeit, die Welt zu verändern, ein Kind nach dem anderen, und dabei noch uns selbst zu heilen und zu verwandeln. Was für eine Chance! Was für ein Abenteuer!

Ein Kind zu erziehen, ist in der Tat eine spirituelle Pilgerreise. Immer einen kostbaren Moment nach dem anderen.

Ein Wort der Autorin

Danke, dass Sie dieses Buch gelesen haben! Es ist ein Segen und eine Ehre, dass Sie mich in Ihr Leben gelassen haben, damit ich all die Ideen, die für mich in vielen Jahren des Lehrens, Beratens und Elternseins Gestalt angenommen haben, mit Ihnen teilen kann.

Alle weiteren Infos zu meinen Aktivitäten, hilfreichen Quellen, einem Netzwerk gleichgesinnter Eltern, Live- und Online-Kursen finden Sie hier:

www.SusanStiffelman.com

Erreichen können Sie mich unter:

ParentingPresence@gmail.com

Über die Autorin

Susan Stiffelman ist Autorin von *Parenting Without Power Struggles: Raising Joyful, Resilient Kids While Staying Cool, Calm, and Connected* und schreibt die wöchentliche Kolumne als „Elterncoach" bei der *Huffington Post*. Sie ist zugelassene Paar- und Familientherapeutin, hochqualifizierte Lehrerin und internationale Rednerin. Außerdem ist sie eine aufstrebende Banjo-Spielerin, eine mittelmäßige, aber entschlossene Steptänzerin und eine optimistische Gärtnerin.

Danksagungen

Ich habe dieses Buch während einer Zeit tiefgreifender persönlicher Veränderungen geschrieben. Lang gehegte, einschränkende Glaubenssätze wurden abgelegt, während sich neue Möglichkeiten entfalteten, angefangen mit Eckhart Tolles und Kim Engs Einladung, *Kindererziehung im Jetzt* im Imprint „Eckhart Tolle Edition" bei New World Library zu veröffentlichen. Damit wurde mir nicht nur die Gelegenheit gegeben, mich mit einem der klarsten und hellsten Lichter, denen ich je begegnet bin, zu verbinden. Eckhart ging sogar so weit, mir bei der Bearbeitung des Buches zu helfen, während ich schrieb. Ich kann gar nicht sagen, wie dankbar ich Eckhart und Kim dafür bin, dass sie so sehr von meiner Arbeit überzeugt sind und sie unterstützen, so dass auch andere von dem profitieren können, was ich im Laufe der Jahre gelernt habe.

Danke, danke, danke an meinen superkallifragilistischen Lektor Jason Gardner. Es gab nicht einen Augenblick, da mir deine Gegenwart nicht angenehm gewesen wäre und mich deine gute Laune nicht angesteckt hätte, ganz zu schweigen von deinen klugen Anmerkungen. Danke, Barbara Moulton, dass du mit ganzem Herzen dabei warst und mich so unermüdlich ermutigt hast. Und danke auch an meine wunderbare Redakteurin Mimi Kusch – es war eine Freude, mit dir zu arbeiten.

An alle, die an meinen Online-Kursen teilgenommen, mein erstes Buch gelesen haben, meiner Kolumne auf *Huffpost* gefolgt sind, sich Teleclasses angeschlossen haben oder unser wachsendes Facebook-Netzwerk bereichern – Sie können sich nicht vorstellen, wie sehr Ihre E-Mails und Kommentare mich aufbauen und inspirieren, mit meiner Arbeit fortzufahren. Eigentlich bin ich eine Müßiggängerin. Aber wenn ich an Sie denke – die echten Mütter und Väter und Großeltern und Lehrer, die meine Ideen anwenden und von ihnen profitieren –, bin ich motiviert, weiterzumachen. Vielen Dank für Ihre Ermutigungen und dafür, dass Sie mich wissen lassen, wenn Ihnen etwas von dem, was ich schreibe, geholfen hat.

Ein ganz besonderes Dankeschön an Glennon Melton und das Momastery Team – Amy Olrick und Amanda Doyle. Euer Glaube an meine Arbeit und eure Bereitschaft, eurem Netzwerk meine Kurse anzubieten, hat mir gezeigt, was alles möglich ist: dass wir die Welt tatsächlich zum Besseren verändern können, ein Kind und eine Familie nach der anderen. Danke, dass ihr diesen Sprung mit mir gewagt habt.

Danke, Mama, für deine Leichtigkeit und Liebe und für die Tatsache, dass du auch mit dreiundneunzig Jahren noch E-Mail-Anhänge öffnest und dich in meine Online-Webinare einklinkst. Danke, dass du mir zeigst, wie schön das Leben sein kann, egal, wie alt man ist. Und ein besonderer Dank an meine Zweitmütter Beverly Gold und Berenise Kaplan. Ich liebe euch.

An den geduldigsten, liebevollsten, gütigsten, klügsten, hilfreichsten, fürsorglichsten, witzigsten, talentiertesten und unglaublichsten Mann auf Erden, Paul Stanton – danke für das Wunder, dass du in mein Leben getreten bist. Jeden Tag danke ich meinen Glückssternen für dich und unsere ungeheure und erstaunliche Liebe. (Ein extra Dankeschön für all die köstlichen Mahlzeiten und Fußmassagen, wenn ich mal wieder nah an einem Abgabetermin war!)

Und schließlich danke an meinen Sohn Ari – einen der größten Lehrer meines Lebens. Danke für deine Geduld und Liebe, während ich weiter mit dir wachse. Magst du immer gesegnet sein.

Weiterführende Quellen

Bücher

Besonders wertvoll für Eltern

10 achtsame Minuten für stressfreie und ausgeglichene Kinder von Goldie Hawn

Aufruhr im Kopf: Was während der Pubertät im Gehirn unserer Kinder passiert von Daniel Siegel

Das letzte Kind im Wald: Geben wir unseren Kindern die Natur zurück! von Richard Louv

Der Tag, an dem ich aufhörte, „Beeil dich" zu sagen: Lektionen einer entspannten Mutter von Rachel Macy Stafford

Einfach abschalten: Gut leben in der digitalen Welt von William Powers

Entdecke dich selbst durch dein Kind: Wie wir Kinder achtsam erziehen, indem wir Veränderung in uns selbst zulassen von Shefali Tsabary

EQ. Emotionale Intelligenz von Daniel Goleman

Meine beste Feindin: Wie Mädchen sich das Leben zur Hölle machen und warum Frauen einander nicht vertrauen können von Rachel Simmons

Mit Kindern wachsen: Die Praxis der Achtsamkeit in der Familie von Myla Kabat-Zinn und Jon Kabat-Zinn

Stillsitzen wie ein Frosch: Kinderleichte Meditationen für Groß und Klein von Eline Snel

Unsere Kinder brauchen uns: Die entscheidende Bedeutung der Eltern-Kind Bindung von Gordon Neufeld

Wache Kinder: Wie wir unseren Kindern helfen, mit Stress umzugehen und Glück, Freude und Mitgefühl zu erleben von Susan Kaiser Greenland

Im Allgemeinen weise und inspirierend

Aufstehen, Krone richten, weitermachen: Entwaffnend ehrliche Gedanken, die helfen, das Leben zu meistern von Glennon Melton

Die Neuerfindung des Erfolgs. Weisheit, Staunen, Großzügigkeit. Was uns wirklich weiterbringt von Arianna Huffington

Enjoy Your Life: 10 kleine Schritte zum Glück von Martha Beck

Glücklich ohne Grund! Das Glück entdecken, das längst in Ihnen steckt von Marci Shimoff

Ich brauche deine Liebe – ist das wahr? Liebe finden, ohne danach zu suchen von Byron Katie

Mit einem Schlag: Wie eine Hirnforscherin durch ihren Schlaganfall neue Dimensionen des Bewusstseins entdeckt von Jill Bolte Taylor

So viel Liebe wie Du brauchst: Der Wegbegleiter für eine erfüllte Beziehung von Harville Hendrix

Verletzlichkeit macht stark: Wie wir unsere Schutzmechanismen aufgeben und innerlich stark werden von Brené Brown

Vollkommene Liebe: Und wie sie vielleicht sogar in einer Beziehung gefunden werden kann von John Welwood

Wenn alles zusammenbricht: Hilfestellung für schwierige Zeiten von Pema Chödrön

Andere Quellen und Links

- **thework.com/sites/thework/deutsch/**: Ich liebe die Arbeit von Byron Katie und die Art, wie sie uns hilft, die Auswirkungen aufreibender Gedanken aufzulösen.
- **www.eckharttolle.com / www.eckharttolle.de**: Für diejenigen, die gegenwärtiger leben wollen, sind Tolles Gedanken und Vorträge von unschätzbarem Wert.
- **www.ehrenamtsportal.de**: Diese Tipps und Links helfen Möglichkeiten zu finden, sich vor Ort ehrenamtlich zu engagieren.

Endnoten

1 Für diesen und die anderen Teile des Buches mit der Überschrift „Jetzt sind Sie dran" finden Sie begleitend zum Text auf www.SusanStiffelman.com/PWPextras englischsprachige Audiodateien, mit denen ich Sie durch die Übungen führe.

2 Eckhart Tolle, *Eine neue Erde. Bewusstseinssprung anstelle von Selbstzerstörung*, 15. Aufl., München: Arkana, 2005, S. 181.

3 Elisabeth Kübler-Ross, *Interviews mit Sterbenden*, 1. Aufl., Freiburg i. Br.: Verlag Herder, 2014.

4 Zu dieser Übung inspirierte mich John Welwoods Buch *Vollkommene Liebe – und wie sie vielleicht sogar in einer Beziehung gefunden werden kann*, Freiburg i. Br.: Arbor, 2007.

5 Eli J. Finkel, „The Trauma of Parenthood", New York Times, 29. Juni 2014, (www.nytimes.com; letzter Abruf: 10.02.2016).

6 Wenn Sie Englisch lesen mögen, sei Ihnen zu diesem Thema auch mein Buch *Parenting Without Power Struggles* empfohlen.

7 Sunzi, *Die Kunst des Krieges*, übersetzt von Volker Klöpsch, Frankfurt a. M./Leipzig: Insel Verlag, 2009.

8 D. Shaffer und L. Craft, „Methods of Adolescent Suicide Prevention", Journal of Clinical Psychiatry 60, Beiheft 2 (1999), S. 70-74.

9 Vgl. https://www.destatis.de/DE/ZahlenFakten/GesellschaftStaat/Gesundheit/Todesursachen/Tabellen/Sterbefaelle_Suizid_ErwachseneKinder.html (letzter Abruf: 11.04.2016).

10 Nach „Freunde fürs Leben", einem Verein, der 2001 ins Leben gerufen wurde und es sich zur Aufgabe gemacht hat, Jugendliche und junge Erwachsene über die Themen Suizid und seelische Gesundheit aufzuklären (http://www.frnd.de/infografik-suizid-in-deutschland/; letzter Abruf: 11.04.2016).

11 Vgl. http://www.suizidpraevention-deutschland.de/informationen/suizide-2013.html (letzter Abruf: 11.04.2016).

12 John Welwood, *Vollkommene Liebe: und wie sie vielleicht sogar in einer Beziehung gefunden werden kann*, Freiburg i. Br.: Arbor, 2007, S. 12.

13 Dieser Begriff ist an den Film *Die Frauen von Stepford* (engl. *The Stepford Wives*), der auf dem gleichnamigen Roman von Ira Levin beruht, angelehnt. In einem fiktiven Städtchen namens Stepford haben Männer ihre Ehefrauen in willfährige Cyborgs verwandelt, die ihre untergeordnete Rolle als Hausfrau und Mutter klaglos annehmen.

14 Thupten Jinpa, *Buddha und die Weisheit des Herzens: Mit Mitgefühl unser Leben verändern*, München: Knaur.

15 Daniel J. Siegel, *Das achtsame Gehirn*, Freiburg i. Br.: Arbor, 2014, S. 23-24.

16 Nick Bilton, „Steve Jobs Was a Low Tech Parent", New York Times, 10. September 2014 (www.nytimes.com/2014/09/11/fashion/steve-jobs-apple-was-a-low-tech-parent.html?_r=o; letzter Abruf: 10.02.2016).

17 Walter Issacson, *Steve Jobs: Die autorisierte Biografie des Apple-Gründers*, München: btb Verlag, 2012

18 Martha Beck, *Enjoy Your Life: 10 kleine Schritte zum Glück*, München: Piper Verlag, 2012, S. 19.

19 Bunmi Laditan, „Warum ich das Dorfleben vermisse, das ich nie hatte", Huffington Post, 24. Juli 2014 (http://www.huffingtonpost.de/bunmi-laditan/warum-ich-das-dorfleben-vermisse-das-ich-nie-hatte_b_5616193.html; letzter Abruf: 10.02.2016).

20 Glennon Meltons Momastery ist ein von der Autorin und Bloggerin Glennon Melton gegründetes (digitales) Netzwerk zur Hilfe und Unterstützung von Frauen und Kindern in den USA (http://momastery.com/blog/; letzter Abruf: 10.02.2016).

21 Gavin de Becker, *Protecting the Gift: Keeping Children and Teenagers Safe (and Parents Sane)*, New York: Dell, 1999, S. 26.

22 Eline Snel, *Stillsitzen wie ein Frosch: Kinderleichte Meditationen für Groß und Klein*, München: Goldmann Verlag, 2013, 76.

23 Janell Burley Hofmann, „Gregory's iPhone Contract", Blog, 8. Juli 2013 (www.janellburleyhofmann.com/postjournal/gregorys-iphone-contract; letzter Abruf: 10.02.2016).

24 We Day ist eine jährliche Festveranstaltung, die Kinder und Jugendliche aus den USA, Kanada und Großbritannien, die mit innovativen sozialen Projekten ehrenamtlich tätig geworden sind, zusammenbringt und ehrt.

25 Maria Shriver, „We're in Need of a Social Kindness Movement", Blog, 17. August 2014 (http://mariashriver.com/blog/2014/08/were-in-need-of-a-social-kindness-movement-maria-shriver; letzter Abruf: 01.04.2016).

26 Elaine Aron, *Das hochsensible Kind: Wie Sie auf die besonderen Schwächen und Bedürfnisse Ihres Kindes eingehen*, München: mvg, 2008.

27 Vicky Abeles, „Crossing the Line: How the Academic Rat Race Is Making Our Kids Sick", Huffington Post, 19. Mai 2014 (www.huffingtonpost.com/vicki-abeles/education-stress_b_5341256.html; letzter Abruf: 02.04.2016).

28 „Stress in America", American Psychological Association, 2013 (www.apa.org/news/press/releases/stress/; letzter Abruf: 02.04.2016).

29 Jack P. Shonkoff und Andrew S. Garner; „The Lifelong Effects of Early Childhood Adversity and Toxic Stress", Pediatrics (26. Dezember 2012) (pediatrics.aappublications.org/content/early/2011/12/21/peds.2011-2663.abstract; letzter Abruf: 02.04.2016).

30 Michael Price, „Alone in the Crowd: Sherry Turkle Says Social Networking Is Eroding Our Ability to Live Comfortably Offline", American Psychological Association 42, Nr. 6 (Juni 2011) (www.apa.org/monitor/2011/06/social-networking.aspx; letzter Abruf: 02.04.2016).

31 Arianna Huffington, *Die Neuerfindung des Erfolgs: Weisheit, Staunen, Großzügigkeit – Was uns wirklich weiterbringt*, München: Riemann, 2014, S. 16.

32 Johann Hari, „The Likely Cause of Addiction Has Been Discovered, and It Is Not What You Think", Huffington Post, 20. Januar 2015 (www.huffingtonpost.com/johann-hari/the-real-cause-of-addicti_b_6506936.html; letzter Abruf: 02.04.2016). Hari ist Autor des Buches *Drogen: Die Geschichte eines langen Krieges*; Frankfurt/Main: S. Fischer Verlag, 2015.

33 Eckhart Tolle, „Wisdom 2.0", Präsentation, San Francisco, 15. Februar 2014 (www.youtube.com/watch?v=foU1qgOdtwg; letzter Abruf: 05.04.2016).

34 „From the Inside Out: Helping Teachers and Students Nurture Resilience", Profil von Linda Lantieri (http://www.lindalantieri.org/documents/Mindful.OrgOct2014-From_the_Inside_Out_Helping_Teachers_&_Students_Nuture_Resilience.pdf; letzter Abruf: 05.04.2016).

35 Jacques Lusseyran, *Das wiedergefundene Licht: Die Lebensgeschichte eines Blinden im französischen Widerstand*, München: dtv, 2002, S. 9 f.

36 Sharon Jayson, „Generation Y's Goal? Wealth and Fame", USA Today, 9. Januar 2007 (usatoday30.usatoday.com/news/nation/2007-01-09-gen-y-cover_x.htm; letzter Abruf: 06.04.2016).

37 David Rakel, zitiert in „Lifestyle Choices Can Change Your Genes", UW Health (www.uwhealth.org/news/lifestyle-choices-can-change-your-genes/13915; letzter Abruf: 06.04.2016).

38 Kerry J. Ressler und Helen S. Mayberg, „Targeting Abnormal Neural Circuits in Mood and Anxiety Disorders: From the Laboratory to the Clinic", September 2007 (www.ncbi.nlm.nih.gov/pubmed/17726478; letzter Abruf: 06.04.2016).

39 Barbara de Angelis, *Secrets About Life Every Woman Should Know: Ten Principles for Total Emotional and Spiritual Fulfillment,* New York: Hyperion, 2000.

40 Eline Snel, *Stillsitzen wie ein Frosch: Kinderleichte Meditationen für Groß und Klein*, München: Goldmann, 2013.

41 Bunmi Laditan, *The Honest Toddler: A Child's Guide to Parenting*, New York: Simon and Schuster, 2014, 40.

42 Annie Lalla, „Do You Cry or Do You Lie?", Annie Lalla: Cartographer of Love, 10. Juni 2014 (annielalla.com/2014/06/10/makes-cry/; letzter Abruf: 06.04.2016).

43 Rick Hanson, „Take in the Good", Newsletter vom 27. Januar 2016 (www.rickhanson.net/take-in-the-good/; letzter Abruf: 07.04.2016).

44 Martha Beck, *Enjoy Your Life: 10 kleine Schritte zum Glück*, München: Piper, 2012, S. 29.

Über die **Eckhart Tolle Edition**

Die *Eckhart Tolle Edition* wurde 2015 ins Leben gerufen und dient als Plattform zur Veröffentlichung neuer und älterer lebensverändernder Werke – alle von Eckhart Tolle persönlich ausgewählt. Als Imprint von *New World Library* hat die *Eckhart Tolle Edition* es sich zur Aufgabe gemacht, Bücher zu veröffentlichen, die das Bewusstsein des Lesers erweitern und seinem Leben einen tieferen Sinn und mehr Gegenwärtigkeit geben.

Erfahren Sie mehr über Eckhart Tolle unter:

www.eckharttolle.com

Immer JETZT!

„Sag immer JA zum gegenwärtigen Moment. Was könnte sinnloser, wahnsinniger sein, als innerer Widerstand gegen etwas, das bereits ist?
Was könnte verrückter sein, als dem Leben, das jetzt und immer jetzt ist, Widerstand zu leisten? Gib' dich dem hin, was ist. Sag JA zum Leben – und erkenne, wie das Leben plötzlich für dich arbeitet anstatt gegen dich."

Eckhart Tolle

www.eckharttolle.de

Eckhart Tolle
Jetzt! Die Kraft der Gegenwart

240 Seiten, Hardcover
ISBN 978-3-933496-53-9

270 Seiten, Softcover
ISBN 978-3-89901-301-6

jkamphausen
kamphausen.media